农村土地经营权风险防范研究

于永娟　李　彬◎著

NONGCUN TUDI JINGYINGQUAN FENGXIAN FANGFAN YANJIU

经济管理出版社
ECONOMY & MANAGEMENT PUBLISHING HOUSE

图书在版编目（CIP）数据

农村土地经营权风险防范研究/于永娟，李彬著 . —北京：经济管理出版社，2022.12
ISBN 978-7-5096-8864-9

Ⅰ. ①农…　Ⅱ. ①于…　②李…　Ⅲ. ①农业用地—土地产权—风险管理—研究—中国
Ⅳ. ①F321.1

中国版本图书馆 CIP 数据核字(2022)第 250131 号

责任编辑：王格格　詹　静
责任印制：黄章平
责任校对：陈　颖

出版发行：经济管理出版社
（北京市海淀区北蜂窝 8 号中雅大厦 A 座 11 层　100038）
网　　址：www. E-mp. com. cn
电　　话：（010）51915602
印　　刷：唐山昊达印刷有限公司
经　　销：新华书店
开　　本：720mm×1000mm/16
印　　张：17.25
字　　数：329 千字
版　　次：2022 年 12 月第 1 版　　2022 年 12 月第 1 次印刷
书　　号：ISBN 978-7-5096-8864-9
定　　价：88.00 元

前　言

二十大报告明确指出要深化农村土地制度改革，赋予农民更加充分的财产权益，要“保障进城落户农民合法土地权益，鼓励依法自愿有偿转让”。中华人民共和国成立70多年来，中国农村土地产权制度实现了从“一权确立”“两权分离”再到“三权分置”的历史性变迁。农村土地“三权分置”思想，源于中国农村土地制度改革的伟大实践，是中国农村土地制度的重大变革。“三权分置”改革的重点在于放活经营权，核心在于保护好农民的土地权益。发展和维护好农民的土地权益是“三权分置”改革的政策基点和逻辑起点。“三权分置”的制度变迁释放了土地价值，激发了土地活力和土地资源，促进了土地规模化经营，增加了农民收入，促进了小农户与现代农业有机衔接。但是，作为诱致性制度变迁产物的“三权分置”，在新的历史条件下，潜伏的诸多风险，加之风险交织叠加，严重侵害了农民权益，影响“三权分置”改革和适度规模化经营，成为亟待解决的时代课题。因此，探索农村土地“三权分置”风险防范与农民权益保护，具有重要的理论价值和现实意义。

本书基于农民权益保护的视角，运用风险管理理论、农户行为理论、制度变迁理论、产权理论和博弈论等，采取定性研究与定量研究相结合的方法，特别是案例研究法，研究农村土地“三权分置”风险类型、形成机理，创造性地构建了农村土地“三权分置”风险圈层结构，建立了风险因素评估指标体系，运用模糊层次分析法（FAHP）重点评估了农村土地经营权出租风险、入股风险、抵押贷款风险和再流转风险，揭示了风险的形成机理，测评了风险对农民权益的侵害度，基于微观层面和宏观层面，提出了防范风险、保护农民权益的政策建议。本书主要研究成果如下：

一是阐述了相关理论和界定了核心概念。阐述了风险形成机理、风险传导理论，构建了风险管理框架和流程；分析了制度变迁理论、产权理论和博弈论等，并尝试把上述理论运用到研究中。例如，用风险形成理论和风险传导理论构建了风险圈层结构，用制度变迁理论分析了农村土地制度由“一权”到“两权”再到“三权”的历史变迁；用博弈论分析了土地经营出租方与承租方契约风险形成机理。界定了农村土地、“三权分置”、农民权益、集体土地所有权、农户承包经营权、承包权、经营权以及土地经营权出租风险、入股风险、抵押风险和再流转风险等核心概念。

二是阐释了“三权分置”政策演进和归纳了农民权益内容。总结了我国农村土地制度“一权确立”“两权分离”到“三权分置”的内在逻辑和变迁规律，探索了历史渊源和实践经验，阐释了“三权分置”形成的政策动因。归纳了在农村土地“三权分置”下农民权益的核心内容，如发包方享有的发包权、监督权、制止权等；承包方享有的承包经营权、流转权、收益权、抵押融资权、优先权和收回权等；受让方享有的收益权、补偿权、再流转权、融资担保权等；阐述了集体经济组织、承包经营户和新型农业经营主体的权益关系。

三是分析了风险理论和构建了“三权分置”风险圈层结构。从数理学和经济学出发分析了风险形成机理，揭示了风险传导耦合效应，构建了风险管理框架，为研究“三权分置”风险提供了理论支撑。从农民权益保护的视角，依据风险在“三权分置”中的重要性和对农民权益的侵害度，对风险进行了归类，首次构建了农村土地“三权分置”风险圈层结构，即外部圈层风险、中间圈层风险和核心圈层风险。外部圈层风险以自然风险为主，包括：自然风险、政策风险、法律风险、制度风险、社会风险和其他风险。中间圈层风险以市场风险为主，包括：出租风险、入股风险、抵押贷款风险、市场风险、管理风险、技术风险、失地失业风险以及弃耕抛荒风险等。核心圈层风险主要表现为契约风险。分析了不同圈层风险的形成及传导机理。从而拓展了“三权分置”风险研究的视野，在一定程度上丰富了风险管理理论。

四是评估了与农民权益相关的“三权分置”风险因素。在农村土地“三权分置”下，土地经营权出租、抵押贷款和入股是土地承包权与经营权分离的主要形式，是风险的主要来源，也是与农民权益紧密相关的风险点。基于此，从土地经营权出租、抵押贷款和入股三个层面，构建了与农民权益相关的 15 个风险指标，运用模糊层次分析法（FAHP）研究发现：经营权出租风险最大，其次是经营权抵押贷款风险，相对较弱的是经营权入股风险。在经营权出租风险中，最应关注的风险是毁约退地风险、改变农地用途风险和租金收回风险；在经营权抵押贷款风险中，最应关注的风险是失地失业风险、还本付息风险和价值评估风险；

在经营权入股风险中，最应关注的风险是生存保障风险、地价评估风险和股东权益风险。在所有的风险中，毁约退地风险和改变农地用途风险已成为“三权分置”风险中侵害农民权益最大的两个风险。上述研究为重点防范“三权分置”风险保护农民权益提供了可靠的依据。

五是识别出“三权分置”的风险因素，识别出农村集体土地所有权“虚化”风险因素，识别出土地经营权出租过程中“契约风险、毁约退地风险、改变农地用途风险、拖欠或拒付租金风险和吞噬承包权风险”因素，识别出土地经营权入股过程中“权益受侵害风险、经济收益受损风险和经营权丧失风险”因素。识别出土地经营权抵押贷款过程中“丧失土地经营权风险、经营权价值被低估风险、还本付息风险以及银行的信用风险和抵押物处置风险”因素。识别出土地经营权再流转过程中“私下再流转风险、权益被挤压风险和农地过度资本化风险”因素。

六是揭示了“三权分置”风险形成机理。集体土地所有权的残缺或不完整，是农村集体土地所有权“虚化”、风险的主要原因。此外，实践中法律法规的一些规定在一定程度上限制了集体所有权的行使，加上农户对集体土地所有权认知上的偏差，更进一步强化了农民土地“准所有权”意识，致使集体土地所有权虚化。土地经营权出租风险主要是由违约导致，违约风险的形成主要和土地经营权的出租方和承租方的机会主义行为、有限理性、契约的非完全性、契约的非规范性以及违约成本的低廉性有关。土地经营权入股风险的形成主要是由入股企业内部治理、农民股东的风险认知、法律制度的不健全和政府行为的不当引致的。土地经营权抵押贷款风险主要和贷款人的生产经营状况、抵押市场的不完善以及风险分担机制不合理有关。土地经营权再流转风险的发生客观上与农业生产经营困难有关，主观上与工商资本的逐利性有关，同时村集体经济组织监管不到位也是导致风险发生的重要原因。

七是提出了微观层面的“三权分置”风险防范政策建议。集体土地所有权风险防范政策建议如下：落实集体所有权的收益权能；扩大集体所有权的处分权权能。通过构建股份制性质的集体经济和合作性质的新型中间组织，实现村委会与村集体经济组织职能分离，有效行使所有权。土地经营权出租风险防范政策建议如下：优化合同设计，提高违约成本，防范毁约退地风险；完善种粮补贴政策，建立种粮大户“挂钩型”补贴机制，防范契约风险；建立工商资本租赁农地资格审查，项目审核制度，防范改变农地用途风险；细化“先交租金，后种地”的租金预付制度，探索风险保障金预付制度；确定租赁土地的控制规模和上线，确立租赁农地审查备案制度。土地经营权入股风险防范政策建议：完善“保底收益+股份分红”模式，创新“优先股”制度安排，完善“入股履约保证保险”制度安排、探索“多元化监管”方式，防范入股风险，维护农民权益。土地经营权抵押风险防范政策建议：尽快构建土地经营权价值评估标准，制定评定办法，化解经营权价值被低估风险；发挥金融机构的作用，稳定农民收益，降低还款风险；建立抵押物（经营权）回购制度，化解经营权被处置风险。土地经营权再流转风险防范政策建议：严格审核再流转主体资格，严格监管再流转程序，严格控制再流转规模，防范过度资本化风险；发挥村集体经济组织的作用，强化农地用途监管，防范农民权益被挤压风险。

八是提出了宏观层面的“三权分置”风险防范政策建议。加强契约意识和契约精神教育，提供合同服务；加强信用体系建设，完善信任沟通机制，提高违约信誉成本。建立分销预警机制，构建风险预警系统，建立风险因素排除联动机制，防患于未然。建立多元主体参与的风险分担机制，明确风险分担原则，引入多元化农业保险业务，探索“农业保险+”，拓展政策性农业保险险种。建立民间救济、人民调解、仲裁救济、诉讼救济等多元救济与协调机制，构建契约冲突协调机制。发展村集体经济组织在“三权分置”中的主导作用、服务功能和监督管理职责，维护好农民权益。

目　录

第一章　绪论

第一节　研究背景和研究意义

一、研究背景

农民的根本问题是土地问题。调动农民的积极性，维护好农民的权益关键在于处理好农民与土地的关系。土地改革以前，地主和富农不到当时中国农村人口的10%，却占了农村土地的70%~80%，而占中国农村人口90%以上的农民仅占农村土地的20%~30%。[①] 1950年《中华人民共和国土地改革法》的公布实施在中国历史上具有极其重要的里程碑意义，其标志着在中国存在了几千年的封建地主土地所有制被彻底废除，农民个人土地所有制初步建立起来了，即建立起了“耕者有其田”的农民土地所有制，农民开始以家庭为单位进行独立的生产经营。农民个人土地所有制的建立极大地调动了农民的生产积极性。《中华人民共和国土地改革法》是以法律的形式命名的规范性文件，再次确认了农民的土地所有制，确认了土地为农民个人的私有财产，农民私有的土地权益得到了法律的保护。但是后来的合作化、人民公社将土地经营陷入了“一大二公”的低效率之中。[②]

自改革开放以来，我国不断完善农村土地制度，在安徽凤阳县小岗村18位村民的创新实践基础上，形成了家庭联产承包责任制，并逐步被推广和确定下

①② 李彬，范云峰．我国农村经济组织的演进轨迹与趋势判断［J］．改革，2011（7）：88-95.

来。家庭联产承包责任制摆脱了人民公社，突破了“一大二公”、吃“大锅饭”的传统体制，在一定程度上形成了“两权分离”的新格局。在这一新格局下，农村的土地属于集体所有，农户以家庭为单位进行承包经营，实现了“一权变两权”。农民获得了充分自主的土地生产经营权，农民的生产积极性得以极大地提高。① 这一制度安排极大地调动了农民的生产积极性，农民开始在自己承包的土地上投入大量的劳动力和生产要素，通过辛勤的劳作，粮食总产量得以迅猛增长，基本解决了多年来一直没有解决的吃粮问题，“交够国家的，留足集体的，剩余都是自己的”分配方式，极大地推动了农村生产力的发展，提高了农民的幸福感。

随着城镇化进程的不断推进，为获得更高的经济收入，大量农民农闲时开始离开农村，进入城镇务工，农忙时回家务农，有的农民开始对家庭承包的土地进行私下流转，且这一趋势逐步扩大，土地流转形式也逐渐多样化，流转的主体趋向于新型农业经营主体，农村土地承包经营权中的土地承包权和土地经营权分离的现象越来越普遍。2013 年 7 月习近平在湖北考察时认为武汉农村综合产权交易所的农村产权交易改革是一个积极的探索，他强调：“要好好研究农村土地所有权、承包权、经营权三者之间的关系。”《中共中央关于全面深化改革若干重大问题的决定》特别指出，农村土地承包关系不仅要稳定，而且要保持长久不变，农民被赋予更为广泛的土地权，这些土地权主要包括承包土地的占有、使用、收益和流转，同时也允许土地经营权享有抵押、入股和担保等，以此来推进我国农业产业化经营。2013 年、2014 年的中央农村工作会议和 2014 年的中央一号文件都涉及了农村土地“三权分置”的思想。此后的 2015～2019 年的中央一号文件中均有不同程度的部署落实农村土地“三权分置”的体现，农村土地“三权分置”已有政策主张，开始通过推动法律文件进行落实。

中央规范性文件体现出了我国农村土地“两权分离”向农村土地“三权分置”的政策演进过程，最终农村土地“三权分置”在语言表述上实现了统一，并以文件形式固定下来。农村土地“三权分置”成为当前农村土地制度改革的一大亮点，成为我国农村土地制度改革的又一次重大的制度创新，实现了农村土地制度从“两权分离”到“三权分置”历史性演变。为顺利推进农村土地“三权分置”改革，各级地方政府出台了一系列政策文件，开展了地方实践，有 2838 个县（市、区）和开发区开展了农村土地确权登记颁证工作，并于 2018 年底，将 14.8 亿亩承包地确权给了 2 亿多农户，标志着这项工作基本完成。

① 王立彬．农村土地“三权分离”概念首发过程亲历［J］．中国记者，2015（6）：34-36.

在土地确权登记颁证工作的同时，“三权分置”也在不断推进，土地经营权流转发生的纠纷在各地都有不同程度的体现。例如，重庆法院 2016 年立案的有关土地承包经营权纠纷和承包经营合同纠纷案件就有 5838 件，比前三年大幅度增加；2017 年又新收涉及土地承包经营权纠纷和土地承包合同纠纷案件 6318 件，比 2016 年增加了 480 件；2018 年新收涉及土地承包经营权纠纷和土地承包合同案件 8108 件，分别比 2016 年和 2017 年增加了 2570 件和 1790 件，[①] 呈现逐年增加的趋势。四川省雅安市汉源县人民法院 2017 年受理了涉及 50 多户农户的土地租赁合同纠纷系列案件。甘肃省定西市渭源法院 2019 年受理了 7 起土地承包经营权出租合同纠纷案件。广西南宁市武鸣区人民法院 2019 年受理了 145 户农民和当地一家农民合作社签订的土地经营权流转纠纷案件。还有广西壮族自治区贵港市覃塘区人民法院土地租赁纠纷案件、江西省吉安市中级人民法院土地租赁纠纷案件、吉林省敦化市人民法院土地承包经营权纠纷案件等。上述案件严重阻碍了土地经营权的流转，侵害了农民的权益，如果不能得到及时处理或处理不当，会演变为社会不稳定因素，从而引发社会风险。

本书借鉴风险管理理论，从农民权益保护的视角，深入研究了农村土地经营权风险问题。重点研究了农村土地经营权出租风险、土地经营权入股风险、土地经营权抵押贷款风险和土地经营权再流转风险；构建了农村土地经营权风险圈层结构，评估了上述风险因素，识别了风险形成类型和形成机理，揭示了风险的传导机制和风险对农民权益的侵害，并从微观层面和宏观层面，有针对性地提出了农村土地经营权风险防范对策。研究成果对于促进土地经营权流转、农业生产方式的转变、农业的高质量发展、农民收入的增加、小农户与现代农业的有机衔接，进而对维护农民的土地权益，实现小农户与现代农业的有机衔接，具有重要的意义。

二、研究意义

（一）学术价值

“农村土地‘三权分置’与农民土地权益保障研究”成果具有一定的学术价值。一是该成果将广泛应用于工商企业组织中的风险管理理论、技术和方法，移植到农村土地经营权风险管理研究中，实现了风险管理理论、技术和方法与农村土地经营权风险问题研究的有机结合，实现了风险管理理论与经济学的有机融合，拓展了风险管理理论的相关内涵和外延，开辟了风险管理理论研究的新领

---

① 重庆高院发布十大涉农典型案例［N］. 重庆高院，2019-04-24.

域，提供了研究农民权益保障问题的新思维，从而丰富和发展了风险管理理论和农民权益保障理论。二是该成果将农村土地“三权分置”中农民权益保障与风险防范相结合，打破了就“风险”论风险，就“权益保障”谈保障的传统思维，探索了风险防范与权益保障的内在逻辑，实现了两者的有机结合，并从理论上阐释了农村集体经济组织在风险防范和农民权益保障中的重要作用，从而拓展了风险问题研究的新视野，开阔了中国“三农”问题深入研究的新思维，丰富了农民权益保障理论，具有重要的学术价值。

（二）应用价值

“农村土地‘三权分置’与农民土地权益保障研究”成果具有重要的应用价值，主要体现在：一是该成果紧扣习近平总书记关于深化农村土地制度改革的重要论述和《关于完善农村土地所有权承包权经营权分置办法的意见》《中华人民共和国农村土地承包法》等法律文件精神，研究农村土地经营权风险形成机理、评估风险对农民权益的侵害程度，为制定保障农民权益的政策提供理论、实证、经验支持和策略参考。二是该成果构建的农村土地经营权风险圈层结构和风险评估指标体系以及所采取的研究方法，可以拓展用于农村宅基地“三权分置”改革、农地征用以及易地搬迁的风险防范研究中。三是该成果对维护社会和谐稳定，营造良好的生产生活氛围，实现乡村社会治理新局面，维护农村良好的生态环境，亦具有重要的应用意义。

第二节　国内外研究评述

一、国外研究文献综述

国外的土地私有制不同于我国的农村土地集体所有权。私有化的土地拥有者可以自由进入土地市场，进行土地交易。同时，农村土地的“两权分离”“三权分置”的划分在国外不存在，这就使国外的相关研究具有国外土地制度的特点，不同于国内学者的研究。因此，国外的相关研究主要集中在土地产权及罗纳德·哈里·科斯（Ronald H. Coase）、阿曼·阿尔钦（Armen Albert Alchian）、诺思（North）等新制度经济学理论、城市发展中的土地占用和土地非农化、土地抵押以及土地制度的安排与农民特别是妇女等弱势群体的土地权益保护上面，还有学者结合相关理论，就我国的土地制度，特别是我国的土地征收制度进行了相关研究。

（一）关于土地产权的研究

土地产权问题自20世纪20年代以来，就成为西方学者关注的焦点，并逐渐形成了较为丰富的研究成果。国外学术界在产权问题的研究上，罗纳德·哈里·科斯（Ronald H. Coase）的《企业性质》（1937）和《社会成本问题》（1960）奠定了他在产权理论方面的地位，成为了名副其实的产权理论的奠基人。此后，阿尔钦（Alchian）、德姆塞茨（Demsetz）、威廉姆森（Williamson）、诺思（North）、舒尔茨（Schultz）、斯蒂格勒（Sigler）和张五常（Steven Cheung）等在科斯产权理论的基础上，经过不断深入的探讨，对新制度经济学的产权理论进行了完善和深化。诺思认为交易费用理论的基石是新制度经济学的产权理论，在一定意义上，没有交易费用理论，也就谈不上新制度经济学思想。①

德国学者Franz von Benda-Beckmann（1999）则基于产权的功能，研究了中国农村的土地财产权利制度，认为中国在设计自己的土地产权制度时，应将环境功能、经济功能、政治功能和社会功能考虑进去。Carter和Yao（1999）通过研究我国农村土地制度的稳定性问题，提出土地权益的不稳定和土地交易权的限制制约了土地的产出率。布雷恩（Brian）（2004）认为中国的征地制度很不完善，建议限制政府的征地权限，减少征地过程中的寻租现象，将征地权限真正落实到公共用途上。②

（二）关于土地非农化的研究

1. 关于土地非农化的驱动因素

Shoshany（2012）结合以色列的人口分布条件等因素，发现以色列的土地非农化进程主要受到自然条件、政策因素以及人口增长因素三个方面的影响，同时，土地开发利用的模式与土地资源配置的方式也对以色列的土地非农化有一定的影响。③ Harry Stopp（1984）回顾了美国土地非农化的发展历程，认为城市化对非农用地的需求是导致美国土地非农化的重要因素。④ Kim等（2013）研究发

① 诺思．制度、制度变迁与经济绩效［M］．上海：上海人民出版社，1990.

② 布雷恩．征地制度改革政策建议讨论［J］．中国征地制度改革（国际研讨会简报），2004（3）：45-48.

③ Shoshany M，Goldshleger N. Land Use and Ppopulation Density Changes in Israel—1950 to 1990：Analysis of Regilonal and Local Trends［J］. Land Use Policy，2012（2）：123-133.

④ Stopp G H，Jnr. The Destruction of American Agricultural Land［J］. Geography，2014（1）：64-66.

现，随着城镇化速度的加快和城镇建设用地需求的扩张，导致城镇周边土地的非农化。[①] Chakir 和 Parent（2017）利用 1992~2003 年的有关数据，从环境、社会、经济等方面选取评价指标进行实证分析，结果发现地区经济增长对其他类型土地转变为城镇建设用地具有积极推动作用。[②] Alvin D.（2000）的研究认为，耕地非农化的数量与耕地相关的保护政策存在密切关系。[③]此外，Kuminoff 和 NicolaiV（2011）、Tanrivimis（2008）、Wasilewski（2014）、Gilles（2014）、Henderson（2015）、Lee（2017）也对土地非农化的原因进行了分析。

2. 关于如何防范土地非农化

Genaje 和 Ferguson（1992）研究了美国夏威夷城郊土地非农化问题，Kham（1992）实证研究了印度城郊农村土地非农化问题，证明了随着城市面积的扩大，城郊建设占有土地问题越来越严重，建议制定控制城市对土地非农化占用的措施。Delbaere 和 Mikos 等依据外部性原理，提出在对科学衡量土地生态保护价值的基础上，应制定相应的土地保护补贴机制。[④] Rose（2004）研究了美国在公共土地管理上的做法，提出征地必须要给予农民合理的补偿，并阐述了补偿的具体实施办法。Goldberg 和 Chinley（1984）对城乡土地市场的模式、城市规模与土地利用效率、土地流转机制等问题进行了实证研究，并提出了防范土地非农化的对策。上述研究成果对我们在“三权分置”中思考如何更好地在确保土地农业用途的前提下，推进土地经营权流转、防止土地“非农化”“非粮化”以及保护农民土地权益，具有一定的借鉴价值。

（三）关于土地产权抵押的研究

国外学者（Lerman，2002；Deininger et al.，2003；Dwyer and Findeis，2008；Carter and Olinto，2003）普遍认为，无论是城市的土地，还是农村的土地，均具有较强的抵押功能，通过土地抵押都可以获取一定数额贷款。Deininger 等（2003）、Dwyer 和 Findeis（2008）从农户自身的角度研究发现，用土地向金融机构抵押，能够获得一定的信贷供给。Feder（1988）、Lopez（1997）从实证研究角度进行了研究，发现西方国家的抵押制度对增加农户的信贷资金具有明显的正

---

① Kim D S，Mizun K，Kobayashi S. Analysis of Urbanization Characteri Sties Causing Farmland Loss in a Rapid Growth Area Using GIS and RS［J］. Paddy Water Environment，2013（4）：189-199.

② Chakir R，Parent O. Determinants of Land Use Changes：A Spatial Multinomial Probit Approach［J］. Papers in Regional Science，2017，88（22）：327-344.

③ Sokolow A D，Kuminoff N V. Farmland，Urbanization，and Agriculture in the Sacramento Region［J］. Paper Prepared for the Capital Region Institution，Regional Futures Compendium，2000（3）：15-21.

④ Delbaere B，Mikos V，Pulleman M. European Policy Review：Functional Agrobiodiversity Supporting Sustainable Agriculture［J］. Journal for Nature Conservation，2014（22）：193-194.

效应，能有效地满足农户土地抵押的需求。Carter 和 Olinto（2003）通过对巴拉圭的研究，认为土地抵押制度对农户的信贷可获得性不同的农户具有一定的差异，具体而言，对种植规模为中等以上的农户来讲，通过土地抵押能够提高信贷额，但对小规模的农户并没有产生明显的促进作用；其对尼加拉瓜和洪都拉斯的研究中也得出了同样的结论，即土地抵押制度并没有显著增加小规模农户的信贷资金来源。

大多数学者认为明晰土地产权是土地抵押贷款顺利开展的前提条件。Beater（1987）以日本为例，指出在日本之所以农村居民的贷款受到金融机构的拒绝，一个重要原因就是日本的抵押品产权不明。[①] Binswanger 等（1995）进一步指出，为有效提高农村居民贷款的可能性，对农村土地产权进行私有化改革必不可少，通过明晰产权，提高其风险补偿性，以提高农村居民的贷款率。[②] Field 等（2006）则对土地的私有化提出了质疑，认为产权私有化也不一定能保证抵押贷款的顺利进行；相反，在集体所有制下，农民会得到更多的社会保障（Kung，1995；Dong，1996）。俄罗斯是较早实行农村土地私有化的国家，在私有化改革后，农村土地市场的转变效果并不显著，也没有建立更有效的农村金融市场，反而是太高的交易费用阻碍了农村土地市场的发展（Lerman and Shagaida，2005）。Bogaerts（2013）在对斯洛伐克等中欧国家的研究中发现，农村土地私有化还导致了土地产权更加细碎化、分散化，带来了较高的交易费用，反而限制了农村土地的交易。

Hoff 和 Stiglitz（1990）认为，对农户土地抵押贷款产生重要影响的除上述因素外，还有更多的因素。例如：在信息不对称的情况下，农户与金融机构之间的道德风险和逆向选择就是影响农户抵押融资的主要原因；农村贷款居民的教育水平、年龄、借款用途等也是金融机构考虑的一个主要影响因素。此外，农村地区面临的法律制度、金融环境、农业脆弱性，以及农村产权资产的价值评估难题，也制约了农村土地抵押贷款的有效发展（Miller，2002）。

（四）关于土地权益保护的研究

大多数国外学者从制度经济学的角度，把包括农民、妇女在内的弱势群体的权益保护放在土地市场这一大框架下，结合土地流转来研究农民的权益保护

---

① Beater H. The Role Collateral in Credit Markets with Imperfect Information [J]. European Economic Review, 1987, 31 (4): 887-899.

② Binswanger H P, Deininger K, Feder G. Power, Distortions, Revolt and Reform in Agricultural Land Relations [J]. Handbook of Development Economics, 1995, 1 (3): 2659-2772.

问题。

在市场条件不太成熟的发展中国家，土地流转能给农村贫困者带来益处。Kope 等通过研究一国经济发展水平与农村土地市场之间的关系以及通过研究土地市场的演进变化过程，指出土地流转的确能给农村贫困者提供更多的参与机会，并能提高他们的信用水平。[①] Turk 对亚洲、非洲、拉丁美洲、中部和东部欧洲等地区发展中国家农村土地市场的研究也证明，促进土地流转对于提升农村贫穷者的信用水平及市场参与度是有益的。[②] Deininger 等对印度的土地买卖与土地租赁市场进行深入研究，发现土地租赁制度保护了出租者和承租者的利益。[③]

Jaycox 通过对一些发展中国家和地区高速城市化的居住条件进行了研究，表明居住条件差的穷人获得土地使用权是非常艰难的。[④] 土地权利中性别差异也可能给农户带来不同的土地拥有权，Agarwal 在研究发展中国家性别差异与土地权利的关系时指出，拥有土地权益的妇女占比极少，只有极少数妇女拥有这份权利，大部分妇女根本就没有土地的拥有权和控制权；相反，男性不仅比女性有更大的土地拥有权，而且男性在家庭土地继承权上，具有绝对的决策权。[⑤] Allendorf（2007）运用尼泊尔 2001 年人口统计和健康调查数据分析显示，女性在家庭中的地位高低和她是否拥有土地权利呈正相关。Rao（2006）则从妇女平等的视角，以印度为例，寻找男女平等与土地权益间的关系，认为两者并没有正相关关系，并指出印度妇女在家庭中的地位和决策权，与她们拥有的土地权益没有直接的关系。[⑥] Turk（2005）研究发现，发展中国家土地市场存在信息不对称、政府干预过度、信用体系脆弱等问题。

此外，Rao（2006）、Alchian 和 Demsetz（1973）、Byamugisha（1999）、Deininger 和 Jin（2005）也就妇女土地权益问题进行了有益的研究，值得借鉴。

综上所述，国外研究成果为我国农村土地“三权分置”产权制度改革提供

---

① Kope D, Mishev P, Jackson M. Formation of Landmarket Institutions and Their Mipacts on Agricultural Activity［J］. Journal of Rural Studies, 1994, 10（4）: 377-385.

② Turk S. Land Read Justment: An Examination of its Appli-cation in Turkey［J］. Cities, 2005, 22（1）: 29-42.

③ Deininger K, Zegarra E, Lavadenz I. De-terminants and Mipacts of Rural Landmarket Activity: Evidence from Nicara-gua［J］. World Development, 2003, 31（8）: 1385-1404.

④ Jaycox E. Housing the Poor: The Task Ahead in Developing Countries［J］. Urban Ecology, 1977, 2（4）: 305-325.

⑤ Agarwal B. Gender and Land Rights Revisited: Exploring New Prospects via State, Family and Market［J］. Journal of Agrarian Change, 2003（2）: 184-224.

⑥ Rao N. Land Rights, Gender Equality and Household Food Security: Exploring the Conceptual Links in the Case of India［J］. Food Policy, 2006, 31（2）180-193.

了有益借鉴。例如，有关土地抵押、农民权益保障机制等方面的研究成果，对我国实施“三权分置”下农地经营权流转和风险防范都有所帮助，但“三权分置”产权制度是中国独有的土地制度，国外的研究均是在土地私有制这一框架下展开的，土地产权制度不同、意识形态不同、历史文化不同，在借鉴国外研究的理论与方法时，还要紧密结合我国国情，因地制宜，完善我国农村土地制度，切实维护农民的土地权益。

二、国内研究文献综述

自农村土地“三权分置”概念于 2013 年在中央农村工作会议中首次提出，“三权分置”制度改革引起了国内大量专家学者的关注。自 2014 年 12 月起，研究农村土地“三权分置”的国内专家学者与日俱增，“三权分置”的研究成了热点。在 CNKI 中输入“三权分置”关键词，检索文献，在检索结果中去除有关农村宅基地“三权分置”的研究文献，研究成果的标题中体现出“三权分置”的文献数量分别为：期刊总数为 1347 篇、报纸 1387 篇、图书 22 部、学位论文 179 篇。这些文献主要集中出现在 2017~2019 年。2019 年和 2020 年相对有所减少，其主要原因是这两年围绕宅基地“三权分置”的研究文献增加迅猛，对农地“三权分置”的研究有所影响（见表 1-1）。

表 1-1　“三权分置”研究文献统计

时间	期刊	报纸	图书	学位论文
2014 年	17	49	0	0
2015 年	29	34	0	1
2016 年	198	518	0	13
2017 年	348	407	5	41
2018 年	363	235	8	65
2019 年	259	112	6	54
2020 年	137	32	3	5
合　计	1347	1387	22	179

早期国内学者从管理学、法学、法经济学、经济学等视角，研究聚焦于“三

权分置”改革的价值意义[①②③④⑤]、内涵[⑥⑦]、产权结构[⑧]、实现路径[⑨⑩]等。同时，还有相当一部分研究者对“三权分置”的实践进行了深入的探讨[⑪⑫]，研究了“三权分置”实践中存在的问题和取得的经验成效等[⑬]，并就如何进一步发展和完善“三权分置”提出了相应的对策建议。随着“三权分置”实践的不断推进，后期则聚焦于对“三权分置”改革风险和农民权益保护等问题的研究。

（一）关于“三权分置”下“三权”权利结构的研究

1. 关于土地“三权分置”早期的探索研究

国内学者主张应将农村土地承包经营权进行细化，合理划分并赋予一定的权能。关春根在《略论农村土地转包》中指出：“在我国农村经济发展中出现了一个现象，那就是土地的所有者、承包者和使用者在土地占有和使用关系上发生了变化，土地承包者和直接经营者发生了分离，进而出现了土地的所有权、使用权、经营权在不同层次上的分离。这种分离可称为‘三权’在第一个层次上的分离。”[⑭] 由此可见，这里虽然没有直接使用所有权、承包权、经营权“三权分

---

① 韩长赋．土地“三权分置”是中国农村改革的又一次重大创新［J］．农村工作通讯，2016（3）：6-10.

② 李爱红．完善农村集体土地“三权分置”下的法律制度［J］．重庆行政（公共论坛），2014（10）：67-69.

③ 胡震，朱小庆．农村土地“三权分置”的研究综述［J］．中国农业大学学报（社会科学版），2017（2）：23-27.

④ 刘颖，唐麦．中国农村土地产权“三权分置”法律问题研究［J］．世界农业，2015（7）：172-176.

⑤ 陈小方，李主其，杜富林．农村耕地“三权分置”发展方向探究——以改革开放以来耕地权属变革为切入点［J］．中国行政管理，2015（3）：111-115.

⑥ 潘俊．农村土地“三权分置”：权利内容与风险防范［J］．中州学刊，2014（11）：67-73.

⑦ 韦鸿，王琦玮．农村集体土地“三权分置”的内涵、利益分割及其思考［J］．农村经济，2016（3）：39-43.

⑧ 高飞．农村土地“三权分置”的法理阐释与制度意蕴［J］．法学研究，2016（3）：3-19.

⑨ 潘俊．农村土地承包权和经营权分离的实现路径［J］．南京农业大学学报（社会科学版），2015（4）：98-105.

⑩ 房建恩．农村土地“三权分置”政策目标实现的经济法路径［J］．中国土地科学，2017（1）：80-87.

⑪ 罗必良．科斯定理：反思与拓展——兼论中国农地流转制度改革与选择［J］．经济研究，2017（11）：178-193.

⑫ 付江涛，纪月清，胡浩．新一轮承包地确权登记颁证是否促进了农户的土地流转——来自江苏省3县（市、区）的经验证据［J］．南京农业大学学报（社会科学版），2016（1）：105-113.

⑬ 桂华．集体所有制下的地权配置原则与制度设置——中国农村土地制度改革的反思与展望［J］．学术月刊，2017（2）：80-95.

⑭ 关春根．略论农村土地转包［J］．湖南农学院学报，1985（4）：65-71.

置”这一概念，但已经包括其内涵。石成林在《论农村土地的多权分离》一文中也认为，为使土地权利界限更加明晰，改变小农所有权观念，推进土地商品化，应把土地权利划分为所有权、占有权和使用权，即“三分法”。进而就如何对待和处理好“三权分离”的关系作了进一步的分析，并指出土地的三种权利是密切相关联的，是分不开的。① 田则林等也主张打破承包经营权，把承包权分离出来，鼓励土地经营权流向种田能手手中，认为这一权利结构可以满足不同层次的土地需求者，可以看作是对集体土地承包制度的一次创新。②

对于“三权分离”后各项权利的内涵，学术界也进行了阐述。夏振坤指出，在“三权分离”格局下，“三权”实现了适当的分离，但所有权仍属于集体，承包权仍属于承包户，经营权属于通过流转获得对土地经营的新的经营主体，这些分离，有利于土地资源的合理配置，有利于推进适度规模化经营，有利于明晰土地产权关系。③ 冯玉华和张文方（1992）也赞同上述对承包经营权“三权分离”的看法，并在此基础上，对“三权分离”的模式进行了总结，认为农村土地“三权分离”应该是：“集体—承包户—公司型”“集体—承包户—联营体型”和“集体—承包户—使用户型”。“三权分置”思想中十分重要的一点就要稳定承包权，国家鼓励土地经营权流转，但也明确指出要尊重农民意愿，不能强制流转。④

2. 关于土地“三权”权利结构安排的研究

围绕“三权”权利结构的安排，主要有两种观点：一种观点认为“三权”分别是指土地“所有权”、土地“承包权”和土地“经营权”；⑤ 另一种观点认为“三权”分别是指土地“所有权”、土地“承包经营权”和土地“经营权”。⑥⑦ 相比“三权分置”中的“承包权”和“经营权”，有关“所有权”的研究相对较少。赵红梅（2019）讨论了农村土地“三权分置”中土地“所有权”的功能定位，并将当前的研究归纳为土地“所有权”“做虚论”和“名为做实、

① 石成林．论农村土地的多权分离［J］．经济纵横，1989（9）：44-47.

② 田则林，余义之，杨世友．三权分离：农地代营——完善土地承包制、促进土地流转的新途径［J］．中国农村经济，1990（2）：41-44.

③ 夏振坤．再论农村的改革与发展［J］．中国农村经济，1989（8）：87-89.

④ 孙常辉．“三权分置”背景下农户保留土地经营权问题研究［J］．农业经济，2022（11）：94-97.

⑤ 肖立梅．论“三权分置”下农村承包地上的权利体系配置［J］．法学杂志，2019（4）：26-33.

⑥ 刘恒科．“三权分置”下集体土地所有权的功能转向与权能重构［J］．南京农业大学学报（社会科学版），2017（2）：102-112+153.

⑦ 单平基．“三权分置”中土地经营权债权定性的证成［J］．法学，2018（10）：37-51.

实为异化论”，进而提出作者自己的学术主张——实虚相间论。

3. 关于土地“三权”权属的研究

（1）关于“承包权”权属的内涵。在土地“承包权”权属的内涵上有三种观点，即成员权性质说、物权性质说和两者兼有说。成员权性质说认为承包权应看作成员权①②③，孙宪忠（2021）指出土地“承包权”是一种资格权，代表农村集体内部成员有权承包农村集体土地，但承包土地不具有财产性属性。物权性质说则认为土地“承包权”是一种单独的财产权，具有物权性质④⑤⑥⑦。两者兼有说认为承包权是一种兼具身份性和财产性的独立的权利类型（丁文，2017）；刘平也认为承包权既是一种集体经济组织成员承包农村土地的资格权，也是一种具备物权性质的单独财产权。⑧

（2）关于土地“经营权”的权属界定。在土地“经营权”权属的界定上，存在两种主要观点，形成了两种“说”，即物权性质说和债权性质说。物权性质说认为土地“经营权”是基于土地“所有权”的用益物权（朱广新，2015；蔡立东、姜楠，2015，2017；杨凯越，2020），也有部分学者认为是基于土地“承包经营权”的次级用益物权，⑨ 并指出“承包经营权”与“经营权”属于不同层次的用益物权，可以同时存在，并不冲突。⑩债权性质说认为土地“承包权”已经界定为物权，根据一物一权原理，土地“经营权”应该设定为债权。⑪ 房绍坤（2019）则不完全认同上述观点，他指出无论是土地“经营权”的物权性质说，还是土地经营权的债权性质说，均不能实现农村土地“三权分置”的政策目标，进而提出用益物权说更有明显理论优势的观点。

（3）关于土地“经营权”的来源。对于经营权的来源有两种不同的观点：

---

① 刘俊．土地承包经营权性质探讨［J］．现代法学，2007（2）：102-107.

② 郑志峰．当前我国农村土地承包权与经营权再分离的法制框架创新研究——以 2014 年中央一号文件为指导［J］．求实，2014（10）：82-91.

③ 叶兴庆．从“两权分离”到“三权分离”——我国农地产权制度的过去与未来［J］．中国党政干部论坛，2014（6）：7-12.

④ 郜永昌．分离与重构：土地承包经营权流转新论［J］．经济视角（下），2013（5）：137-139.

⑤ 张力，郑志峰．推进农村土地承包权与经营权再分离的法制构造研究［J］．农业经济问题，2015（1）：24-26.

⑥⑩ 蔡立东，姜楠．承包权与经营权分置法的构造［J］．法学研究，2015（3）：102-122+207.

⑦ 高圣平．农地三权分置视野下土地承包权的重构［J］．法学家，2017（5）：1-12+175.

⑧ 刘平．承包地退出规则之反思与重构——以《农村土地承包法》修改为中心［J］．华中农业大学学报（社会科学版），2019（2）：153-162+170.

⑨ 刘颖，唐麦．中国农村土地产权“三权分置”法律问题研究［J］．世界农业，2015（7）：172-176.

⑪ 陈小君．我国农村土地法律制度变革的思路与框架——十八届三中全会《决定》相关内容解读［J］．法学研究，2014（4）：4-25.

一种观点认为，土地的经营权就是来自土地的承包经营权，土地的承包经营权一分为二，把经营权从承包经营权中分离出来，分离后的承包权性质并没有发生改变。① 普金霞（2015）基于民法的视角，认为承包权和经营权的分离，强化了农民对土地权益的保护意识，放活经营权是盘活沉睡的土地资产，是实现土地资源优化配置的重要体现。② 另一种观点则不赞成经营权来源于土地承包经营权的观点。其认为土地经营权不是从承包经营权中剥离出来的，而是土地经营权的设立，是对农民集体所有权及其实现方式的重构，它不仅是中国农村家庭联产承包责任制的延伸与发展，更是中国农村土地制度改革的又一次重大创新。③ 更有学者进一步解释，指出土地承包权从土地承包经营权中分离出来以及土地经营也是从土地承包经营权分离出来的观点，从法律上讲，仍值得商榷。④

（二）关于“三权分置”下农民权益的研究

农村土地“三权分置”的核心在于为农民提供更为充分的权益保护（潘小英，2015）。农民土地权益保护涉及农村社会的多个方面，是一个复杂的系统性问题，学者所持观点不尽相同。实践中，“三权分置”各个环节，都有可能发生侵害农民权益的行为。现有研究成果主要集中在“三权分置”下农民土地权益受损、农民权益非保障，特别是如何更好地保护农民的土地权益。

1. 关于农民权益受到侵害的研究

尽管“三权分置”改革的初衷是保护好农民的权益，但在实践中侵害农民权益的情形时有发生。在土地经营权流转过程中，农民社会保障利益更是受到了侵害（姚金海，2017），随着土地集中化程度快速提高，农民失地失业风险加剧（党晓军，2016；冯晓平，2018；陈梅，2019），危害粮食安全和耕地质量下降等潜在风险出现。⑤ 武传鹏、韩潇认为在“三权分置”推进过程中，导致农民权益受损的重要原因之一是土地经营者和土地所有者之间在土地产权关系上界定不够清晰，进而提出，在理论层面，“三权”的界定应该明晰使用权和收益权的有关内容。⑥

---

① 刘颖，唐麦．中国农村土地产权“三权分置”法律问题研［J］．世界农业，2015（7）：45-59.

② 普金霞．农村土地三权分离法律思考——基于权能分割和成员权视角［J］．人民论坛，2015（26）：118-120.

③ 高富平．农村土地“三权分置”改革的法理解析及制度意义［J］．社会科学辑刊，2016（5）：73-78.

④ 高圣平．新型农业经营体系下农地产权结构的法律逻辑［J］．法学家，2017（5）：1-12.

⑤ 段贞锋．“三权分置”背景下农地流转面临的风险及其防范［J］．理论导刊，2017（1）：88-92.

⑥ 武传鹏，韩潇．新时代农村土地“三权分置”制度与农民权益保障机制探论——基于马克思主义产权思想的视角［J］．兰州财经大学学报，2020（1）：23-29.

2. 关于农民权益保护的研究

为保护“三权分置”下农民土地权益，加快经营权流转，不少研究者提出了相应的对策建议。仲济香和张远索认为应加强研究土地股份制问题，培育新型职业农民，提高劳动者技能，把保护好农民的权益放在改革的首位。① 李晓红和黄瑾指出减轻农民权益受损，需从产权主体、产权属性、产权交易约束与治理、产权制度变迁等方面，采用配套改革措施。② 盛波强调经营权流转中要强化法治思维和风险预防意识，尊重农民的主体地位。③ 潘小英建议应加强对土地经营权流转的规范与管理，按照土地经营流转“依法、自愿、有偿”的原则，推进土地经营流转，提高土地经营流转的公共服务水平，从政策和制度上规范土地经营权流转行为，避免土地经营权流转中农民的权益受损。④

有关农民权益保护的实现路径，研究成果主要有：增强农户内在发展能力以及提升农户可利用土地资源的使用效率⑤；规范农户土地经营权租赁合同，构建土地经营权纠纷化解机制⑥；防止农地流转过程中的“非粮化”“非农化”风险，杜绝农地过度集中行为⑦；完善农村土地相关法律法规制度⑧和提高农户社会保障服务水平⑨。

就入股农户土地权益保障而言，入股农户权益得不到保障，是由缺少有序的土地交易市场、缺乏有效的土地经营权估值体系造成的⑩，有学者认为，保护好农民股东土地权益，不仅要稳定承包关系，还要完善承包细则，让农民能最大限度地享受土地承包经营权带来的收益⑪。

（三）关于“三权分置”下风险问题的研究

农村土地“三权分置”由“两权分离”发展演变而来，“三权分置”又难以

---

① 仲济香，张远索．农村土地“三权分置”下的农民利益保护研究［J］．改革与开放，2015（15）：87-88.

② 李晓红，黄瑾．三权分置农地制度下农民土地财产权利受损的产权逻辑［J］．广西民族大学学报（哲学社会科学版），2016（6）：163-167.

③ 盛波．刍议农地“三权分置”中农民权益保障问题［N］．民主与法制时报，2019-04-28（007）．

④ 潘小英．“三权分置”后的农民权益保护［J］．中共郑州市委党校学报，2015（2）：42-46.

⑤ 彭素，罗必良．基于农户视角的农民土地权益保护机制研究［J］．财贸研究，2013（6）：27-35.

⑥ 李长健．中国农村矛盾化解机制研究：一种权益保护与社区发展的视角［M］．北京：人民出版社，2013.

⑦ 朱强，李民．论农地资本化流转中的风险与防范［J］．管理世界，2012（7）：170-171.

⑧ 姜战朝．城镇化背景下农民土地权益保护的立法思考［J］．兰州学刊，2014（12）：128-132.

⑨ 张云华．城镇化进程中要注重保护农民土地权益［J］．经济体制改革，2010（5）：：87-92.

⑩ 李灿，张竞雄．农村土地经营权入股公司的财务困境及对策［J］．财会月刊，2016（22）：34-37.

⑪ 李隆伟．土地承包经营权确权对农民土地流转行为的影响研究［D］．北京：中国农业大学，2016.

完全解决“两权分离”产生的矛盾。因此，在“三权分置”下潜伏着诸多风险，这些风险大多与农民权益相关，[①] 并呈不断扩大之趋势。

1. 关于“三权分置”风险认知的研究

目前，“三权分置”风险问题已引起学术界的关注，但从农民风险认知的角度，研究“三权分置”中农民风险认知问题的较少。李欣怡研究发现传统农民由于受到小农意识的深刻影响，在风险的认知上属于规避类型，从而制约了土地经营权的出租。[②] 秦光远和谭淑豪对河南某市38份农户的调研问卷进行了分析，剖析了风险认知与土地经营权流入意愿的关系，研究结果显示，控制自然风险，防范市场风险，能够增强农户的土地流入意愿。[③] 李景刚等通过对广东省进行案例分析，验证了“农户风险意识的强弱对土地流转意愿的确有显著的抑制作用”的假设，并进一步阐释了影响农户意愿的风险因素。[④] 陈振等从风险认知视角出发，通过对安徽省典型区域的农户调研，研究结果显示，影响农户土地经营权转出意愿的决定因素是农户对风险的认知；在流转过程中出现的租金过低、流转租金拖欠风险、土地经营权流出后的再就业风险、养老风险、“非农化”、“非粮化”风险和土地硬化与撂荒风险等，严重抑制了农户土地流转意愿。[⑤] 鲁毅等通过对河南省信阳市农户土地流转意愿的抽样调查，研究了农户的风险认知对其收益的综合影响，研究结果发现：合同履约率低、社会养老保障水平低和土地碎片化显著影响了农户对土地经营权的流转意愿。[⑥]

2. 关于经营权流转风险的研究

（1）经营权流转中的契约风险。契约风险是指土地经营权流转主体违反契约内容，不履行契约规定的权利和义务从而给对方或第三方带来损失的可能性。[⑦] 由于农业的弱质性，农业生产经营极易受自然灾害、农产品价格、农业技术条件等因素的影响，流转土地的预期收益可能与实际收益相去甚远，导致严重亏损，成

① 项亚萍．农村土地股份合作制中农民权益保护问题研究［D］．合肥：安徽大学，2017.

② 李欣怡．土地流转过程中农户理性行动选择的逻辑研究［D］．昆明：昆明理工大学，2012.

③ 秦光远，谭淑豪．农户风险认知对其土地流转意愿的影响［J］．西北农林科技大学学报（社会科学版），2013（4）：61-67.

④ 李景刚，王岚，高艳梅，等．风险意识、用途变更预期与土地流转意愿［J］．生态经济，2016（7）：127-132.

⑤ 陈振，郭杰，欧名豪．资本下乡过程中农户风险认知对土地转出意愿的影响研究——基于安徽省526份农户调研问卷的实证［J］．南京农业大学学报（社会科学版），2018（2）：129-162.

⑥ 鲁毅，李文涛，程涛．土地流转风险及农户风险认知对其收益的综合影响［J］．农村经济与科技，2019（11）：23-26.

⑦ 丁文恩．农村土地流转的动力机制与风险研究［J］．经济研究参考，2018（20）：74-79.

本难以收回，就会出现违背契约义务、拖欠租金或甚至“跑路”现象，从而形成契约风险（杭佳琪等，2019）。契约风险易产生纠纷，纠纷需通过法律手段来解决，但鉴于“法不责众”，出于对农民这一弱势群体的保护，法律解决这类纠纷的成本可能会相当高。①

关于契约风险防范的措施，潘俊认为政府应对土地经营权流转合同进行规范。② 李长健和杨莲芳建议为防止土地租赁方因经营不善给农民带来的租金损失，建立健全农村土地经营权风险保障金制度为当务之急。③ 吕军书和贾威建议通过提高农民素质、完善农地经营流转配套制度等途径防范契约风险。④ 普国华提出应建立农村土地经营权风险预警机制，科学制定土地经营权流转规模，采取措施确保农民的合法权益不受侵害。⑤ 吴冠岑等认为可以通过设立土地流转保险或建立土地流转风险保障金的方式，防止业主因经营困难等导致无法向土地转让方兑现租金的现象，分散各利益相关者的风险。⑥

（2）经营权流转中的“非农化”“非粮化”风险。潘俊从法律视角分析认为，改革必须要避免农地“非农化”“非粮化”风险，控制农地流转规模和价格，注重权益保障。⑦柴海瑞（2020）肯定了“三权分置”的作用，将改革的风险归纳为“非农化”“非粮化”。⑧ 段贞锋在肯定“三分置”的积极意义后指出，改革存在危害粮食安全和耕地质量下降等潜在风险。⑨ 董正爱和谢忠洲（2017）也认为随着我国“三权分置”流转政策的实施，农地“非农化”“非粮化”现象屡禁不止，不少地方也出现了农地“非粮化”的现象，农地“非农化”“非粮化”存在失控风险。⑩

关于“非农化”“非粮化”风险产生的原因，黄伟归纳为三点：一是利润差异，即种粮比较效益低是“非农化”与“非粮化”流转的客观成因；二是农民

---

① 黄建军．三权分置视域下农村土地流转风险及防范［J］．北方经贸，2018（3）：34-38.

②⑦ 潘俊．农村土地“三权分置”：权利内容与风险防范［J］．中州学刊，2014（4）：67-73.

③ 李长健，杨莲芳．三权分置、农村土地流转及其风险防范［J］．西北农林科技大学学报，2016（4）：49-55.

④ 吕军书，贾威．“三权分置”制度下农村土地流转失约风险的防范机制研究［J］．理论与改革，2017（6）：181-188.

⑤ 普国华．农村土地承包经营权流转风险防范策略探究［J］．现代经济信息，2018（9）：120.

⑥ 吴冠岑，牛星，许恒周．乡村旅游开发中土地流转风险的产生机理与管理工具［J］．农业经济问题，2013（4）：63-67.

⑧ 柴海瑞．权能配置与风险回应：农地“三权分置”的制度设计［J］．中共郑州市委党校学报，2020（5）：50-53.

⑨ 段贞锋．“三权分置”背景下农地流转面临的风险及其防范［J］．理论导刊，2017（1）：88-92.

⑩ 董正爱，谢忠洲．权能配置与风险回应：农地“三权分置”的制度设计［J］．时代法学，2017（6）：24-33.

对土地流转使用上的漠视，即在高回报租金的诱惑下，有些农民对土地用途关注不够是主观成因；三是地方政府与基层乡村干部的行为不力是监管成因。① 李长健和杨莲芳（2016）认为，“三权分置”促进了工商资本大量进入农业领域，租赁农村土地。但是，工商资本租赁的农地却很少用来从事种植业，更多用于发展经济价值更高的非粮作物，改变了农村土地用途，产生了农地“非农化”“非粮化”风险。黄建军认为，农地“非农化”“非粮化”风险的产生，客观上是因为农村土地在不同用途上的利润差异，主观上是为追求利润最大化。同时，地方政府和村集体（或者村民小组）对土地流转用途的监管缺失和不到位，也为促使“非农化”“非粮化”风险的产生提供了“机会”。②

关于“非农化”“非粮化”风险防范的措施，潘俊认为政府可以参考《中华人民共和国物权法》中用益物权期限的相关规定，依据承包经营权剩余时间，对承包权与经营权分离规定一个合理的期限。③ 朱君健建议要严格规范和监管经营权的使用，严防工商资本对农民土地权益的剥夺。④ 朱继胜提出应构建最严格的耕地保护制度并强化土地用途监管。⑤

（3）经营权流转中的法律风险。何士青和杨亚琼认为“三权分置”下的法律风险主要表现为土地经营权流转存在着权能界限不清晰和法律规定不完善等。⑥ 李玲从宏观层面和微观层面，指出“三权分置”下，土地经营权流转隐藏着严重的法律风险。在宏观层面，面临着土地私有化风险与耕地风险；在微观层面，面临着违约风险、失地风险以及保障风险。⑦

关于防范法律风险，胡建提出应以适宜的法权构造来实现农民利益的保障和农地流转的法律风险规避。⑧ 蒋尚成提出应建立与农村土地经营权流转相配套的服务部门，地方政府有关部门应监管好土地流转市场，并引导农户进行合理的土地流转，在流转过程中增强和培育农户的法律意识，并不断完善土地经营权流转

① 黄伟．农地流转中的非农化与非粮化风险及其规避［J］．当代经济管理，2014（8）：39-43.

② 黄建军．三权分置视域下农村土地流转风险及防范［J］．北方经贸，2018（3）：34-38.

③ 潘俊．农村土地“三权分置”：权利内容与风险防范［J］．中州学刊，2014（4）：67-73.

④ 朱君健．农地承包权与经营权分离的意义及风险防范［J］．山东工会论坛，2015（4）：72-74.

⑤ 朱继胜．农村承包地“三权分置”改革的法律风险及其防范［J］．理论月刊，2017（11）：5-12.

⑥ 何士青，杨亚琼．农村土地承包经营权流转的法律风险及其防范——以“三权分置”为背景［J］．湖北警官学院学报，2018（6）：110-117.

⑦ 李玲．“三权分置”背景下农村承包地经营权流转的法律风险与防范措施［J］．哈尔滨学院学报，2020（9）：83-86.

⑧ 胡建．农村土地承包经营权流转：法律风险与防控［J］．广西社会科学，2014（5）：98-101.

风险防范机制。①

（4）经营权流转中的社会风险。张佳伟认为“三权分置”放活“经营权”，促进了农户在自愿的前提下更加充分地行使土地流转权利，但同时如果监管和风险防范不到位，很可能出现“失地”风险。② 目前土地对农民来说不仅承担着经济功能，更承担着社会保障功能，失去赖以生存的土地，丧失了生存保障，极易诱发社会风险，影响到社会稳定（党晓军，2016；冯晓平，2018；陈梅，2019）。随着土地集中化程度快速提高，导致农民失地失业风险的加剧（党晓军，2016；冯晓平，2018；陈梅，2019）。丁文恩指出，当失地失业风险发生时，农民的权益就会受到侵害，极易产生纠纷，而纠纷一旦不能得到及时有效的解决，权益受到侵害的农民就会上访，导致社会矛盾加剧，③ 形成社会不稳定性因素，继而产生社会风险。

3. 关于土地经营权入股风险的研究

（1）关于土地经营入股的研究。土地经营权入股在有关文件的许可下，正在各地进行大量的实践，农民通过将土地经营权量化为股权，然后入股股份公司或股份合作社，实现了土地经营权的放活，增加了农民的经济收入。1992 年广东南海市、1994 年珠江三角洲、2006 年成都、2007 年重庆、④ 2012 年山东、⑤ 2015 年安徽等地先后开展了农民土地入股试点。⑥⑦⑧⑨⑩⑪⑫⑬⑭在土地经营权入股上，学术界存有两种观点：

一种观点认为，土地经营权入股能够合理配置土地资源，促进土地适度规模化经营，能够增加农民财产性收入，提高农业的生产效率。通过土地经营权入股，不仅可以推动资本下乡，改善农村发展资金投入不足的问题，还可以促进农村富余劳动力向城市转移，推动城镇化进程（万丽红，2013；刘国栋，2014；杜

---

①⑨ 蒋尚成．论农用地“三权分置”的风险防范［J］．河北科技师范学院学报（社会科学版），2017（2）：24-25.

②⑩ 张佳伟．“三权分置”背景下农地流转风险防范问题研究［J］．改革与开放，2017（11）：68-70.

③⑪ 丁文恩．农村土地流转的动力机制与风险研究［J］．经济研究参考，2018（20）：74-79.

④⑫ 张询书．农村土地承包经营权入股的风险问题分析［J］．乡镇经济，2008（1）：36-41.

⑤⑬ 如何让“土地入股”走得更远：东平县 21 家土地股份合作社的新探索［EB/OL］．［2013-08-14］．http：//www. dzwww. com/shandong/sdgd/sdgdxw/201308/t20130814_ 8763622. htm.

⑥⑭ 杨丹丹．农民带地“入股”需防范风险［J］．农村·农业·农民（B 版），2012（7）：170-171.

⑦ 李玲．“三权分置”背景下农村承包地经营权流转的法律风险与防范措施［J］．哈尔滨学院学报，2020（9）：83-86.

⑧ 胡建．农村土地承包经营权流转：法律风险与防控［J］．广西社会科学，2014（5）：98-101.

志勇，2015；杨仕兵、魏雪，2016；周华宸，2017；高海，2017；许英，2019）。另一种观点认为，农村人多地少，社会保障覆盖面窄，土地流转法律制度建设滞后，强制推行土地经营权入股，必然会弱化农村土地的社会保障功能，损害农民合法权益（党国英，2007；张询书、宋志红，2015；傅勇涛，2012；李俊青，2013；何安华，2015；张殿龙，2018；杨仕兵，2019）。土地经营权入股的"法律性"跟不上"政策性"，法律法规滞后和不健全，会造成土地经营权入股在实践中扭曲和变形，导致经营权土地入股后农户股东的权益无法得到保障；权益受到侵害时，又缺乏有效的救济和保障措施。[①] 土地经营权入股过程中的实际运作和实践过程中还存在法律制度不完善、农民参与和政府的监管欠缺等问题[②]，上述问题的存在导致我国农村土地法律制度的设计无法与农民土地经营权入股合作社的实际情况紧密贴合，限制了土地经营权入股合作社模式在实践中的发展，并有可能会导致农户遭遇利益损失（王胜英，2017）。

（2）关于土地经营权入股风险的研究。一是土地经营权入股风险的类型。廖宏斌（2011）根据土地经营权入股风险的影响程度和范围不同，将土地经营权入股风险划分为两大类：一类是微观层面的风险，包括利益受损风险、失地失业风险和纠纷风险；另一类是宏观层面的风险，包括粮食安全风险、经济风险和社会风险。杨晶和王文昌基于榆次区 576 份农户问卷调查，通过对影响农户入股因素及农户满意度分析得知，农户在享有入股带来收益的同时，也面临着对风险认知与应对不足风险以及失业风险、利益受损风险、生存风险、社会风险等各种潜在风险。[③] 张赛和吴九兴也认为企业会因经营不善破产倒闭时，股民有失地失权风险。[④] 另有学者分析认为，土地经营权入股还涉及诸多法律风险（李荣、刘锦海，2011），相关法律主要涉及《中华人民共和国农村土地承包法》《中华人民共和国物权法》《中华人民共和国公司法》《中华人民共和国劳动法》《中华人民共和国劳动合同法》《中华人民共和国破产法》等。王邦习在详细分析了全国依法公开的有关土地纠纷裁判文书的基础上，发现经营权入股的法律风险增长较快

① 吴义茂．土地承包经营权入股有限责任公司法律问题研究［D］．成都：西南财经大学，2012.

② 谢家银．农村土地承包经营权入股的价值考量与风险防范［J］．广西社会科学，2015（3）：85-88.

③ 杨晶，王文昌．农户视角的土地股份合作潜在风险及其防范研究［J］．江西农业学报，2019（4）：145-150.

④ 张赛，吴九兴．农民以土地入股的风险类型及其防范机制［J］．江西农业学报，2019（5）：132-137.

且风险复杂，解决风险的难度较大。①

二是土地经营权入股风险的生成原因。吴福明（2013）认为股份化的制度性缺陷可能带来风险，如由经营风险引致的失地风险，股权封闭造成的流动性两难风险。雷仁星从制度和资产定价的二维视角，采用多种分析方法，也得出入股合作社的风险来源于政策与法律制度不完善的结论。② 从农村土地入股风险形成的源头上看，主要包括内源性风险因素和外源性风险因素。外源性风险因素主要是指造成土地入股风险的外部因素，它与土地转入方（通常是专业合作社、农业公司等经济组织）的生产经营管理没有直接的联系，主要是因农村土地制度、外部经济环境变化、政治和社会因素而造成农村土地入股风险的外部因素。内源性风险因素主要是指与规模经营者自身的组织管理结构和生产经营密切相关的因素，主要包括入股组织机构、利益相关方的利益分歧以及生产经营者经营管理不善等（廖宏斌，2017）。

三是土地经营权入股风险的防范措施。有学者提出在构建土地经营权入股风险防范机制中，应构建合理有效的价值评估体系，完善入股公司的治理结构，让农民股东权益得到有效保障。③ 还有学者建议，为化解农民土地入股风险，应构建农民土地入股风险防范机制（风险评估机制与风险处置机制），要提出切实可行的风险应急预案，强化农民土地入股风险防范能力和政府防范风险能力等。④ 更多学者则从法律层面提出了防范对策，如应推进土地入股法律化、规范化（段雅萍、汪争，2011）、健全法律法规⑤。

4. 关于土地经营权抵押风险的研究

目前，土地经营权抵押贷款中引起学者高度关注的就是抵押贷款风险问题，其研究成果主要集中在风险的类型、风险的形成和风险的防范上。

（1）关于抵押风险类型的研究。惠献波（2015）、管蓉蓉和陈涵（2017）认为土地经营权抵押贷款存在经营风险、市场风险和政策风险⑥⑦；史明灿（2018）

---

① 王邦习．农村土地经营权入股的法律风险及其防控——基于全国依法公开相关裁判文书的实证［J］．农村经济，2018（7）：28-35.

②⑤ 雷仁星．农村土地入股合作社的制约因素研究——制度和资产定价视角［D］．南昌：江西财经大学，2016.

③ 邱小玲．论农村土地股份有限公司债权人利益保护［D］．蚌埠：安徽财经大学，2017.

④ 田富强．农民土地入股风险防范机制与模式研究［J］．江西农业大学学报，2019（1）：118-123.

⑥ 惠献波．农村土地经营权抵押融资风险评价［J］．价格理论与实践，2015（4）：76-78.

⑦ 管蓉蓉，陈涵．农村土地经营权抵押贷款风险问题探析——以宿州市埇桥区为例［J］．安徽农学通报，2017（14）：6-7.

认为土地经营权抵押贷款面临着法律风险、抵押品变现风险、抵押品估价风险等①，这些风险的存在严重制约了土地经营权抵押贷款业务的开展。温雅茹和于丽红（2020）总结了农地经营权的直接抵押贷款模式中涉及的五种风险，即制度风险、信用风险、抵押物风险、操作风险和民生风险。②

（2）关于抵押风险形成原因的研究。樊怿霖（2014）认为金融机构在开展抵押融资业务过程中存在政策空白或技术障碍，不能妥善处理农村产权抵押问题，③ 客观公正地评估抵押的土地经营权价值难度较大，从而加大了金融机构的抵押贷款业务风险（陈明亮、叶银龙，2018；魏华，2018）。陈菁泉、付宗平（2016）从法律风险、市场风险、抵押品变现风险、信用风险、估价风险等方面分析了土地经营权抵押贷款风险的成因，认为农村土地经营权抵押贷款制度在运作过程中，与现有的相关法律相冲突、产权不清晰及贷款风险分担等配套政策不健全有关；与借款人的信用和还款能力、贷款有无担保及农业保险的发展程度等因素有关。④ 史明灿（2018）认为，农业生产经营的弱质性、农村社会保障机制不健全、立法规定存在漏洞、信用机制不完善是导致土地经营权抵押贷款风险形成的主要原因。⑤

王君妍、宋坤和唐海春（2028）依据风险来源，对风险微观层面和宏观层面进行了测评，结果显示，抵押物的处置所带来的风险是最主要的风险，同时也提出信用风险不可忽视。⑥ 肖培耻（2019）通过对风险形成的直接抵押融资视角的分析，指出抵押物难以处置、相关保障机制不健全，都阻碍了土地经营权抵押贷款业务的顺利推进，并为应对这些风险提出相应的措施。⑦

（3）关于抵押风险防范措施的研究。构建风险防范体系是防范土地经营权抵押风险的重要举措。为此，许多学者从不同维度和层面构建了土地经营权抵押贷款风险识别指标体系。例如，惠献波（2015）、陈菁泉和付宗平（2016）从政

---

①⑤ 史明灿．农村土地经营权抵押融资风险：类型、原因及域外经验［J］．江苏农业科学，2018（8）：399-402.

② 温雅茹，于丽红．农地经营权抵押贷款风险分析——以直接抵押模式为例［J］．经济研究导刊，2020（24）：42-43.

③ 樊怿霖．关于农村产权抵押融资问题的思考与研究——以湖北为例［J］．湖北社会科学，2014（10）：65-68.

④ 陈菁泉，付宗平．农村土地经营权抵押融资风险形成及指标体系构建研究［J］．宏观经济研究，2016（10）：143-154.

⑥ 王君妍，宋坤，唐海春．政府主导型农地经营权抵押贷款风险预警研究——基于四川省成都市的调研数据［J］．武汉金融，2018（9）：71-77.

⑦ 肖培耻．我国农地经营权抵押融资风险控制——基于直接抵押融资模式的视角［J］．江苏农业科学，2019（1）：2334-2337.

策、市场、抵押品、估价四个层面，构建了风险识别的二级指标体系，为风险评估提供了一个全面的视角；赵一哲（2015）在对陕西省眉县金融机构和人员进行深入调研的基础上，从个人及家庭情况、信誉、偿债能力、抵押物四个层面，构建了风险评估指标体系，为抵押贷款风险防范提供了理论支撑。于丽红、李辰未（2014）构建了土地经营权抵押贷款风险识别的指标体系，这一指标体系包含了三个层面，即借款人、环境和金融机构；还有学者从市场环境、政治环境、抵押物品、金融机构等层面，构建了经营权抵押贷款风险识别指标体系。吴征和蔡连军（2016）基于东海县试点金融机构的实践，从供给方面对本地试点金融机构在办理土地经营权抵押业务中的借款人、抵押品及政策等风险因素的重要性进行排序，构建土地经营权抵押贷款风险影响因素指标。

李新宇（2017）指出“三权分置”下应明确抵押人、抵押物，明确和清晰界定抵押物的范围，同时还应进行相关基础设施如交易平台、交易制度建设，并在加强监管的前提下，积极引入农业保险、防范融资风险和还款风险。[①] 林乐芬和孙德鑫（2015）认为，抵押贷款中违约风险的防范，应进一步积极发展“三权分置”下的土地流转中介服务组织，发挥中介组织的作用，积极引导保险公司加入风险防范中，并在贷款期限上放宽，同时积极探索合作组织预付土地流转金制度。[②] 陈永清（2016）则认为，防范“三权分置”下土地经营权抵押风险，应完善抵押政策，建立土地经营权指标体系；对于抵押农户而言，应通过教育培训等方式，提高其风险认知，防控土地经营权抵押贷款风险。[③] 牛鹏程（2020）建议政府鼓励农民积极参与农业灾害保险制度，同时给予保险公司一定的政策优惠，保险公司应不断拓宽业务领域，创新农业保险业务类型，全面扩大农村农业保险的覆盖范围。[④]

（四）简要评述

综上所述，国内外已有的相关研究取得了丰富的研究成果，但仍存在一些欠缺：一是已有的研究涉及农村土地“三权分置”风险、农民权益保障的还较少；二是即使有少量的研究或从农村土地经营权风险来谈防范风险，或从农民权益保障来谈农民权益保障，缺乏从农村土地经营权风险与农民权益内在关联性来探究

---

① 李新宇．农村承包土地的经营权抵押风险防控机制构建［J］．法制社会，2017（2）：222-223.

② 林乐芬，孙德鑫．农村土地抵押贷款及其风险管理研究——基于枣庄市的案例分析［J］．现代管理科学，2015（12）：25-29.

③ 陈永清．农村土地经营权抵押融资的风险因素分析［J］．上海经济研究，2016（7）：59-63.

④ 牛鹏程．农村土地经营权抵押风险及其防范机制研究［J］．农村经济与科技，2020（13）：17-18.

通过化解风险保障权益；三是农村土地经营权风险可能会给农民权益带来侵害，对农村社会和谐稳定带来较大的影响，处理不好，不仅影响农村土地“三权分置”改革，还可能发生较大的社会群体性事件，但相关研究并没有把它上升到政治高度，加以重视。

基于此，本书的农村土地经营权风险主要是指承包权与经营权分离所引发的风险，研究对象为风险防范中的农民权益保障，研究的内容集中在集体土地所有权、土地承包权益和土地经营权中的承包经营、出租、入股、抵押和土地经营权再流转等方面，探索和农民权益相关的风险以及形成机理，并从宏观层面和微观层面提出防范风险对策建议，目的在于通过防范农村土地经营权风险，实现对农民权益的保护。

第二章　农村土地产权制度变迁与农民土地权益

农村土地产权制度的相关政策和法律法规来源于实践的探索，出台的改革文件和法律法规又进一步深化了农村土地产权制度的改革。回顾我国农村土地变迁史，不难发现，我国农村土地制度经历了“一权确立”“两权分离”到“三权分置”的历史变迁。农村土地“三权分置”的确立，是新时代我国农村生产力发展的客观要求，它的出现既有历史的渊源，更有新时代农民实践经验的总结，既有历史的必然，更有政策的动因。

农村土地“三权分置”下不同的权利主体享有不同的权益。分析梳理这些权益内容，阐述集体经济组织、承包户和新型农业经营权主体的关系，在新的历史条件下，对于坚持农村集体土地使用权、稳定承包权、放活经营权，保护好农民土地权益具有重要的意义。

第一节　土地制度由“一权确立”到“两权分离”

我国的土地制度体系可划分为土地管理制度和土地权利制度。土地管理制度是从政府行使土地管理的职能角度划分出来的，而土地权利制度则是从土地产权或土地权利的确认、行使和保护的角度进行划分的。土地管理制度主要包括土地所有权制度和土地使用权制度两大部分。一项制度的改革势必影响到其他制度的改革和运行。

中华人民共和国成立 70 多年来，我国农村土地产权制度历经了三次大的变革和调整，依据新制度经济学理论，每次土地制度变迁的路径依赖极强，每次新

的土地制度的变迁都是在参照旧规则的基础上演进而来的。纵观我国农村土地制度的演变，农村土地的权利不断分化，由“一权”向“两权”再向“三权”演进，且权利的功能不断丰富和拓展，这说明我国土地制度改革适应了农村土地经营方式的转变，满足了不同权利主体的需求（见图2-1）。

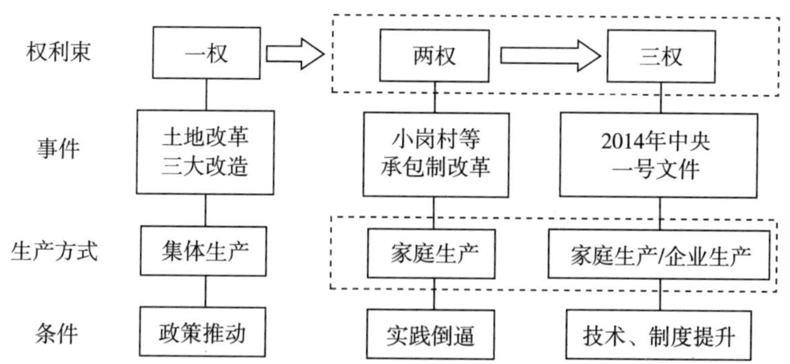

图2-1　中华人民共和国成立以来农地制度的演变历史①

一、农民土地所有制的“一权确立”

（一）农民土地所有制与农民土地权益

在1949年以前，我国经历了长达数千年的封建制经济发展，封建制经济制度决定了我国农村主要实行封建制土地制度，在所有权上，实行封建农村土地所有权，农村土地所有权主要归属地主。据不完全统计，占农村人口不到10%的地主和富农占有农村70%～80%的土地，而占农村人口90%以上的农民仅占20%～30%的土地。地主所占土地的10%为自己经营，其余90%由佃农耕种。佃农50%以上的收益以地租的形式交给地主。由此可见，当时的土地产权制度是地主和富农占有全国绝大部分土地，土地被垄断在他们手中，而农民依靠向地主租赁土地进行生产经营。农民和地主间在身份和地位上存在严重的不平等。为此，1946年5月颁布的《关于清算减租及土地问题的指示》，将“地主减租减息、农民交租交息”的政策调整为“逐步确立农民土地私有制”，并在1947年9月通过的《中国土地法大纲》中，提出“废除封建性及半封建性剥削的土地制度，实行耕者有其田的土地制度”。

① 董正爱，谢忠洲．权能配置与风险回应：农地“三权分置”的制度设计［J］．时代法学，2019（9）：24-33.

1949 年我国提出“有步骤地将封建半封建的土地所有制改变为农民的土地所有制”，并承认土地是农民的个人财产，属于农民个人所有。[①] 1950 年 6 月通过的《中华人民共和国土地改革法》，是中华人民共和国成立后第二部以法律的形式命名的规范性文件，该法对土地的没收、征收和分配等方面作出了明确的规定，为中华人民共和国的工业化开辟道路。该法还提出土地改革完成后，由人民政府发给土地所有证，并承认一切土地所有者拥有自由经营、买卖和出租其土地的权利。[②]

（二）农村集体土地所有制的确立与农民土地权益

集体土地所有制的确立经历互助组、初级社和高级社三个阶段，农村土地的私人所有，最终转变为农村土地的集体所有。

1. 互助组阶段（1950~1952 年）

互助组是在“耕者有其田”土地制度的基础上，在广大人民群众自愿的前提下，自发组建起来的，它被看作带有某些社会主义因素的劳动经济组织。互助组被分为临时性互助组和常年性互助组两种类型。截至 1952 年底全国发展互助组 80216 万个，[③] 促进了农业生产效率一定程度的提高。据有关统计资料，1952 年与 1949 年相比，全国农业总产值增加了 48.5%，粮食产量增加了 42.8%。1950~1952 年，粮食产量每年平均增长 12.6%，棉花增长 43%。[④]

2. 初级社阶段（1953~1956 年）

初级社被看作具有半社会主义性质的劳动经济组织形式，它将农民的土地等主要生产资料作为股份加入初级合作社，并交由合作社统一经营管理，由此实现了农户与生产资料经营权的初步分离，按劳分配成为主要分配方式和原则。这种生产组织形式在一定程度上改变了农村土地的私人所有制，合作社对土地和生产资料进行统一经营管理，从而改变了生产资料的占有方式，改变了农业劳动方式，改善了农业生产条件，克服了小农生产弊端，促进了农业生产力的发展。我国初级合作社实现的标志为 1956 年 3 月通过的《农业生产合作社示范章程》。

3. 高级社阶段（1956~1958 年）

高级社是以生产资料集体公有为基础的完全社会主义性质的劳动经济组织。在高级社中土地是无偿入社的，其他生产资料可以作价，价款除抵交应交的股份

---

① 参见《中国人民政治协商会议共同纲领》（1949 年 9 月 29 日中国人民政治协商会议第一届全体会议通过）。

② 参见《中华人民共和国土地改革法》（1950 年 6 月 28 日中央人民政府委员会第八次会议通过）。

③ 白晓东. 新中国土地管理大事记（1949-2008）[M]. 北京：中国大地出版社，2009.

④ 林卿. 农地制度与农业可持续发展 [M]. 北京：中国环境科学出版社，2000.

基金外，多余的价款由高级社分期偿还。[①] 到 1956 年底，全国入社农户占农户总数的 91.9%，其中参加高级社的农户占农户总数的 87.8%。[②]

在这一制度下，私有产权被取消，农民对公社的依附性过高，农民土地权益受到侵害，生产积极性下降。[③] 有资料显示，农业总产值在 1959 年下降了 14%，1960 年下降了 12%，1961 年下降了 2.5%。[④]

4. “三级所有，队为基础”集体所有制形成

为纠正“极左”错误，1962 年中国共产党第八届中央委员会第十次全体会议通过的《农村人民公社工作条例》（修正草案）第二条规定“人民公社的基本核算单位是生产队。根据各地方不同的情况，人民公社的组织，可以是两级，即公社和生产队，也可以是三级，即公社、生产大队和生产队”。之后这一制度在我国实行了 20 多年。在此期间，农民生产积极性严重受挫，农业发展缓慢。统计资料表明：1956~1977 年我国城镇非私营单位职工平均货币工资从 601 元降至 576 元，同期人均粮食产量则从 306.8 公斤降至 297.7 公斤。1949~1978 年农村土地政策与法律的主要内容与演变如表 2-1 所示。

表 2-1 1949~1978 年农村土地政策与法律的主要内容与演变

时间/名称	相关内容	备注
1949 年 9 月 《中国人民政治协商会议共同纲领》	开展土地制度改革，确立农民土地所有制，保护农民土地所有权，农民私有财产不得侵犯	发挥临时宪法的作用，改变极端不合理土地占有与土地收益分配制度，保证农民土地权益
1950 年 6 月 《中华人民共和国土地改革法》	废除地主阶级封建性及半封建剥削的土地所有制，实行农民的土地所有制。没收地主土地，特殊土地征收特殊处理	第一部指导土地改革的基本法律，进一步推进土地改革，保证农民获得完整的土地权益
1953 年 2 月 《中共中央关于农业生产互助合作的决议》	提倡“组织起来”，发展农民互助合作。因地制宜地发展简单的劳动互助、常年互助组合、土地入股的农业生产合作社	农民土地所有制下，个体农户经营能力有很大差异，易导致“两极分化”，农民互助组织受到鼓励
1953 年 12 月 《中国共产党中央委员会关于发展农业生产合作社的决议》	农业生产合作社是农民群众的唯一出路，是保证整个社会和农民自身不断增长的物质和文化的需要，强调实行土地统一经营	首次提出农民联合的最高形式是实行完全的社会主义的集体农民公有制的高级的农业生产合作社

① 胡穗．中国共产党农村土地政策的演进［M］．北京：中国社会科学出版社，2007.

② 李彬，范云峰．我国农业经济组织的演进轨迹与趋势判断［J］．改革，2011（7）：88-95.

③ 蒙柳．“三权分置”背景下土地经营权流转法律问题研究［M］．武汉：武汉理工大学出版社，2018.

④ 林卿．农地制度与农业可持续发展［M］．北京：中国环境科学出版社，2000.

续表

时间/名称	相关内容	备注
1954年9月 《中华人民共和国宪法》	农民土地所有权和农民的生产资料受到国家的保护；对于农民的生产活动，国家给予帮扶，国家还支持农民加入合作组织等，发展农业生产	根据《中国人民政治协商会议共同纲领》，制定的第一部宪法，当时，起临时宪法的作用。保护了农民的土地权益，促进了农村的稳定发展
1955年11月 《农村生产合作社示范章程草案》	农民的土地所有权继续得到国家的保护，农业生产合作社对土地进行统一管理；社员有退社的自由	增加了社员有退社的自由条款，使农民的土地权益有一定的保障
1956年6月 《高级农业生产合作社示范章程》	合作社把私人所有的生产资料转为合作社集体所有，组织集体劳动，同工同酬，必须认真对国家尽缴纳公粮和交售农产品的义务	土地的“农民所有、集体经营”被“集体所有、集体经营”所取代；土地所有权属发生了变化
1958年8月 《中共中央关于在农村建立人民公社问题的决议》	建立人民公社是形势发展的必然趋势。其把各地成立不久的高级农业生产合作社，普遍升级为大规模的、政社合一的人民公社	将人民公社化运动推向了高潮。不仅使农民土地私有权不复存在，就连有差异的小集体经济也被平均化了。农民土地权益受到严重侵害
1961年3月 《农村人民公社工作条例（草案）》	农村人民公社一般分为公社、生产大队和生产队三级。以生产队所有制为基础的三级所有制，是现阶段人民公社的根本制度	改“一大二公”集体所有制为“三级所有，队为基础”集体所有制。纠正了盲目追求“一大二公”的极端做法
1962年9月 《农村人民公社工作条例》	人民公社是适应生产发展的需要，在高级农业生产合作社的基础上联合组成的。人民公社的基本核算单位是生产队。根据各地方不同的情况，人民公社的组织，可以是两级，即公社和生产队，也可以是三级	人民公社的基本核算单位由“生产大队”进一步下放到“生产队。”农民以损失自己的土地权益为国家工业优先发展战略的实施作出了巨大贡献
1978年12月 《中共中央关于加快农业发展若干问题的决定（草案）》	稳定人民公社“三级所有，队为基础”的体制，提出“不许分田单干，不许包产到户”	继续推进土地“三级所有，队为基础”的制度安排
1980年3月 《全国农村人民公社经营管理会议纪要》	在人民公社内部普遍实行生产责任制和定额计酬制	经营制度有了很大的创新，生产责任制和定额计酬制出现
1982年1月 《全国农村工作会议纪要》	肯定“双包”制，包产到户、包干到户或大包干“都是社会主义生产责任制”，“社员承包的土地，不准买卖，不准出租，不准转让”	明确了土地的集体所有，强调了生产责任制的长期性，增加了对土地流转的规定

续表

时间/名称	相关内容	备注
1983 年 1 月《当前农村经济政策的若干问题》	稳定和完善农业生产责任制，仍然是当前农村工作的主要任务。完善联产承包责任制的关键是通过承包处理好统与分的关系。林业、牧业、渔业、开发荒山、荒水以及其他多种经营方面，都要抓紧建立联产承包责任制	提出要“稳定和完善农业生产责任制”。标志着原来的人民公社体制解体，土地变为集体所有，农户经营，土地所有权和所有权分离，农民有了一定的土地生产剩余索取权

二、农村土地“两权分离”的形成

1978 年虽然召开了党的十一届三中全会，但是农村经济体制仍严重制约着经济发展战略的转移。为突破“一大二公”的集体经营模式，安徽省凤阳县小岗村的 18 位农民签署了大包干责任书，开启了“包产到户”的实验。1980 年中共中央印发的《关于进一步加强和完善农业生产责任制的几个问题》肯定了包产到户。1981 年全国农村生产责任制达到 97.8%，1982 年 11 月，包产到户、包干到户的占到 78.66%，[①] 到 1983 年，家庭联产承包责任制在全国已占到农户的 98.3%。[②]

1982~1983 年，政策开始强调农村集体经营生产责任制长期不变。家庭联产承包责任制激发了农民生产积极性，增强了经济主体的活力，使这一内生性的制度变迁具有明显的正效应，促进了农业的增长（林毅夫，2014）。1979~1984 年我国农作物产值累计增长 42.23%，其中家庭承包制改革带来的增长达 19.5%，贡献率为 46.89%。30 年间，我国粮食产量先后登上了 35000 万吨、40000 万吨、45000 万吨、50000 万吨的台阶，成功实现粮食总量供需平衡，成为我国农业经济增长的主要源泉。[③] 农民生活水平也迅速提高，1987~1990 年，农民人均消费水平增长达到 5.6%，超出城市水平 1.1 个百分点。

“两权分离”的农地制度既保留了集体所有制，又保证了农民的土地使用权，实现了土地权利在集体和农民之间有效分离，较好地处理了国家、集体和农户间的土地关系。[④]“两权分离”的农地产权制度安排推动了中国农村传统经营

---

① 黄少安．改革开放 40 年中国农村发展战略的阶段性演变及其理论总结［J］．经济研究，2018（12）：4-19.

② 宋洪远．改革以来中国农业和农村经济政策的演变［M］．北京：中国经济出版社，2000.

③ 李彬，范云峰．我国农业经济组织的演进轨迹与趋势判断［J］．改革，2011（7）：88-95.

④ 张红宇．三权分离、多元经营与制度创新——我国农地制度创新的一个基本框架与现实关注［J］．南方农业，2014，8（2）：6-13.

体制的改变，充分调动了集体与个体的积极性。①

“两权分离”的农地制度相继在《中华人民共和国土地管理法》《中华人民共和国农村土地承包法》《中华人民共和国物权法》等中得到体现。此后，我国政府不断采取措施，强化“两权分离”。此后《中华人民共和国物权法》再次强化“两权分离”，并首次将农村土地承包经营权作为一种独立的用益物权类型在立法中明确化，从而在法律上，“两权分离”思想成为承包户在集体土地所有权基础之上设立的一种经营权利。② 由此可见，在小岗村农民创新实践的基础上，逐步实现了“两权分离”。承包经营权从农民集体土地使用权中分离出来，实现了“一权变两权”。赋予了农民更加充分的生产经营自主权，有力地促进了农业农村的经济发展。③

“两权分离”的制度安排虽然激励了农户的生产积极性，但是以“两权分离”为主要特征的家庭联产承包责任制在本质上仍属于小农家庭经营方式。多数学者认为，本次制度变迁“只是证明了小农经济的合理性，并没有证明小农经济的优越性和先进性”。随后，1984 年的中央一号文件指出：“鼓励土地逐步向种田能手集中，”1986 年的中央一号文件也指出：“鼓励耕地向种田能手集中，发展适度规模的种植专业户。”④

这从另一个视角说明，小块土地基础上的农业生产方式潜力有限。随着社会主义市场经济的发展，家庭承包经营方式已难以适应市场经济发展的要求，产权关系不清晰、土地流转补偿、规模化生产受到抑制，“小生产与大市场”间的矛盾日益突出，其“两权分离”的制度缺陷逐渐暴露出来，用“三权分置”来解决“两权分离”产生的矛盾成为逻辑的必然。

第二节　农村土地“三权分置”的确立

2013 年 7 月习近平同志在武汉农村综合产权交易所考察时提出：“要好好研

---

① 王潇．农村土地“三权分置”的逻辑路径与政策选择［D］．济南：山东师范大学，2019.

② 高圣平．论农村土地权利结构的重构——以《农村土地承包法》的修改为中心［J］．法学，2018（2）：12-24.

③ 王立彬．农村土地“三权分离”概念首发过程亲历［J］．中国记者，2015（6）：34-36.

④ 参见 1986 年“中央一号文件”：《关于一九八六年农村工作的部署》相关规定。

究农村土地所有权、承包权、经营权三者之间的关系。”① 2016 年 10 月，中共中央办公厅、国务院办公厅印发的《关于完善农村土地所有权承包权经营权分置办法的意见》，再次强调落实集体所有权，稳定农户承包权，放活土地经营权。2018 年 7 月修订的《中华人民共和国农民专业合作社法》、2018 年 12 月修正的《中华人民共和国农村土地承包法》和 2020 年 5 月通过的《中华人民共和国民法典》赋予了土地经营权合法地位。由此，中国农村土地产权制度实现了从农村集体土地所有权和经营权合一，到所有权、承包经营权“两权分离”、再到所有权、承包权、经营权“三权分置”的历史性变迁，反映了从政策到立法的演进的中国制度变迁的历史缩影（见图 2-2）。

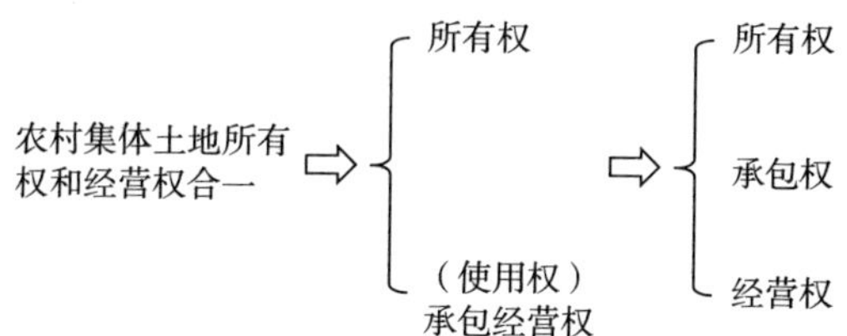

图 2-2　农村土地权能制度变迁

从新形成的农村土地“三权分置”权利结构来看，这种权利结构拓展了农民以及新型农业经营主体的选择范围，并没有否定或取消以前权利类型，相反是对以前权利结构的细化和发展，突出了农民的选择权（见图 2-3）。

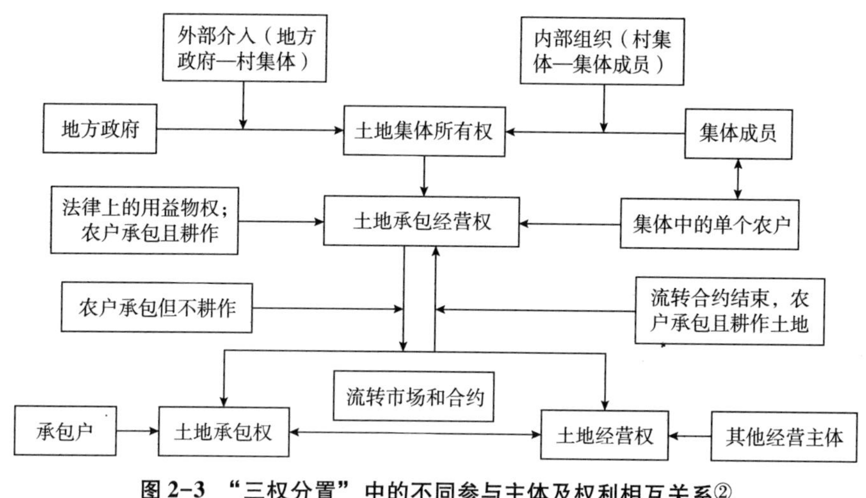

图 2-3　“三权分置”中的不同参与主体及权利相互关系②

① 习近平．论坚持全面深化改革［M］．北京：中央文献出版社，2018.

② 参见 https：//baijiahao. baidu. com/s？ id＝1601956399182159943&wfr＝spider&for＝pc。

一、农村土地“三权分置”的政策演进

（一）地方性规范文件中有关农村土地“三权分置”的政策

通过百度搜索发现，2001~2012年，一些省地市（区）县陆续出台了一些与农村土地“三权分置”相关的地方性规范文件，颁布了有关农村土地承包经营权流转的管理办法或实施细则（见表2-2）。

表2-2 地方性有关农村土地承包经营权流转的相关文件简要

时间	文件名称
2001年9月	《中共浙江省委办公厅、浙江省人民政府办公厅关于积极有序地推进农村土地经营权流转的通知》（浙委办〔2001〕53号）
2004年9月	《合肥市人民政府办公厅关于规范农村土地承包和经营权流转的若干意见》（合政办〔2004〕95号）
2005年9月	《中共成都市委办公厅　成都市人民政府办公厅关于推进农村土地承包经营权流转的意见》（成委办〔2005〕37号）
2007年2月	《武汉市委办公厅、武汉市人民政府办公厅关于引导农村土地承包经营权流转推进土地规模经营的意见》（武办发〔2007〕1号）
2007年5月	《莱芜市人民政府关于推进农村土地承包经营权流转的意见》（莱政发〔2007〕36号）
2007年9月	《嘉兴市人民政府办公室关于加快推进农村土地承包经营权流转的意见》（嘉政办发〔2007〕106号）
2007年9月	《重庆市人民政府办公厅关于加快农村土地流转促进规模经营发展的意见（试行）》（渝办发〔2007〕250号）
2007年11月	浙江省长兴县人民政府印发的《关于加快推进农村集体土地承包经营权流转的实施意见（试行）》（长政发〔2007〕78号）
2008年1月	浙江省宁波市委办公厅、宁波市人民政府办公厅公布的《关于做好农村土地承包经营权流转工作　提高土地规模经营水平的意见》（甬党办〔2008〕5号）
2008年5月	四川省成都市金堂县人民政府印发的《推进农用地规模经营实施意见》（金堂府发〔2008〕13号）
2008年7月	《安徽省安庆市人民政府关于推进农村土地承包适度规模经营的意见》（宜政发〔2008〕9号）
2008年9月	《中共安康市委　安康市人民政府关于加快农村土地经营权流转的指导意见》（安发〔2008〕14号）
2009年3月	《洛阳市人民政府关于加强农村土地承包经营权流转工作的意见》（洛政〔2009〕57号）
2009年4月	广东省从化市人民政府办公室印发的《从化市农村土地承包经营权流转工作实施方案的通知》（从府办〔2009〕106号）
2009年6月	常州市人民政府办公室印发的《关于推进农村土地承包经营权流转的意见》（常政办发〔2009〕74号）

续表

时间	文件名称
2009 年 6 月	《四川省人民政府办公厅关于进一步规范有序进行农村土地承包经营权流转的意见》（川办发〔2009〕39 号）
2009 年 7 月	安徽省滁州市人民政府印发的《滁州市促进农村土地承包经营权流转发展　农业适度规模经营实施意见》（滁政〔2009〕83 号）
2009 年 9 月	《泉州市人民政府关于做好农村土地承包经营权流转工作的意见》（泉政〔2009〕11 号）
2009 年 9 月	《鄂州市人民政府关于加快推进农村土地承包经营权流转的意见》（鄂州政发〔2009〕16 号）
2009 年 11 月	安徽省马鞍山市人民政府印发的《关于推进农村土地承包经营权流转的实施意见》（马发〔2009〕12 号）
2010 年 5 月	《厦门市人民政府办公厅转发市农业局关于规范农村土地承包经营权流转发展农业适度规模经营意见的通知》（厦府办〔2010〕109 号）
2010 年 5 月	《山西省人民政府办公厅关于做好农村土地承包经营权流转工作引导发展适度规模经营的意见》（晋政办发〔2010〕32 号）
2010 年 6 月	河南省商丘市委　商丘市人民政府印发的《关于推进农村土地承包经营权流转的实施意见》（商发〔2010〕2 号）
2011 年 1 月	《青岛市人民政府关于加快推进农村土地适度规模经营的意见》（青政字〔2011〕1 号）
2011 年 1 月	《陕西省人民政府关于促进农村土地承包经营权流转的指导意见》（陕政发〔2011〕18 号）
2012 年 2 月	《咸阳市人民政府关于促进农村土地承包经营权流转的实施意见》（咸政发〔2012〕3 号）
2012 年 2 月	四川省巴中市平昌县人民政府印发的《关于进一步规范有序推进农村土地承包经营权流转的意见》（平府发〔2012〕21 号）
2012 年 7 月	浙江省东阳市人民政府办公室印发的《关于进一步做好农村土地承包经营权流转工作的通知》（东政办发〔2012〕200 号）
2012 年 9 月	《开封市人民政府关于加快推进农村土地承包经营权流转促进适度规模经营的实施意见》（汴政〔2012〕99 号）
2012 年 12 月	《阳泉市人民政府办公厅关于推进农村土地承包经营权流转的实施意见》（阳政办发〔2012〕167 号）

从表 2-2 可以看出，地方政府普遍规定了土地承包经营权或土地经营权流转的基本原则、基本要求、农民权益的保护、土地承包关系的稳定、家庭承包经营制度的坚持等内容，至于农村土地“三权分置”的表达在地方正式文件中还没有真正见到。

（二）中央规范性文件中有关农村土地“三权分置”的政策

在总结地方规范性文件和农村实践的基础上，逐渐形成了农村土地“三权分置”的中央规范性文件。

2013 年 7 月习近平同志在湖北考察时的讲话，体现了农村土地“三权分置”的思想，随后的一些文件对农村土地所有权、承包权和经营权的分离问题均有不同程度的涉及，特别是在 2014 年党的十八届三中全会之后，“三权分置”的思想逐步成为共识。“三权分置”也逐渐从实践演进为地方政策，以政策推进“三权分置”改革，具体政策演进如表 2-3 所示。

表 2-3　农村土地“三权分置”的中央政策的演进

文件发表时间及名称	农村土地“三权分置”相关内容	备注
2013 年 12 月 中央农村工作会议	要落实集体所有权、稳定农户承包权、放活土地经营权，加快构建以农户家庭经营为基础、合作与联合为纽带、社会化服务为支撑立体式复合型现代农业经营体系	农村土地“三权分置”初见雏形阶段。这是中央文件首先涉及农村土地所有权、承包权和经营权“三权分离”的政策思想
2014 年 11 月 《关于引导农村土地承包经营权有序流转发展农业适度规模经营的意见》	坚持农村土地集体所有，实现所有权、承包权、经营权分置。抓紧研究探索集体所有权、农户承包权、土地经营权在土地流转中的相互权利关系和具体实现形式	习近平同志在 2014 年 9 月 29 日召开的中央全面深化改革领导小组第五次会议上提出农村土地“三权分置”
2015 年 1 月 《关于引导农村产权流转交易市场健康发展的意见》	提出建立农村交易市场的必要性和重要意义。提出要完善农村产权交易市场的产权制度，提出要建立健全交易市场的监督管理制度等	中央首次提出农村产权流转包括土地经营权流转
2015 年 2 月 中共中央、国务院发布的《关于加大改革创新力度加快农业现代化建设的若干意见》	引导土地经营权规范有序流转。抓紧修改农村土地承包的法律，明确现有土地承包关系保持稳定并长久不变的具体实现形式，界定农村土地集体所有权、农户承包权、土地经营权之间的权利关系	继续深化土地经营权流转的相关改革；农村土地“三权分置”政策进入稳步推进阶段
2015 年 4 月 《关于加强对工商资本租赁农村土地监管和风险防范的意见》	鼓励各地加快发展多种形式的土地经营权流转市场，建立健全市场运营规则，明确交易原则、交易内容、交易方式、交易程序、监督管理及风险防范等事项	为下一步土地经营权流转，建立市场机制提供了依据。农村土地“三权分置”进入继续深化阶段
2015 年 8 月 《国务院关于开展农村承包土地的经营权和农民住房财产权抵押贷款试点的指导意见》	在农村改革试验区、现代农业示范区等农村土地经营权流转较好的地区开展农村承包土地的经营权抵押贷款试点，赋予农村承包土地经营权抵押融资功能	提出农村土地经营权抵押贷款试点工作的要求，有计划有步骤地开展土地经营权试点工作
2015 年 11 月 《中共中央关于制定国民经济和社会发展第十三个五年规划的建议》	稳定农村土地承包关系，完善土地所有权、承包权、经营权分置办法，依法推进土地经营权有序流转，构建培育新型农业经营主体的政策体系	继续出台相关政策和文件，深化农村土地经营权有序流转

续表

文件发表时间及名称	农村土地“三权分置”相关内容	备注
2015年11月《深化农村改革综合性实施方案》	落实集体所有权，稳定农户承包权，放活土地经营权。按照依法自愿有偿原则，引导农民以多种方式流转承包土地的经营权，发展多种形式的适度规模经营	至此，该文件详细阐述了农村土地所有权、承包权和经营权农村土地“三权分置”的内涵
2016年1月《关于落实发展新理念加快农业现代化实现全面小康目标的若干意见》	稳定农村土地承包关，落实集团所有权，稳定农户承包权，放活土地经营权，完善农村土地“三权分置”办法，明确农村土地承包关系长久不变具体规定。依法推进土地经营权有序流转，鼓励和引导农户自愿互换承包地块实现连片耕种	该文件强调了从土地承包关系“长久不变”的视角，推进农村土地“三权分置”的具体实施
2016年3月《农村承包土地的经营权抵押贷款试点暂行办法》	该《办法》允许农户以土地承包经营权、允许通过合法方式获得土地经营权的农业经营主体，按程序向银行业金融机构申请经营权抵押贷款	通过国家政策的形式，明确农村土地经营权可以抵押贷款，解决新型农业经营主体融资难问题
2016年7月《农村土地经营权流转交易市场运行规范（试行）》	对农村土地经营权流转交易主体、交易条件、交易品种及交易内容等进行了详细的规范	该文件直接以经营权流转命名，并规范农村土地经营权流转交易市场
2016年10月《关于完善农村土地所有权承包权经营权分置办法的意见》	逐步建立规范、高效的“三权”运行机制，不断健全归属清晰、权能完整、流转顺畅、保护严格农村土地产权制度，为发展现代农业、增加农民收入、建设社会主义新农村提供坚实保障	全面规定了“三权分置”的意义、指导思想和基本原则。科学界定“三权分置”内涵、权利边界及相互关系
2016年12月《中共中央 国务院关于稳步推进农村集体产权制度改革的意见》	鼓励依托集体资产监管、土地经营权流转管理平台，开展农村承包土地经营权、集体林权、“四荒”地使用权等流转交易	将农村土地“三权分置”排在该条诸多改革事项中第一的位置

从中央规范性文件对农村土地“三权分置”的政策演进可以看出，“三权分置”在语言表述上实现了统一，并以文件形式固定下来，这是我国农村土地制度改革深化的结果。在2014~2020年的中央一号文件中均有不同程度的部署。“三权分置”制度设计适应了市场经济发展的需要，是农村改革的“第三次飞跃”。第一次飞跃实现了土地所有权与使用权的分离；第二次飞跃促进使用权的流转，实现适度规模化经营；第三次飞跃实现所有权、承包权、经营权的分离，使土地资源得到更合理的利用，维护农户和经营权主体的土地权益。

二、农村土地“三权分置”的政策动因

（一）从中央一号文件来看，农村土地制度一直在不断调整优化

农村土地问题历来都是我国发展中的大问题，其涉及农村的和谐与稳定、涉及农民的权益保护、涉及农村各项改革能否顺利推进的根本性问题。1982~1986年中共中央发布的5个中央一号文件均聚焦农业、农村、农民问题。这5个中央一号文件对我国农业、农村经济的快速发展，对增加农民收入、农民权益的保护产生了巨大的推动作用（张宏宇，2019）。时隔几年后，自2004年起，又连续16年发布中央一号文件（见表2-4）。这些文件涉及多项关于农村改革的重大事项，集中体现了我国农村土地制度一直在不断改革中。

表2-4 1982~2018年19个中央一号文件梳理回顾

年份	文件名称	聚焦重点	与农村土地和农民权益相关内容
1982	《全国农村工作会议纪要》	正式承认包产到户合法性	该文件正式承认包产到户的合法性；提出包产到户、到组属于社会主义集体经济的生产责任制。买卖、出租或者转让农户的承包地是都不被允许的，承包地荒废也是不被允许的，入股承包地抛荒或者无力经营时应退还本村集体
1983	《当前农村经济政策的若干问题》	放活农村工商业	该文件指出家庭联产承包责任制是农民首创精神的体现，是农民的伟大创造。强调稳定和完善农业生产责任制，仍然是当前农村工作的主要任务
1984	《中共中央关于一九八四年农村工作的通知》	发展农村商品生产	该文件允许有偿转让土地使用权；鼓励农民向各种企业投资入股；鼓励土地逐步向种田能手集中。不允许买卖农民的自留地和承包地，不允许出租，更不允许把宅基地转让他人
1985	《关于进一步活跃农村经济的十项政策》	取消统购统销	该文件没有具体提出与农村土地和农民土地权益相关的内容。其核心内容在于改革农产品统派统购制度，解决农业生产向商品经济转化中的种种不协调现象，搞活农村经济
1986	《关于1986年农村工作的部署》	增加农业投入，调整工农城乡关系	该文件强调伴随农民转向城市就业，应鼓励耕地集中于种田能手，发展适度规模经营。在国家无力经营的条件下，当地群众可以经营山林、草场、水面，可以承包，也可以采取国家和农民联合经营的方式
2004	《中共中央　国务院关于促进农民增加收入若干政策的意见》	促进农民增加收入	该文件主要研究土地征用制度问题，特别强调对耕地保护的最严格要求。文件还强调在整个征地过程中都要切实保障农民权益的权益等，并对征地原则、规模、审批权限和程序做了明确规定。同时，要求在征地过程中必须从国家土地利用总体规划出发，对不同类型的土地进行严格区分。最后，还对集体经营性建设用地入市问题进行了探索

续表

年份	文件名称	聚焦重点	与农村土地和农民权益相关内容
2005	《中共中央　国务院关于进一步加强农村工作提高农业综合生产能力若干政策的意见》	提高农业综合生产能力	该文件论述了农民权益的保障问题。要求在处理土地承包纠纷案件时，要按照合法程序，及时处理，化解纠纷。同时，还规定要尊重和保障不同农民阶层的权益，如进城落户农民、承包经营户以及外出务工农民的土地权益。最后，就如何发展适度规模经营进行了阐述，强调要适度规模、要尊重农民的自愿等
2006	《中共中央　国务院关于推进社会主义新农村建设的若干意见》	社会主义新农村建设	该文件指出了土地出让金的用途和管理，以及如何更好地在农业土地开发中做好土地开发整理项目的问题。最后，就土地出让金使用中应坚持的原则、用途以及使用范围作了规定。该文件对于加强土地租让金的使用和管理具有重要的指导意义
2007	《中共中央　国务院关于积极发展现代农业扎实推进社会主义新农村建设的若干意见》	积极发展现代农业	该文件就推进社会主义新农村建设的意义、原则、内容、要求和保障措施等给予了明确的规定。可以说该文件是我国社会主义新农村建设的纲领性文件。除了上述规定的以外，该文件还就如何完善我国农村基本经营制度，促进土地流转以及林地改革等问题进行了规定
2008	《中共中央　国务院关于切实加强农业基础建设进一步促进农业发展农民增收的若干意见》	加强农业基础建设，加大“三农”投入	该文件有关农村土地方面的规定主要包括：一是对土地承包期内的调整问题做了明确规定；二是基于目前土地流转市场存在的问题，明确提出要建立和完善，特别强调要健全这一市场；三是再次强调要发展适度规模经营，并指出适度规模要在条件符合的地方进行，不能强制，不能为规模化而规模化
2009	《中共中央　国务院关于 2009 年促进农业稳定发展农民持续增收的若干意见》	促进农业稳定发展农民持续增收	这是一个专门研究农民增收方面的文件。该文件就农民增收中的问题以及政府如何促进农民增收等进行了详细的规定。该文件还就农村承包关系的稳定和承包地的流转再次做了说明。首次提出了开展对土地承包经营权登记试点工作，尊重农民在土地流转中的自主权益，加强服务管理
2010	《中共中央　国务院关于加大统筹城乡发展力度进一步夯实农业农村发展基础的若干意见》	在统筹城乡发展中加大强农惠农力度	文件中有关农民权益相关的规定有：一是完善农村土地承包相关的法律法规；二是制定具体的实施办法，目的在于使这一土地承包稳定和长久不变；三是健全土地经营权流转市场，特别是要对土地流转市场的监督和管理；四是守住耕地保护红线，不得改变农地用途，并且要充分利用土地资源，保护好土地资源，以此维护农民权益
2012	《中共中央　国务院关于加快推进农业科技创新持续增强农产品供给保障能力的若干意见》	加快推进农业科技创新	该文件主要规定了加快农业发展中的科技供给问题。同时，也就土地问题提出了一些新要求：一是继续强调完善土地承包关系的法律法规政策问题；二是在保持土地承包关系稳定的前提下，促进土地承包经营权流转发展适度规模经营的问题；三是部署了土地所有权的确权登记颁证工作，提出了扩大确权登记颁证试点的问题

续表

年份	文件名称	聚焦重点	与农村土地和农民权益相关内容
2013	《中共中央　国务院关于加快发展现代农业进一步增强农村发展活力的若干意见》	进一步增强农村发展活力	这个文件就新型农业经营主体：专业大户、家庭农场、农民合作社等如何发展壮大、如何进行土地流转以及发展适度规模经营等问题进行了规定。同时，提出可以通过互换的土地流转方式，解决承包地块细碎化问题
2014	《关于全面深化农村改革加快推进农业现代化的若干意见》	全面深化农村改革	赋予农民对承包地占有、使用、收益、流转及承包经营权抵押、担保权能。允许承包土地经营权抵押融资是土地价值体现的一个重要形式。抵押贷款的实施需要在明晰产权的前提下进行，为此，提出要加快推进确权登记颁证工作，并强调要加强保护妇女的土地权益
2015	《中共中央　国务院关于加大改革创新力度加快农业现代化建设的若干意见》	认识新常态，适应新常态，引领新常态	社会主义经济发展进入了一个新常态，这是中央对当前我国面临的国际和国内形势进行综合分析的基础上得出的重要结论。新常态下，意味着我国农村工作要适应这一新常态，稳妥推进农村土地制度改革，保护农民权益
2016	《中共中央　国务院关于落实发展新理念加快农业现代化实现全面小康目标的若干意见》	用发展新理念破解“三农”新难题	解决当前“三农”新难题，要紧密结合新常态的特点，在稳定农村土地承包关系前提下，完善农村土地“三权分置”办法，继续推进确权登记颁证整省试点工作，鼓励农民在自愿的前提下流转土地经营权，并继续鼓励农民采取承包地互换的方式，解决土地碎片化问题，实现土地连片经营耕种，并维护好农民权益
2017	《中共中央　国务院关于深入推进农业供给侧结构性改革加快培育农业农村发展新动能的若干意见》	深入推进农业供给侧结构性改革	就农村土地“三权分置”办法的实施提出了具体要求。继续强调承包地确权登记颁证的推进工作，并提出了具体的要求。就集体经营性建设用地入市问题，要求尽快建立和完善城乡统一的建设用地市场；开展农村“三变”工作，合理利用好土地资源，发挥好土地资源的价值，采取多种土地流转方式，增加农民的收入，维护农民的权益，同时，要管控好可能出现的各种风险问题
2018	《中共中央　国务院关于实施乡村振兴战略的意见》	实施乡村振兴战略部署	这是继中共中央提出建设社会主义新农村后，就“三农”问题提出的又一次重大的纲领性文件。文件就新农村建设目标、原则、任务以及具体实现路径和保障措施等做了明确的规定。同时，还就土地经营权入股等问题进行了规定

（二）从农地产权制度演进来看，需进行再调整，优化产权结构

农地产权制度在国家基本经济制度安排中具有重要地位，其设计是关乎国计民生的重要理论及实践问题。[①] 农业发展的不同阶段要求有不同的制度安排与之

① 刘恒科．承包地“三权分置”的权利结构和法律表达研究［M］．北京：中国政法大学出版社，2018.

相适应，发展阶段的演进也必然要求相应的制度变迁。“两权分离”的农地产权制度，就是一次重大的制度创新，它废除了农地“一大二公”的僵化经营模式。这一制度的动因在于调整农民与土地的关系，更好地处理国家、集体和农户之间的土地使用权，重点在处理“统”和“分”的关系上。“统”即代表土地所有权的集体所有，“分”代表土地承包经营权以农户家庭为单位进行分配，[①] 形成了“两权分离”的制度安排。“两权分离”制度既保留了集体所有制，又保障了农民的农地使用权，这一制度安排回应了农业发展的需求，激发了农民的生产积极性，提高了农业效率。之后，国家出台了一系列政策法规，不断强化“两权分离”，如 1982 年中共中央一号文件提出家庭联产承包责任制长期不变，1984 年中央政府再次强调土地承包期一般在 15 年以上。1998 年的《中华人民共和国土地管理法》将土地承包期规定为 30 年，2002 年的《中华人民共和国农村土地承包法》对承包的范围、对象、期限和方式进行了详细的规定，此后的《中华人民共和国物权法》再次强调“两权分离”。

然而，经过 30 多年的发展，特别是 20 世纪 90 年代初，随着大量农民通过“离土不离乡”进城镇打工，农民非农化速度不断加快，“两权分离”的弊端逐渐显露：土地细碎化、农地效益低下、弃耕抛荒现象严重，规模机械化生产不适应，劳动力、资金、技术等生产要素不能优化组合，难以适应农业现代化、市场化、规模化的要求，[②]“小农户”与“大市场”的矛盾越来越突出，农民进行土地流转的意愿越来越强烈，“两权分离”制度的活力逐渐衰减，甚至成了制度抑制。

上述情况的出现，说明需要在承包地所有权和经营权“两权分离”的基础上，对农地制度进行再调整，以此来优化农地产权结构。为此，许多学者提出了深化农村土地产权制度改革的建议，中央也开始行动，由此拉开了新一轮土地产权制度改革的序幕。习近平同志在湖北调研农村产权交易所时，首次释放农村土地改革要研究土地所有权、承包权、经营权三者关系的信号，这为我国农村土地制度改革指明了方向。使农村土地产权的“二元产权结构”变迁为集体所有权、农户承包权和土地经营权的“三元产权结构”[③]（见图 2-4）。

---

① 刘恒科．承包地“三权分置”的权利结构和法律表达研究［M］．北京：中国政法大学出版社，2018.

② 李晨，王佳欢，王丽媛．中国出口水产品质量竞争力测算及评价研究［J］．河北地质大学学报，2019，42（2）：106-111.

③ 肖卫东，梁春梅．农村土地“三权分置”的内涵、基本要义及权利关系［J］．中国农村经济，2016（11）：87-90.

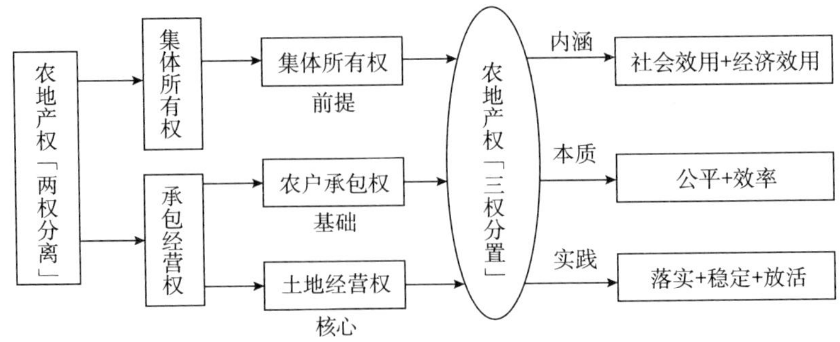

图 2-4 农村土地“三权分置”概念图解

资料来源：《2019 年农民工监测调查报告》。

（三）从农地社会保障功能来看，需稳定承包权，弥补社会保障不足

《2019 年农民工监测调查报告》显示，2019 年农民工总量为 29077 万人（见图 2-5）。在外出农民工中，年末在城镇居住的进城农民工 13500 万人。[①] 对于近 3 亿农民工这一庞大的群体进城后，如果城市不能解决其就业、住房、医疗等社会保障问题，任其发展，那么后果将不堪设想，同时也违背土地制度改革的初衷。

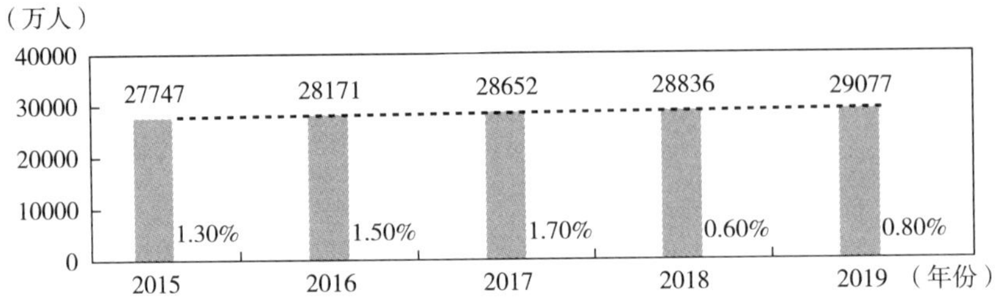

图 2-5 农民工总量增速

在此情况下，设计农村土地“三权分置”，农户可以通过保留其承包权，获得持续稳定的收益，通过流转土地经营权，取得“非农收入”，增加其他行业就业机会和更多收入来源，以此增强承包地的社会保障功能。

另外，土地经营权从承包经营权中分离出来，不仅不会弱化集体土地对农民

① 参见《2019 年农民工监测调查报告》，https：//new. qq. com/omn/20200430/20200430A0IITT00. html。

的生存保障作用，反而会赋予农民的生存保障方式以更为丰富的内涵。承包地的社会保障功能或“蓄水池”“稳定器”作用依然非常强大。因此，通过“三权分置”改革，稳定农户土地承包经营关系长久不变，让农民保留承包权，限制土地承包权自由流动，严格把控进城落户农民土地承包权退出，确保农民不因进城落户或退出承包地而出现失业、失地，而又无社会保障情形的发生。[①] 因此，土地承包权社会保障功能会在一定时间、一定范围和一定人员中存在[②]，弥补社会保障功能的不足。

（四）从土地要素配置来看，需优化配置，促进适度规模化经营

工业化城镇化促使农户土地承包权与经营权事实上的分离，农地的财富功能下降。[③] 一方面，土地对农民的吸引力越来越小，种粮积极性越来越低，造成大量农地弃耕、抛荒，土地资源大量浪费；另一方面，在国家政策的帮扶下，新型农业经营主体大量涌现，急需通过流转土地，实现规模化经营；同时，新型农业经营主体不仅对土地的规模需求增大，而且对土地产权稳定性与保护提出了更高的要求。在此情况下，需要对土地经营权赋权，实现土地要素优化配置，解决新型农业经营主体对土地资源的需求，发展适度规模经营。

农村土地“三权分置”改革的创新之处在于赋予了土地经营权相对独立的权能，激活了大量沉睡土地资源要素，顺应了新型农业经营主体对土地资源的需求，推进了土地要素优化配置，促进了土地适度规模化经营，促进了小农户与现代农业有机衔接。因此，政策上需顺应经济社会发展的需求，实现土地的“两权分离”向“三权分置”转变。

（五）从农民产权收益来看，需拓展收入渠道，增加农民收入

农村土地“三权分置”改革的政策动因之一是赋予农民更为宽泛和充分的土地产权权益，增加农民收入。通过“三权分置”政策的实施，农户作为农村集体经济组织成员而获得土地承包权，通过稳定土地产权，农民可以获得种地收入，同时也可以获得国家的各种农业补贴，成为农民收入来源之一。通过放活土地经营权，农民可以获得一定的租金收入。同时，土地确权后，牢固了土地承包

---

① 马俊驹．农村集体土地使用权的解析与保留——论农地“三权分置”的法律构造［J］．法律科学，2017（3）：112-116.

② 邓大才．中国农村产权变迁与经验——来自国家治理视角下的启示［J］．中国社会科学，2017（1）：4-24.

③ 刘守英．善待农民地权是农地三权分置的前提［N］．光明日报，2017-02-14（11）．

关系，农民可以放心到第二、第三产业从事非农劳动，从而获得一定的经济收入。① 通过放活土地经营权，农户还可以将经营权入股农业股份制企业和合作社，从而获得一定股份收入。由此可见，实施“三权分置”能够吸引更多新型农业经济主体从事农业生产活动，能够为新型农业经营主体大量租赁农户土地提供较大的空间，能够拓展农民的收入渠道，增加农民的经济收入。

（六）从农民对资金需求来看，需畅通融资渠道，破解贷款难题

农民在生产过程中对资金的需求也越来越大，但由于家庭联产承包责任之下的土地承包经营权不允许抵押担保，作为农民最有价值的资产的土地承包经营权的功能受到限制，农民融资贷款难度大，难以满足农业生产的需要。因此，需要对“两权分离”的农村土地制度进行改革，赋予土地经营权以融资抵押贷款功能。基于以上制度背景，将土地“承包经营权”分为“承包权”和“经营权”，赋予经营权更多的经济功能，应深化“两权分离”制度改革，这是实施“三权分置”的又一政策动因。

农村土地“三权分置”下土地经营权作为农民最有价值的资产，不再与成员权挂钩，在“三权分置”下就可以将土地经营权进行抵押担保，承担农民融资流转的功能价值，实现土地资源的资本化。② 在经营权抵押实现时，权利人获得的不是土地承包资格而是土地上的经营性收益，这样不仅没有破坏集体组织成员的资格界限，而且还优化了农村土地要素的资源配置，扩大了农村抵押担保物的范围，丰富了农村土地所有制的有效实现形式，也有效地破解了农民贷款困难的现实问题。

第三节 “三权分置”下的农民土地权益

一、土地权利体系与农民土地权益结构

农村土地制度改革，是一个复杂的系统过程，涉及我国土地权利体系的内涵

---

① 高升，邓峰．农村土地产权“三权分置”政策解析［J］．技术经济与管理研究，2020（1）：124-128.

② 祝子丽，李晨露，杨俐．“三权分置”改革后农地金融发展现状、制约因素与对策研究［J］．湖南财政经济学院学报，2019（3）：103-117.

和农民土地权益的保护。农民在国家中享有众多的权益，其中一个重要的权益就是土地权益。① 保护好维护好农民的土地权益，是我国土地制度改革的底线，且已达成共识。农民土地权益是农民在集体所有的土地上享有的权利和由此而获得的收益的集合。② 土地权利和土地收益是土地权益的主要内涵和两大重要组成部分。

（一）我国土地权利体系

土地权利是指土地所有权人按照法律规定直接支配土地并排除他人干涉的权利。它主要体现在四种基本权能上，即占有、使用、收益和处分。目前，我国的土地权利体系包括：土地所有权、使用权以及其他权利。国家土地所有权属于国家所有，集体土地所有权属于村集体所有。土地使用权主要包括国家土地使用权，如土地的出让权和土地的划拨权；集体土地使用权，即所谓的用益物权，包括土地承包经营权和集体建设用地使用权等（见图 2-6）。

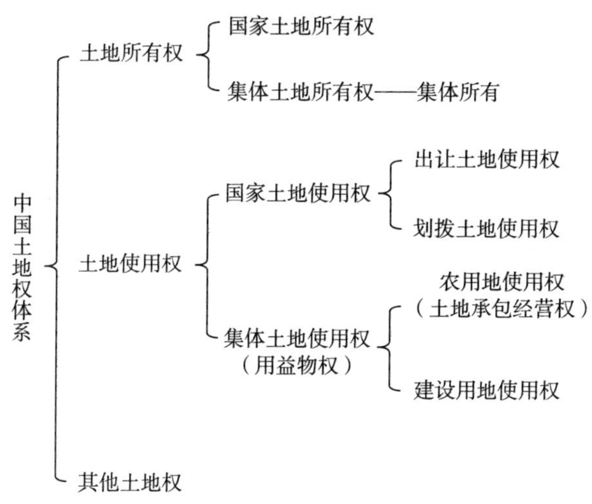

图 2-6　中国土地权利体系

在我国的土地权利体系当中，集体成员享有自益权和共益权，具有财产的性质（见图 2-7）。

---

① 林翊，林卿，谢代祥．中国经济发展进程中农民土地权益保护的理论逻辑［J］．理论与政策，2008（4）：78-80.

② 柴荣，王小芳．农民土地权益保障法律机制［M］．北京：社会科学文献出版社，2017.

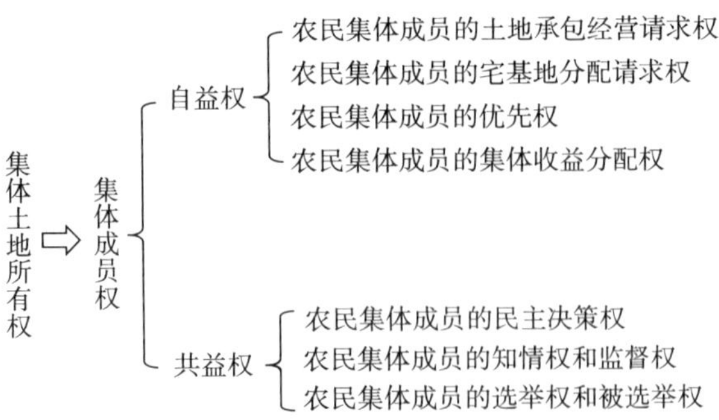

图 2-7 农村土地集体成员权力体系

（二）农民土地权益结构

根据权利的性质，把农民土地权益划分为财产性权利和非财产性权利。土地的财产性权利是农民追求的最终目标，农民土地利益的实现才是其权利实现的表现形式。非财产性权利的作用在于为土地财产性权利的实现保驾护航①（见表2-5）。农民正是通过行使各自相应的权利来获取土地收益。②

表 2-5 农民土地权益结构

<table>
<tr><td rowspan="11">农民土地权益结构</td><td rowspan="7">财产性权利</td><td rowspan="4">自益权</td><td>农民集体成员的土地承包经营请求权</td></tr>
<tr><td>农民集体成员的宅基地分配请求权</td></tr>
<tr><td>农民集体成员的优先权</td></tr>
<tr><td>农民集体成员的集体收益分配权</td></tr>
<tr><td rowspan="3">用益物权</td><td>土地承包经营权</td></tr>
<tr><td>宅基地使用权</td></tr>
<tr><td>建设用地使用权</td></tr>
<tr><td rowspan="3">非财产性权利</td><td rowspan="3">共益权</td><td>农民集体成员的民主决策权</td></tr>
<tr><td>农民集体成员的知情权和监管权</td></tr>
<tr><td>农民集体成员的选举权和被选举权</td></tr>
<tr><td colspan="3">社会保障权</td></tr>
</table>

① 柴荣，王小芳．农民土地权益保障法律机制［M］．北京：社会科学文献出版社，2017.

② 林翊．中国经济发展进程中农民土地权益问题研究［M］．北京：经济科学出版社，2009.

二、不同权利主体享有的土地权益

根据《中华人民共和国农村土地承包经营权管理办法》《中华人民共和国农村土地承包法》《关于引导农村土地经营权有序流转发展农业适度规模经营的意见》《关于完善农村土地所有权承包权经营权分置办法的意见》，农村土地的发包方、承包方和受让方享有多项权利并承担多项义务。

（一）发包方依法享有的土地权益

农村和城市郊区的土地，除由法律规定属于国家所有的以外，属于农民集体所有。农民集体所有的土地的发包方是村[1]集体经济组织或者村民委员会，其他任何组织和个人均无权向任何人发包土地。如果一块土地分别属于村内两个以上农村集体经济组织所拥有，应由村内各该农村集体经济组织或者村民小组[2]发包。发包方对村集体所有的土地进行发包是享有发包权、监督权、制止权和其他相关权益等，同时也承担一定义务（见表 2-6）。

表 2-6 发包方依法享有的权利及承担的义务

<table>
<tr><th>主体</th><th>依据</th><th colspan="2">享有的权益</th></tr>
<tr><td rowspan="7">发包方</td><td rowspan="4">《中华人民共和国农村土地承包法》第十四条规定</td><td>发包权</td><td>发包本集体所有的或者国家所有依法由本集体使用的农村土地，它是发包方其他权利的前提</td></tr>
<tr><td>监督权</td><td>监督承包方依照承包合同约定的用途合理利用和保护土地</td></tr>
<tr><td>制止权</td><td>禁止承包方损害承包地和农业资源的行为</td></tr>
<tr><td>其他权</td><td>法律及行政法规规定的其他权利</td></tr>
<tr><td rowspan="2">《中华人民共和国农村土地承包法》第十五条规定</td><td colspan="2">承担的义务</td></tr>
<tr><td colspan="2">维护承包方的土地承包经营权，不得非法变更、解除承包合同；尊重承包方的生产经营自主权，不得干涉承包方依法进行正常的生产经营活动；依照承包合同约定为承包方提供生产、技术、信息等服务；执行县、乡（镇）土地利用总体规划，组织本集体经济组织内的农业基础设施建设；法律、行政法规规定的其他义务</td></tr>
</table>

① 这里的“村”，指的是行政村，即设立村民委员会的村，而不是指自然村。见法律出版社、大众出版社编委会：《中华人民共和国农村土地承包法》，法律出版社 2019 年版。

② 这里的“村民小组”指的是行政村内由村民组成的组织，它是村民自治共同体内部的一种组织形式，相当于原生产队的层次。见《中华人民共和国农村土地承包法》，法律出版社 2019 年版。

（二）承包方依法享有的权益

农村土地的承包方是本集体经济组织的农户，也就是说承包方必须是本集体经济组织的农户，[①] 其他村庄的农户或者居住在本村但不具有本村户籍的农户，没有权利承包该村土地。土地经营权流转收益[②]归承包方所有。

土地承包经营要做到公开、公平、公正，在平等自愿、民主协商、公平合理的原则下进行，应制订农村土地承包方案，承包方案必须经本集体组织村民会议的 2/3 以上成员或 2/3 以上村民代表同意。土地承包一般按照如表 2-7 所示的流程进行。

表 2-7　农村土地承包操作流程

实施步骤	主要流程	实施和注意事项
步骤一	选举产生土地承包工作领导小组	土地承包工作复杂多样，涉及面广，头绪多。应重点做好土地承包中的土地丈量、统计、承包方案的拟订等一系列事项
步骤二	拟订、公布土地承包实施方案	遵循民主协商、集体讨论的原则，方案内容应公平合理，按照本集体经济组织的实际情况实施；承包方案中不得剥夺或非法限制本集体组织成员的土地承包经营权，不得歧视妇女，不得违反《中华人民共和国土地管理法》有关耕地保护和土地合理利用总体规划的规定
步骤三	召开村民会议，讨论通过土地承包方案	经本集体经济组织村民委员会代表的 2/3 以上成员或者 2/3 以上村民代表的同意
步骤四	公布工作实施细则和方案	土地承包方案关键在于顺利实施。实施过程中操作不当极易引发矛盾或冲突。为此，需要村民和村委会事前做好细致工作，并筹备相应预案
步骤五	签订土地承包合同	承包方和发包方应在地位平等的条件下签订承包合同，发包方不得拒绝与承包方签订合同，也不得强迫承包方接受一些不公平、公正的条款。合同应明确双方的权利和义务。承包合同的内容受到法律的约束

土地承包经营合同一旦签订则具有法律效力，除有依据《中华人民共和国合同法》规定的可以变更的情形外[③]不得改变。土地承包经营合同的变更，是合同

① 这里强调承包方必须是本集体经济组织的农户，主要是针对农村集体的耕地、草地和林地等适宜家庭承包的土地。因此家庭承包在确定每农户的承包地数量时，是按家庭人口平均分配的，集体经济组织成员无论男女老少，人人有份，人人享有平等的权利。

② 根据《中华人民共和国农村土地承包法》等相关规定，土地承包经营权流转的收益应主要包括：转包费、租金、转让费等。各地由于经济发展水平、流转土地的位置、农地流转用途以及可流转农地的供给需求情况不同，其流转收益也不同，具体数额应当由当事人双方在流转合同协议中协商确定。

③ 《中华人民共和国合同法》规定的合同可以变更的情形：一是一方以欺诈、胁迫的手段订立合同，损害国家利益；二是恶意串通，损害国家、集体或者第三人利益；三是以合法形式掩盖非法目的；四是损害社会公共利益；五是违反法律、行政法规的强制性规定。

当事人在不得损害国家利益、社会公共利益或者第三方利益的前提下，对土地承包合同可以依法进行某些必要的修改、删节、补充。依据相关法律，承包方在承包期内依法享有承包经营权、流转权、收益权、抵押融资权、优先权和收回权等，同时也承担一定的义务（见表 2-8）。

表 2-8　承包方依法享有的权益及承担的义务

主体	依据	享有的权益	
承包方	《中华人民共和国农村土地承包法》《中华人民共和国农村土地承包经营权管理办法》《中华人民共和国土地管理法》以及《关于引导农村土地经营权有序流转发展农业适度规模经营的意见》等	承包经营权	拥有从事种植业、林业、畜牧业、渔业生产的权利；对个别承包经营者之间承包的土地进行适当调整的，必须经村民会议 2/3 以上成员或者 2/3 以上村民代表的同意；在承包期间，发包方不得以单方擅自解除承包合同，以及假借少数服从多数强迫承包方放弃或者变更土地承包经营权，更不得将承包地收回抵顶欠款
		流转权	农户对承包土地经营权享有依法自主流转的权利，自主决定承包地经营权是否流转、流转对象、流转方式、流转期限等；土地承包经营方有权依法对土地承包经营权进行互换、转让、出租、入股和抵押融资等权利；土地承包经营权流转必须建立在农户自愿的基础上，任何组织和个人不得强迫农户流转，也不得阻碍农户依法流转
		收益权	土地承包方对承包土地依法享有收益的权利。有权通过转让、互换、出租（转包）、入股或其他方式流转承包地并获得收益；自主组织生产经营和处置产品并获得收益；农村土地承包经营权流转收益归土地承包方所有，任何组织和个人不得侵占、截留、扣缴，以保障承包方流转土地承包经营权的收益不被侵犯
		抵押融资权	当事人可以向登记机构申请登记；实现担保物权时，担保物权人有权就土地经营权优先受偿；承包方可以用承包地的土地经营权向金融机构融资担保，并向发包方备案；担保物权自融资担保合同生效时设立
		优先权	承包地被依法征收、征用、占用时，有权依法获得相应补偿的权利和优先权；在同等条件下，本集体经济组织成员对流转的土地承包经营权享有优先获得的权利
		收回权	发生下列情形时，承包方有权收回土地经营权，主要情形：一是擅自改变土地的农业用途；二是弃耕抛荒连续两年以上；三是给土地造成严重损害或者严重破坏土地生态环境；四是其他严重违约行为

续表

主体	依据	享有的权益
		承当的义务
承包方	《中华人民共和国农村土地承包法》第十八条规定	承包方享有权利的同时，也应承担一定的义务。维持土地的农业用途，未经依法批准不得用于非农建设；依法保护和合理利用土地，不得给土地造成永久性损害；法律、行政法规规定的其他义务

另外，进城落户的农民享有的承包经营权问题，党的十八届五中全会决定给出了回答，即使农民进城落户，不但不能剥夺农民的承包经营权，而且还要维护好进城落户农民的土地承包权，并支持和引导农民依法自愿有偿转让土地承包经营权。修订后的《中华人民共和国农村土地承包法》除了原来关于承包方全家迁入社区，并转为非农业户口的，将承包地交回发包方的规定，特别强调不得违法调整农户承包地，不得以退出土地承包经营权作为农民进城落户的条件。

（三）土地经营权人依法享有的权益

“三权分置”下，土地经营权人，即土地经营权的受让方。主要包括专业大户、家庭农场、农民专业合作社、农业企业等。新型农业经营主体涉足农业领域，能够有效解决农业经营管理资金短缺、农业经营规模偏低、农业科技应用不足、农业经营效率低下以及农业经营人才困乏等问题。获得土地经营权的经营权人，依法享有收益权、补偿权、再流转权、融资担保权等，同时也承担一定的义务（见表2-9）。

表2-9　经营权人依法享有的权利及承担的义务

主体	依据	享有的权益	
经营权人	《中华人民共和国农村土地承包法》第十四条规定	收益权	经营权人有权对流转土地依法享有在一定期限内占有、耕作并取得相应收益
		补偿权	经营权人经承包方同意，可依法依规改良土壤、提升地力，建设农业生产、附属、配套设施，并依照流转合同约定获得合理补偿；流转土地被征收的，地上附着物及青苗补偿费应按照流转合同约定确定其归属
		再流转权	经营权人有权对经营权再次流转，但经营权再流转经营权时，应经承包方书面同意，并向本集体经济组织备案
		融资担保权	经营权人通过流转取得土地经营权后，经承包方书面同意并向发包方备案，可以向金融机构融资担保。实现担保物权时，担保物权人有权就土地经营权优先受偿

续表

主体	依据	享有的权益
		承当的义务
经营权人	《中华人民共和国农村土地承包法》第十五条规定	经营权人的义务包括：一是经营权人应当依照有关法律、法规的规定保护土地，不得改变土地所有权的性质和土地的农业用途，不得破坏农业综合生产能力和农业生态环境；二是经营权人将土地经营权再流转时，应当经承包方同意，并向该集体经济组织备案

总之，村集体土地所有权方、土地承包方和土地经营权方，在土地所有权、承包经营权、经营权三权分置过程中，均享有一定的权益，并承担相应的义务。只有这样，才能更好地实现“落实集体所有权、稳定土地承包权、放活经营权”，在尊重各方权益下，推进土地经营权有序流转，实现土地资源的合理利用，促进小农户与现代农业有机衔接。

三、承包户与土地经营权人权益关系

随着城镇化进程的加快，大量农业人口转向第二、第三产业，“家家包地”“户户种田”的格局已发生很大变化。土地流转规模的不断扩大，土地承包权经营户与土地经营权相分离的现象越来越普遍，农业生产者的构成发生了深刻的变化。许多农民把承包地流转给了土地经营权人，自己不再从事农业生产活动。新的土地经营权人不拥有土地承包权，但拥有土地经营权，成为真正的农业生产经营者。农村土地“三权分置”改革的重要意义在于促使土地经营权与承包权的分离，放活经营权，激活农村土地生产要素，调动新型农业经营主体的积极性，促进土地资源合理配置，提高土地资料利用效率，增加农民收入，保障农民土地权益，推进农业现代化进程。

放活土地经营离不开新土地经营权人的积极参与。为此，近年来，党中央、国务院出台了一系列支持新型农业经营主体发展壮大的政策措施。因此，在推行“三权分置”的过程中，需要在坚持农村土地集体所有的基础上，厘清承包户与土地经营权人双方在承包地上的权益关系，处理好农民权益保护与土地经营权人的权益保护的关系问题，有效避免和化解流转中产生的纠纷，确保农业的健康发展和社会稳定。土地承包户的权益保护与土地经营权人的权益保护有着内在的逻辑关系，保护承包户的土地权益在一定程度上就是保护土地经营权人的土地权益；同样，保护土地经营权人的权益在一定程度上就是保护土地承包方的土地权益，两者的关系可以概括为以下两方面：

一是现有法律、法规和相关文件都明确规定严格保护承包户依法享有的承包经营权、流转权、收益权、抵押融资权、优先权和收回权等各项权能。同样，赋予新的经营权人在一定期限内依法享有补贴、补偿、再流转、融资担保等多项权利。可以说，土地经营权人上述权益的实现在很大程度上依赖于承包权的稳定和实现。如果承包户的土地权益得不到有效保护，承包户就难以把土地流转出去，即使承包户把土地流转出去了，新的土地经营权人也会因为土地承包关系不稳定等因素的影响，难以从事农业生产经营，流转合同中所赋予的各项权益内容也难以得到保障。

二是土地经营权是从农村土地承包经营权中分离出的一项权能。当承包方将承包地以出租、转包等方式流转后，就会发生土地承包权与土地经营权相分离的现象，分离出来的土地经营权归土地经营权的流入方，土地承包权归原承包方，从而形成新的土地经营权人。“三权分置”要求加快放活土地经营权，赋予新的经营权人在一定期限内享有占有、耕作并取得相应收益的权益。如果土地经营权人获得流转土地后，违背合同规定的义务，如土地用途未按规范使用、擅自改变农地用途、从事非粮生产、在土地上建设农业生产配套设施和掠夺式经营等，都会损害土地的潜在资源，导致合同到期后，农民土地复垦难、肥力下降等，损害农民的长远土地权益。再如，土地经营权人在未经土地承包人同意的情形下，擅自再流转土地或用于抵押贷款等，一旦发生风险，将直接威胁到承包人的权益。

本章小结

本章沿着我国农村土地产权制度变迁的历史脉络，阐释了新中国成立 70 多年来，我国农村土地制度变迁演进的轨迹，分析了历史变迁的时代背景和发展研究趋势，剖析了土地制度改革中农民的土地权益，进而解析了我国农村土地产权制度由“一权确立”“两权分离”再到“三权分置”的内在逻辑，强调“三权分置”与以往农地产权制度存在着内在逻辑依赖和变革的关联关系，阐述了“三权分置”的政策演进和政策动因。

在此基础上，本章详细梳理了“三权分置”下集体土地使用权人、土地承包经营户和土地经营权人等不同土地权利主体所享有的土地权益以及承担的义务，最后就土地承包经营权户与新的土地经营权人的土地权益关系进行了分析。

第三章　农村土地经营权流转制度推进与实践探索

农村土地“三权分置”的实施前提是土地确权，完成土地确权颁证工作是做好“三权分置”工作的基础。土地确权颁证已于2018年底基本完成。“三权分置”改革是实施乡村振兴战略的重要方式和手段，对于促进新时代农业农村现代化，实现乡村振兴战略影响重大、意义深远。① “三权分置”源于土地流转，但又不同于土地流转，有其独特的内涵，两者存在着内在的逻辑关系。土地流转是实现“三权分置”的主要形式，随着我国土地制度改革的不断深入，土地流转呈现出新的特征，而不同地区土地流转模式又各具特色，“三权分置”的实现模式也更加多元化，实现形式也更加有利于农民权益的保护。

本章在描述“三权分置”制度推进的基础上，重点以案例研究为主。案例研究法被一些学者广泛应用在农村土地经营权流转的研究中，并成为研究这一问题的重要方法之一。我们以山东、重庆、江苏和安徽等地作为主要典型案例区，选出具体地方“三权分置”推进实施情况进行实地调研，研究分析“三权分置”实施状况以及农民土地权益保护和风险认知状况，为后期研究奠定基础。

第一节　土地经营权流转的制度推进

一、土地承包经营权确权颁证

（一）土地承包经营权确权颁证进展

发挥承包地各种权能，保护农民土地权益，首要的任务是对土地进行确权。农村承包地确权作为中国新一轮农村土地改革的起点，是指土地所有权、土地使

① 柴海瑞．农地“三权分置”改革路径研究［J］．中共郑州市委党校学报，2020（5）：50-55.

用权和他项权利的确认、确定。①

早在2009年，农业部就开始以村组为单位，开展土地确权试点；2011年，开始以乡镇为单位，在数百个县进行试点；2013年1月，中央一号文件提出，全面开展农地确权登记颁证工作；2014年11月，中办、国办发文提出，用5年左右时间基本完成土地承包经营权确权登记颁证工作，② 并首次在山东、安徽、四川3个省份开展整省确权试点，颁"铁证"、确实权，让农民真正吃上一颗长效"定心丸"③。截至2017年11月底，已向国务院报告基本完成土地确权的省（自治区）有7个：山东、陕西、宁夏、河南、安徽、江西、四川。9个省（市）已进入收尾阶段：天津、江苏、山西、河北、湖南、湖北、甘肃、贵州、海南。2018年底，全国各地基本完成了土地确权颁证工作。确权颁证后，农民将在承包期内稳定享受土地承包权，同时农民还可以通过多种形式流转土地经营权。所以，全面完成土地确权工作，农民的土地承包权才能长期得到保障，土地权益才能真正得到合法保护。

（二）土地承包经营权确权登记后续问题

2019年3月开始全面排查证书中存在的违法乱纪行为以及确权颁证还有哪些遗留问题和突出矛盾等。对此，朱新山（2019）基于全国15个省份的34个行政村的调研发现，农村土地确权颁证中存在一些主要问题：一是一些地方乡村干部对土地确权消极抵制，预留"确权死角"，"能不确，尽量不确"，"与其多确，不如少确"；二是存在借机违规开发土地的行为，甚或破坏性使用的风险；三是一些地方土地积压问题严重，土地确权因此陷入困境；四是基层干部对确权政策的执行与选择空间太大，乱象较多。其中，土地确权过程中最突出的问题是乡村干部确权动力不足以及基层政府往往志不在此。因此，应加大行政机关内部由上至下逐层推动的土地确权执行与检查力度。④

二、"三权分置"与土地经营权流转

费孝通在描述中国传统小农社会"人地合一"图景时曾指出，土地是农民

---

① 李盼道，李双双．农村土地确权和分置对乡村社会变迁影响研究［J］．内蒙古农业大学学报（社会科学版），2020（1）：1-5.

② 中共中央办公厅、国务院办公厅印发《关于引导农村土地经营权有序流转发展农业适度规模经营的意见》［EB/OL］．［2014-11-20］．http：//politics. people. com. cn/n/2014/1120/c70731-26063548. html.

③ 农业部就土地承包经营权确权登记颁证试点等情况举行发布会［EB/OL］．［2015-02-27］．www. gov. cn.

④ 朱新山．中国农村土地确权进程、问题破解与乡村振兴［J］．毛泽东邓小平理论研究，2019（12）：26-33.

的“命根子”，农民“黏在土地上”，大多数人一辈子生活在血缘性和地缘性的村落中，缺乏流动性。[①] 随着我国农村土地制度改革的不断深化和“三权分置”的确立等一系列法律政策的出台，促进了土地经营权的流转，维护了农民土地权益，为乡村振兴打下了坚实的基础。“三权分置”制度实践，离不开土地经营权流转，[②] 土地经营权流转又推动了“三权分置”的实践。

（一）“三权分置”源于土地流转

从某种意义上讲，没有土地经营权流转也就没有“三权分置”。农村土地的所有权在“三权分置”中依然属于村集体所有，承包经营权依然属于农户所有。“三权分置”的亮点或核心在于在这样的产权结构中引入了第三权，即“土地经营权”。土地承包户可以按照自己的意愿在不违背法律法规的前提下，将土地经营权流转出去，促进土地流转。这就意味着没有土地经营权流转就没有设置土地经营权的必要，没有土地经营权也就谈不上所谓的“三权分置”。

从我国有关土地流转政策变迁上看，1984 年前我国土地政策基本上是“禁止土地流转”的。1984 年家庭联产承包责任制在全国推广后，土地政策才有所松动。随后，国家陆续出台了一些政策和法律法规，在一定程度上允许土地流转。在土地流转的探索上，20 世纪 90 年代初期在东部发达地区，由于受到外出打工收入的刺激，陆续有农户放弃耕种土地转而外出打工，将土地流转给亲戚邻居和朋友耕种，当时土地代耕，只需替交纳农业税即可，不需要支付土地租金等费用。在这一土地流转关系中，农户流转的只是土地的使用权而不是土地的承包权，土地的承包权依然属于该农户，且这种流转关系较为随意，一般没有正式的流转合同，农户可以随时将流转的土地收回。这就使土地“农户承包农户经营”转变为“农户承包他人经营”的模式，土地的经营权自然从承包经营权中分离出来，可看作是“三权分置”的雏形。

（二）“三权分置”不同于土地流转

“三权分置”来源于土地流转，但事实上“三权分置”不等同于土地流转。无论土地流转采取何种具体流转形式，但在“三权分置”下其核心的土地承包关系并没有发生变化，也就是说在土地流转中改变现有承包关系的土地流转方式均不属于“三权分置”范畴。2002 年的《中华人民共和国农村土地承包法》规定：“通过家庭承包取得的土地承包经营权可以依法采取转包、出租、互换、转

---

① 费孝通．乡土中国生育制度［M］．北京：北京大学出版社，1998.

② 朱冬亮．农民与土地渐行渐远——土地流转与“三权分置”制度实践［J］．中国社会科学，2020（7）：123-144.

让或者其他方式流转”，其中，转包、出租和入股这三种土地流转形式的土地承包关系不发生变化，而转让和互换则涉及土地承包关系的变化，因此，这样的土地流转不属于“三权分置”的实现形式（见表 3-1）。

表 3-1　土地流转五种特殊形式

序号	流转方式	关系描述	主要特征
1	出租	原土地承包关系不发生改变	出租可以在本村集体经济组织成员内部进行，也可以在本集体经济组织以外的成员间进行
2	转包	原土地承包关系不发生改变	转包只能在本村集体经济组织内部成员间进行
3	入股	原土地承包关系不发生改变	农民可以将土地经营权入股大户、家庭农场、农业企业、农民专业合作社等新型农业经营权主体
4	互换	原土地承包关系发生变化	为方便耕种管理，同一集体经济组织的农户，对其取得的承包土地可以在本村集体经济组织成员内部进行，互换应当签订书面互换合同
5	转让	原土地承包关系发生变化	转让后原农户和村集体土地承包关系终止，村集体和新的转包农户形成新的承包关系

由此可见，在“三权分置”下只要土地承包人与村集体的土地承包关系保持不变，可以采取多样形式来实现“三权分置”，也就是说土地流转只是实现“三权分置”的主要形式，而非全部。随着我国土地制度改革的不断深入，“三权分置”实现形式将更加多元化，更有利于农民土地权益的实现，更有利于土地流转。

三、土地经营权流转现状

（一）土地经营权流转主要特征

“三权分置”下土地经营权流转呈现出新特征，这些新特征主要表现为土地流转与农村剩余劳动力外流呈正相关；土地流转规模呈逐渐扩大的态势，土地流转去向仍多为本村集体成员，但土地流转行为逐渐规范化；土地流转形式虽呈现多元化趋势，但出租和转包仍为主要流转形式，土地流转价格不同地区差异较大。

1. 土地流转规模与农村剩余劳动力外流密切相关

调研发现，其中 90%以上的村庄几乎见不到青壮年劳动力，在家种地的劳动力大都在 55~70 岁。被调查村庄有 23%的家庭已举家迁居县城或随子女迁居大城市，超过 55%的家庭作为农户的功能已消失或正在消失，有的甚至永久离开了农村，“弃耕抛荒”现象严重，威胁粮食安全。由此可见，土地流转与农民外流相伴而生，且呈正相关（见图 3-1）。

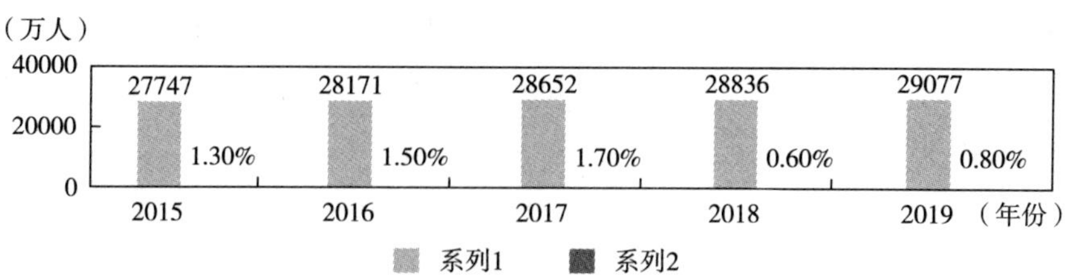

图 3-1　中国农民工总量统计

2. 土地流转规模呈扩大态势

当前，中国农村土地流转规模呈逐年扩大趋势，规模经营呈上升态势。据统计，目前我国农村土地流转比例占全国耕地面积的 26%，耕地流转的主要去向仍为农户，经营面积规模在 50 亩以上的专业大户超过 287 万户，家庭农场超过 87 万个。

2011 年全国土地承包经营权流转已占承包地面积的 17.9%。① 到 2015 年底，土地经营权流转面积迅猛扩大，达到 4.47 亿亩。② 农业农村部公布的数据显示，2016 年，我国有超过 1/3 的承包土地进行了流转；截至 2017 年底，全国家庭承包耕地流转面积 5.12 亿亩，流转面积占家庭承包经营耕地面积的 37%；截至 2018 年底，全国家庭承包耕地流转面积 5.39 亿亩，占二轮承包面积的 40.33%（见图 3-2）。③

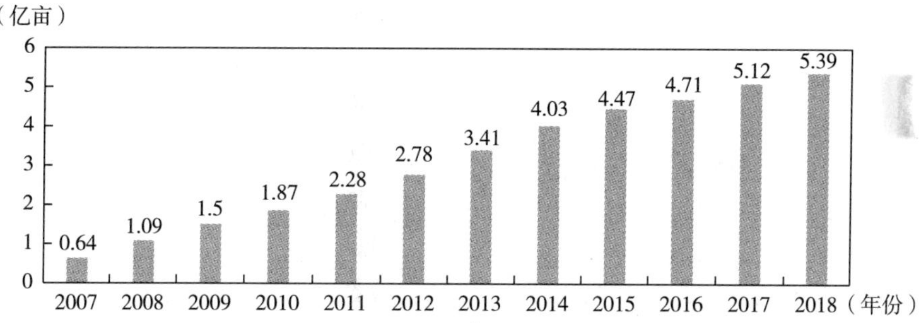

图 3-2　我国农村土地流转规模变化情况

① 参见《第五届湖湘三农论坛在株洲隆重举行》，http：//www.zgxcfx.com/Article/49443.html。

② 王蕾，张伟民，金文成．“十二五”时期农村土地承包和流转情况分析［J］．农村经营管理，2016（6）：10-11.

③ 参见《中国农村经营管理统计年报（2018）》。

截至2019年底，全国家庭承包耕地流转面积占家庭承包经营耕地面积的30.4%，流转出耕地的农户达5833万农户，占家庭承包农户的25.3%，有8个省份家庭承包耕地流转比重超过35%。这8个省份分别是上海71.50%、江苏58.40%、北京52.00%、黑龙江50.30%、浙江48.00%、安徽40.00%、重庆39.70%和河南37.15%（见图3-3）。

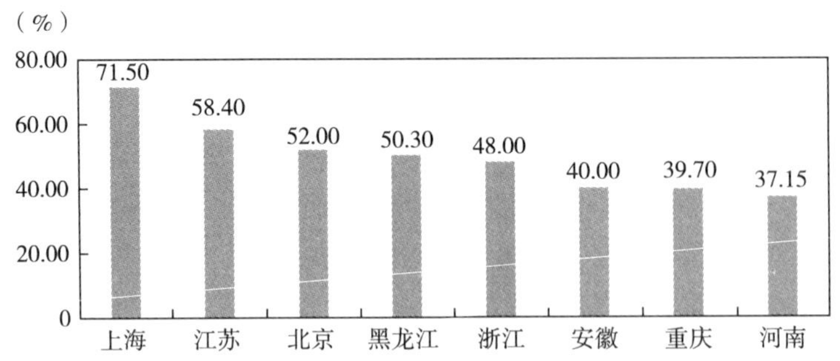

图3-3　我国土地流转比重

资料来源：智库咨询发布的《2018-2024》中国土地流转行业运营态势及发展趋势研究报告。

3. 土地经营权流转去向多为本村集体内部成员

近年来，土地经营权较多地流转给了本村亲友或邻居。罗必良（2013）在890个农户问卷调研中，完整回答相关问题的转出农户为303户。其中，农地流转给本村亲友邻居的农户比例为62.71%，户均转出面积约为4.2亩，每亩年均租金为610.22元；流转给本村一般农户的户数所占比例为18.15%，户均转出面积约为2.08亩，每亩年均租金为223.00元；流转给生产大户的农户所占比例为10.56%，户均转出面积为2.02亩，每亩年均租金为748.17元。此外，转给合作社和龙头企业两个主体的农户比例共为8.58%，每亩年均租金分别处在中间水平（见表3-2）。[①] 上述数据表明：我国目前农地转出有80%以上是转给本村亲友和一般农户，即本村农户之间流转土地占绝大多数，这与国内学者的研究结果相一致。本村转给生产大户、合作社和龙头企业的农户不到20%。

4. 土地经营权流转形式呈多元化，出租和转包为主要形式

朱冬亮（2020）调研显示，2017年全国流转到合作社和农业企业的耕地面积约占同年全国流转家庭承包耕地总面积的32.54%，比2011年高了10.77个百

① 罗必良．产权强度、土地流转与农民权益保障［M］．北京：经济科学出版社，2013.

分点。我们在村级调查中发现，近年来参与土地规模流转的合作社、农业企业等市场主体，超过50%是返乡创业人员和社会工商资本，其流转方式多为“公司+合作社+村集体+农户+基地”等模式。

表 3-2　农村土地流转去向及租金

农地流出去向	频数（户）	百分比（%）	总面积（亩）	租金/亩/元
亲友邻居	190	62.71	797.7	610.22
本村一般农户	55	18.15	114.48	223.00
生产大户	32	10.56	64.62	748.17
合作社	13	4.29	34	558.07
龙头企业	13	4.29	16	396
合计	303	100	1026.8	507.11

表 3-3　2011~2017 年全国农户承包耕地流转去向　　单位：万亩

项目 / 年份	农户承包耕地流转总面积	按耕地流转去向划分			
		流转入农户的面积	流转入专业合作社的面积	流转入农业企业的面积	流转入其他主体的面积
2011	22793.3	15416.0	3054.7	1907.9	2414.7
2012	27833.4	18006.3	4410.4	2556.3	2860.4
2013	34102.0	20559.4	6944.0	3220.3	3378.3
2014	40339.5	23544.2	8838.8	3882.5	4074.0
2015	44683.4	26206.2	9736.9	4232.2	4508.0
2016	47920.8	27977.3	10340.9	4637.6	4965.0
2017	51211.3	29447.8	11626.9	5035.0	5101.6

资料来源：朱冬亮．农民与土地渐行渐远——土地流转与“三权分置”制度实践［J］．中国社会科学，2020（7）：123-144.

5. 土地经营权流转行为逐渐规范化

农业部经管司《2017 年年中全国承包地等农村经营管理基本情况报告》① 数据显示，截至 2017 年 6 月底，全国签订流转合同 5 749.1 万份，比 2016 年底增长 119%；流转合同涉及耕地面积 3.5 亿亩，比 2016 年增长 6.9%，流转合同签订率为 70.3%，比 2016 年提高 2.1 个百分点。②

① 农业农村部：《2017 年年中农村经营管理基本情况报告》［EB/OL］. http：//29079. xiangzhengang. com/news/228339. html.

② 本书数据为农业部经管系统统计口径数据。

6. 土地经营权流转价格不同地区差异较大

目前土地经营权流转价格的计算方法大体上有四种：基准价、资源要素加减法、递增幅度测算法和特定因素调整法。根据安徽省有关部门提供的统计数据，2011~2013 年，全省土地流转价格平均每年增幅约为 10%。河南省商丘市虞城县的马牧集、黄冢、谷熟的调研显示，2018 年当地一般农户间土地流转租金每亩每年平均在 500~600 元，最高不超过 700 元。

从表 3-4 可以看出，旱地土地经营权流转平均价格为 848. 3 元/亩；其中流转价格最高的为湖南省长沙市长沙县，流转价格为 825 元/亩，最低的为江西省鄱阳县，流转价格为 255 元/亩。水田流转平均价格为 826. 7 元/亩，其中流转价格最高的为湖南省宁乡县，流转价格为 1373 元/亩，流转价格最低的为江西省鄱阳县，流转价格为 500 元/亩。总体来看，水田流转平均价格比旱地流转平均价格几乎高出了一倍。

表 3-4　2019 年全国部分地区土地流转价格数据统计

旱地		水田	
地区	价格/亩	地区	价格/亩
云南省宣威市	698	江苏省兴化市	841
云南省镇雄县	456	江苏省东海县	1026
云南省保山市隆阳区	462	江苏省睢宁县	1260
辽宁省新民市	756	江苏省阜宁县	816
辽宁省阜新蒙古族自治县	475	湖南省宁乡县	1373
辽宁省开原市	377	湖南省湘乡市	1120
四川省泸县	499	湖南省汉寿县	878
四川省巴中市巴州区	370	湖南省祁阳县	895
四川省宣汉县	480	湖北省监利县	854
安徽省濉溪县	445	湖北省襄阳市襄州区	863
安徽省蒙城县	330	湖北省仙桃市	633
安徽省涡阳县	335	四川省南部县	874
贵州省遵义县	540	四川省资中县	876
贵州省威宁彝族回族苗族自治县	278	重庆市合川区	772
内蒙古自治区科尔沁左翼中旗	435	广东省廉江市	778
内蒙古自治区巴彦淖尔市临河区	322	广东省台山市	765
青海省民和县	338	广东省兴宁市	758

续表

旱地		水田	
地区	价格/亩	地区	价格/亩
新疆维吾尔自治区伊宁县	370	广西壮族自治区桂平市	645
湖南省长沙市长沙县	825	广西壮族自治区博白县	638
湖南省长沙市浏阳市	720	广西壮族自治区武鸣县	908
湖南省株洲市茶陵县	680	安徽省怀远县	882
湖南省株洲市炎陵县	710	安徽省霍邱县	536
湖南省株洲市攸县	755	安徽省凤台县	665
江西省鄱阳县	420	江西省南昌县	823
江西省鄱阳县	260	江西省丰城市	514
江西省鄱阳县	255	江西省鄱阳县	500

经济相对发达的南方山区，土地流转租金价格不但没有上升，反而呈现下降趋势，这和流转土地数量供给增加有关。由于从事农业生产效率比较低，当地农民大量长期外出打工或经商，从而获得比种地更高也更稳定的收入，导致耕地闲置或抛荒面积增加，且抛荒的耕地从早期的偏远山垅田向平地上的基本农田扩散，土地流转租金下降，很多农户不愿意出租土地，又反过来加剧了土地抛荒现象。福建省将乐县总面积2241.1平方千米，辖13个乡镇，总人口18.68万，当地耕地年租金已经从2014年每亩200~300斤干谷下降到2019年的100~200斤干谷，几乎下降了一半。微薄的土地租金，导致农户不愿流转土地。

（二）土地经营权流转模式

在农村土地“三权分置”实践中，各地依据实际情况探索出了不同的“三权分置”经营权流转模式，较为典型的流转模式及其利益分配状况有以下五类：

1. 土地经营权转包模式

土地经营权转包是指土地承包方因外出务工或经商或无能力从事农业生产等原因，在不改变承包合同的前提下，将承包地转包于本集体经济组织内部其他成员的行为。发生土地转包的一个重要原因是当无暇经营时，又不愿意放弃土地承包权的前提下，于是将承包的土地转包给其他农户耕种。土地经营权转包的是土地的经营权，而不是土地承包权，承包方依然保留土地承包权。

在承包地转包过程中，承包方不需要发包人许可，但合同需向发包人备案。

承包地转包的对象是村集体内部农户，土地新经营户一般支付原承包方一定的租金或实物。新的承包方按转包约定的权利义务行使土地经营权。该模式一般是农户间私下约定，以口头协定为主，书面合同较少（见图3-4）。

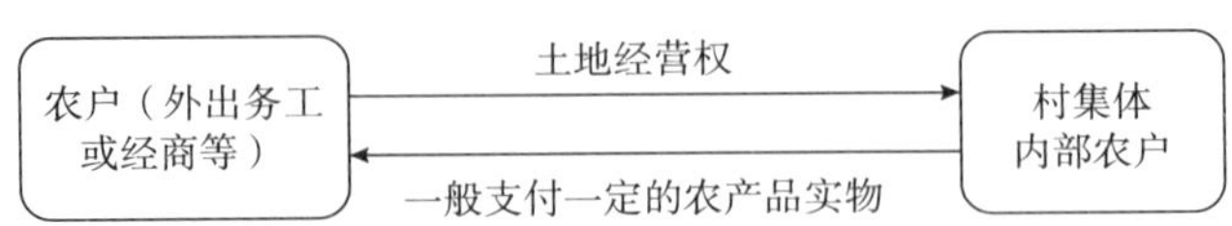

图3-4　土地经营权转包模式

2. 土地经营权出租模式

在土地经营权出租中，出租的承租方为本集体经济组织以外的成员，这一点不同于转包，转包的对象则是本集体经济组织内部成员，但和转包相同的是两者都不需要经发包方的同意，只要将所签订的合同向发包方备案即可。土地承包经营规定的权利义务不因土地经营权出租而改变，改变的只是承包方与承租方新签订合同规定的权利和义务。也就是说承包方虽然将土地出租了，但仍要按合同规定的权利义务由承包方继续履行，而承租方按出租时约定的条件对承包方负责。土地租金通常以双方自愿协商所签订的合同为准（见图3-5）。

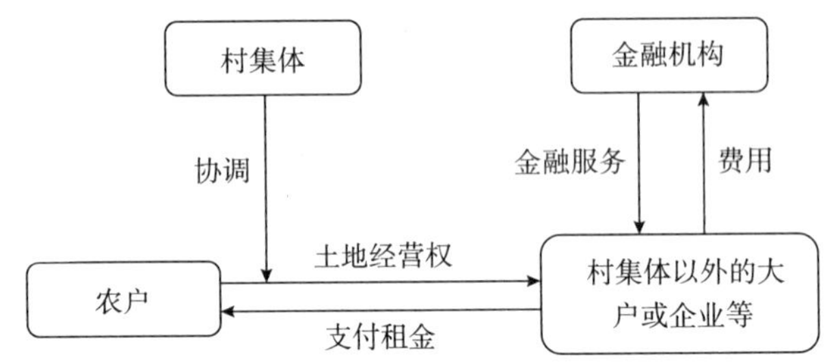

图3-5　土地经营权出租模式

3. 土地经营权入股模式

土地经营权入股采取股份合作模式，在股份合作制模式下各方风险共担、利益共享，共同分享股份制公司或土地股份合作社的生产经营活动带来的收益。入股农民（股东）可以凭借拥有的股份，按股分红。股权可以继承、转让或抵押。公司可以将土地经营权作为法人财产，投资经营，或作为抵押物向金融机构贷款，获取资金（见图3-6）。

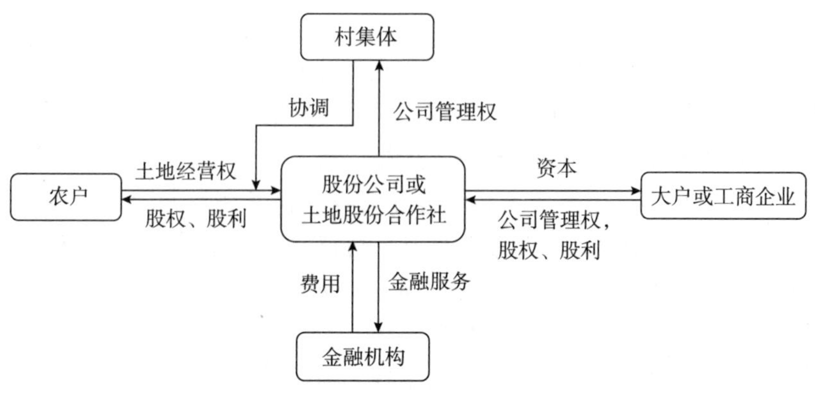

图 3-6 土地经营权入股模式

4. 土地承包权反租倒包模式

反租倒包是指在明晰土地所有权、承包权和经营权产权关系前提下，村委会将发包给农户的土地在不违背农户意愿的前提下，以一定的租金将土地反租过来，集中到村集体。村委会对反租的土地进行统一调整、布局、规划，然后再包给农业经营大户、家庭农场或者农业企业等。

土地承包权反租倒包的特征在于：由反租和倒包两个环节组成。反租倒包是在平等、自愿、诚实、守信、合作、双赢的前提下，通过合同的形式进行的。反租倒包使零散的土地实现了相对成块集中，优化了土地资源配置，在一定程度上解决了土地抛荒现象和农民流转土地的困难。农民通过有偿转让，获得了租金或分红，增加了收入。倒包的大户或农业企业可以土地经营权向金融机构抵押贷款，获取农业生产所需资金（见图 3-7）。

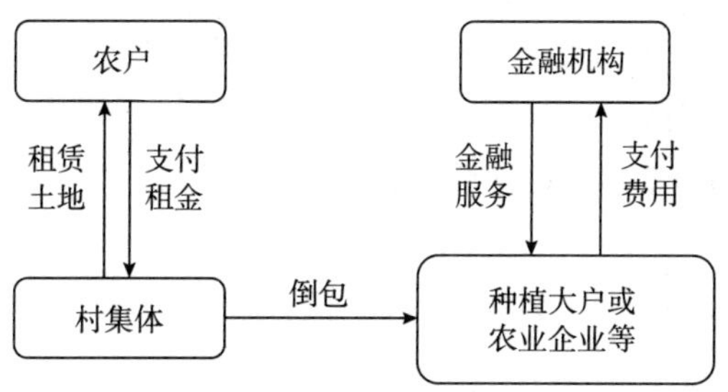

图 3-7 土地承包权反租倒包模式

5. 土地承包经营权互换模式

土地承包经营权互换是一种以各自承包的土地经营权进行互相交换的行为。在土地承包经营权互换中，承包经营权互换行为发生在同一村集体经济组织内部农户之间。互换的目的在于便于耕种，如相邻地，出于耕种、收获或灌溉的便利等原因可以发生互换行为等。土地承包经营权互换是在双方同意的条件下发生的，互换时要签订互换协议，所签订的互换协议要向发包方备案。土地承包经营权互换要与原发包方变更原土地承包合同，互换的双方均取得对方的土地承包经营权，从而丧失自己原有的土地承包经营权。这种土地经营权流转模式简单易行，但私下互换的情形多有发生，极易出现土地纠纷（见图 3-8）。

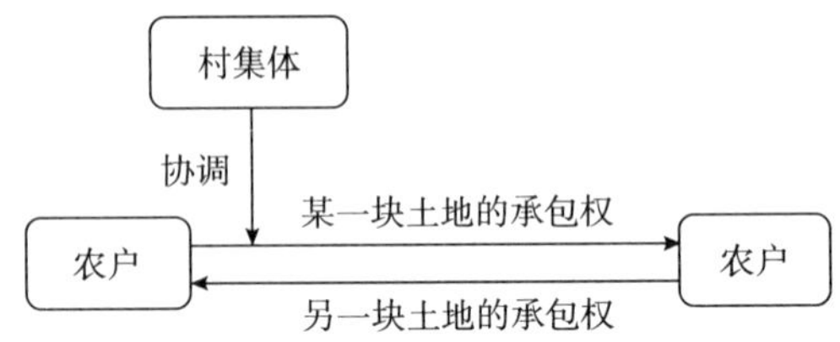

图 3-8　土地经营权互换模式

第二节　土地经营权流转的实践探索

一、来自山东的调研案例

本节选取了山东省东、中、西三个典型区域的典型村庄，作为土地经营权流转的典型案例进行剖析，目的在于把握该区域土地经营权流转的现状和做法，了解农民土地经营权流转的意愿和风险认知，为后期进一步深入研究和对策建议的提出奠定基础。

（一）经营权流转调研点的选择与调研设计

1. 调研点的选择

我们选择山东省作为田野调研的重点，是基于工作和生活便利以及该区域所具有的代表性。项目研究承担者出生于山东单县农村，对农村生产生活情况较为熟悉，加上广泛的社会关系，能为深入田野调查、获得翔实的数据和透彻地理解社会关系，提供可能与便利。

山东省地处我国东部沿海，自北向南与河北、河南、安徽、江苏4省接壤，截至2018年12月底，山东省土地调查面积总计15.80万平方千米。2016年山东各市土地利用情况如表3-5所示。截至2020年12月底，山东省辖济南、青岛、淄博、枣庄、东营、烟台、潍坊、济宁、泰安、威海、日照、临沂、德州、聊城、滨州、菏泽16个设区的市、县级政区136个（市辖区58个、县级市26个、县52个），乡镇级政区1822个（街道663个、乡57个、镇1072个）。2019年全年地区生产总值增长5.5%，[①] 土地总面积1571.26万公顷，约占全国总面积的1.63%，居全国第19位。[②]

表3-5　2016年山东各市土地利用情况　　单位：公顷

地区	土地调查面积	农用地	建设用地	城镇村及工矿用地	交通用地	水利设备用地	未利用地
全省总计	15791136	11514295	2844433	2395988	216004	232441	1432408
济南	799841	538672	168103	144219	12127	11757	93066
青岛	1129155	800088	249833	206998	23727	19107	79233
淄博	596492	416198	121864	104460	10637	6767	58430
枣庄	456353	329692	87300	73756	7649	5896	39361
东营	824326	428438	139533	93184	12396	33953	256356
烟台	1385150	1058330	209747	175226	19850	14671	117072
潍坊	1614314	1157375	309545	265573	20666	23307	147394
济宁	1118698	770437	189697	156252	15249	18196	158563
泰安	776141	583789	130406	112364	9238	8803	61947
威海	579774	442019	89891	79146	6848	3897	47864
日照	535857	421718	84491	69997	6512	7982	29648
莱芜	224603	146017	40439	33827	2933	3680	38148
临沂	1719121	1317067	289371	244165	20159	25046	112683
德州	1035767	813613	187771	158851	12340	16580	34384
聊城	862801	694482	157320	141898	11140	4281	10999
滨州	917219	634867	168965	140340	11793	16832	113388
菏泽	1215523	961493	220156	195732	12740	11685	33873

资料来源：《山东统计年鉴》（2018）。

①② 参见《山东省政府工作报告（省十三届人大第三次会议2020年）》，http://www.shandong.gov.cn/art/2020/1/23/art_101626_345657.html。

2017 年山东省实现生产总值（GDP）72678.2 亿元，三次产业构成为 6.7∶45.3∶48.0，人均生产总值 72851 元。粮食总产量 4723.2 万吨。[①] 2017 年主要种植业产品产量及增长速度如表 3-6 所示，2018 年主要农产品产量及增长速度如表 3-7 所示。

表 3-6　2017 年主要种植业产品产量及增长速度　　单位：万吨，%

指标	产量	比上年增长
粮食	4723.2	0.5
夏粮	2350.1	0.2
秋粮	2373.1	0.8
棉花	34.5	-37.0
油料	327.7	0.3
蔬菜及食用菌	10618.3	2.8
水果	3295.8	1.2
园林水果	1776.9	2.8

资料来源：《山东统计年鉴》（2018）。

表 3-7　2018 年主要农产品产量及增长速度

指标	产量（万吨）	比上年增长（%）
粮食	5319.5	-1.0
夏粮	2472.2	-1.0
秋粮	2847.3	-1.1
棉花	21.7	4.8
油料	310.9	-2.3
蔬菜及食用菌	8192.0	0.7
水果	2788.8	-0.6
园林水果	1673.8	1.6

资料来源：《2018 年山东省国民经济和社会发展统计公报》。

作为我国东部沿海地区的一个农业大省，农业产业化起步较早，目前产业化经营已经进入一个新的历史发展阶段，“三权分置”改革不断深化，适度规模经

---

① 参见《2017 年山东省国民经济和社会发展统计公报》，山东省人民政府网，2019-01-03。

营形式呈现多样性，新型农业经营主体和新型职业农民培训不断加强，第一、第二、第三产业融合发展不断加深。总体而言，山东省区域经济发展还不平衡，省内就包含有经济较为发达的山东半岛区域和经济发展较为欠发达的鲁西南地区，农民土地权益问题较为突出，且具有类似于全国其省份普遍性特征。因此，山东省可作为了解“三权分置”中农村土地流转和农民土地权益问题的一个可借鉴和分析的窗口。

2. 调查对象与调查方法的设计

为真正了解到“三权分置”中农民权益保障问题，掌握一手资料，在山东省农业农村厅和菏泽市单县、日照市五莲县和长寿市相关部门的大力支持下，对菏泽市单县、日照市五莲县和长寿市的 18 个乡镇中的 32 个村进行了问卷调查和深入村庄与农户访谈。

我们共发放调查问卷 468 份，回收有效问卷 426 份，问卷有效率达 91%。同时，我们对其中的 18 个村庄，共计 25 位村干部和 154 位农户进行了访谈。针对村干部和村民分别设计不同问卷，进行调研。在样本乡（镇）、村的选择上采取了均衡抽样、典型抽样和随机抽样相结合的研究方法。具体实施步骤为：先采用均衡抽样法选择所有调查的乡（镇），然后再用典型和随机相结合的方法，遴选调查村庄，实际操作中用问卷调查与访谈相结合的方法进行。

调查村干部的内容主要包括：一是本村的基本情况，如村人口、劳动力结构、农户人均年收入、收入主要来源、土地总面积、土地资源类型等；二是土地家庭承包经营情况，如承包地分配的依据、土地规模化经营情况、土地经营权流转情况、土地经营权流转方式、土地经营权流转价格等；三是土地确权情况以及对“三权分置”政策的了解情况；四是“三权分置”中农民权益保护情况等。

调查农民的问卷内容主要包括：一是家庭人口与就业结构；二是承包经营权的获得、经营方式，承包经营权是否流转、以什么方式流转，流转的意愿；三是对现有土地政策与制度的了解情况、对土地权益的认知情况、对土地经营权流转风险的认知情况等。

我们从 27 个乡镇中的 48 个村的调查中选出鲁西南单县、鲁中部五莲县和鲁东部寿光市中的每三个村作为典型调查案例，将调查结果整理分析。鲁西南选取菏泽市单县徐寨镇万庄村、高老家乡韦洼村和李田楼镇胡庄村；鲁中部选取日照市五莲县潮河镇刘家坪村、崔家沟村和前魏家村；鲁东部选取寿光市田柳镇王高村 1~7 村作为典型调查对象，并对上述三个区域进行了比较分析。

（二）鲁西南：单县典型村庄调研结果整理与分析

鲁西南，即山东的西南部。广义上主要包括菏泽、济宁、枣庄。我们选取鲁西南菏泽市单县徐寨镇万庄村、高老家乡韦洼村和李田楼镇胡庄村作为调查的典型村庄。

1. 单县徐寨镇万庄村

单县位于鲁、苏、豫、皖四省八县结合部，辖 18 个乡镇，4 个街道，总面积 1702 平方千米，总人口 127 万。单县土地肥沃，是国家商品粮基地县、油料基地县、平原绿化先进县，有“南桑、北蒜、西芦笋、东山药、中蔬菜”五大特色农业板块，种植面积达到 80 万亩。2018 年，全县完成地区生产总值 360 亿元，增长 8%；城镇居民人均可支配收入 25050 元、农村居民人均可支配收入 12772 元，分别增长 8.5%和 9%。①

徐寨镇位于单县东北部，全镇总面积 82.7 平方千米，辖 31 个行政村，耕地面积 9.6 万亩，总人口 6.5 万。其主导产业为大蒜、圆葱、西瓜、芸豆等，其中大蒜种植面积 6 万亩，总产 6000 万千克，年产蒜薹 1500 万千克。

从调研的基本情况来看，徐寨镇人均土地面积 4 亩以下，人均土地面积较少；人均收入在 1 万元以下，人均收入不高；村民受教育程度普遍偏低，主要文化程度为小学、初中；村民主要收入来源为农业，并以非农的形式补充，呈现兼业化现象。土地分配主要根据村里实际人口数量或承包时户籍人口数量，并且普遍进行了土地调整，调整的主要原因是人口数量的变化，土地依旧是农民生活就业的重要来源。各村土地流转情况不尽相同，土地流转面积相对较少，且主要流转给了本村或相邻村庄的农户，发生土地流转主要原因是种地不划算、年龄较大，制约农地流转的主要原因是新型经济主体缺乏，租地的人较少，且价格不高。

（1）村基本情况。万庄行政村划分为五个庄：万庄、阮庄、李新庄、梅庄和欧庄。全村总人口 1496 人，农户 455 户，土地总面积 2908 亩，其中耕地 2415 亩、集体建设用地（村委会、村医院、学校等）125 亩、水域面积 8 亩，集体经营耕地 360 亩。2018 年村民人均可支配收入 12652 元，其主要收入来源为种地收入和外出打工收入，养殖等其他收入较少。该村从事农业生产的人员中小学以下学历占 32%，小学学历占 40%，初中学历占 28%，无大专及以上学历人员。家庭人口数量 3 人的为 30%，4 人的为 40%，5 人的为 28%，5 人以上的为 2%。

（2）村集体耕地利用情况。1982 年万庄村（当时的万庄大队）和全国其他地方一样实行家庭联产承包制，把各村的耕地按照户籍人口的多少进行了承包，承包后集体剩余的 360 亩耕地归村集体经营，村委会曾两次对耕地进行了外包。

① 参见单县人民政府网，www.shanxian.gov.cn/art/2018/12/21/art_ 17851_ 4258970.html。

第一次把土地出租给了本村村民，但当时由于承包合同不规范，对承包土地用途限制不严，承包方在种植 2 年粮食作物后，从第 3 年开始种植杨树，360 亩地变成了杨树林地，由于当时农民的土地权益意识不强，并没有引起村民的不满。后来，村委会又把土地承包给另一位村民，调查中村民反映，至今村民未得到任何分红，也不知道租金的多少和去向，引起了村民的不满，村民曾多次找村委会进行权益诉求，但一直没有下文。从另一个方面也可以看出，随着农村土地制度改革的不断深入，“三权分置”的实施、土地确权、种粮补贴等农村农业政策的不断完善和实施，农民的民主意识、维权意识不断增强，已意识到其自身权益受到了侵害，并敢于通过一定的途径表达出来。

（3）村土地承包经营情况。该村村民承包的土地是 1982 年按照当时家庭户籍人口数量多少进行分配的，期间因学生考学、老人去世、女人出嫁和新出生人口等情况的变化，该村曾做过一次较大的调整，但近 10 年承包地基本没有变动。2018 年全村完成了土地确权工作，目前该村除 20%的宅基地空置外，农村承包地没有出现抛荒现象。据村支书说，村委会目前没有调整土地的规划。农户在承包地上主要种植大蒜、玉米和小麦，农户的主要农业经济收入也来自大蒜等经济作物。

（4）万庄村土地经营权流转情况。该村土地经营权流转规模不大，总计流转 300~500 亩。95%土地经营权流出农户是因为年龄原因，无法继续耕种土地。土地经营权流入方主要是 2 家合作社，合作社为本村几户村民成立，流入后的土地以种植小麦和玉米为主，土地经营权人享受国家种粮补贴等政策。由于熟人社会，乡里乡亲土地经营权流转基本没有签订正式流转合同，只有口头协议，协议规定每年秋收后给付租金。事实上，租赁土地的合作社和农户，获得的收益也微乎其微，因为虽然种植规模扩大了，但在经营管理上却没能及时跟上，农作物产量整体上还不如单个农户多，加上低廉的粮食价格，基本上靠政府的补贴维持。调查中发现，农民出租土地的意愿强烈，93%的农户愿意把承包地出租出去，但苦于没有人来租地。当问到在给定的价格下是否愿意永久退出承包地，有 78%的农户表示愿意，有 22%的农户表示不愿意。

（5）村民权益与风险认知情况。调研发现，该村村民的权益意识逐渐增强，维权由土地承包初期的权益意识淡薄，到逐渐发展为通过行为来维护其合法权益的阶段。维权意识的增强与村委会的矛盾也在不断加剧，而土地确权更进一步强化了这一意识。同时，农户对土地经营权流转的风险意识也在加强，有些农户虽然种地困难，但还是不愿把土地出租出去，怕失去赖以生存的土地。

此外，目前该村正在进行美丽乡村建设，为改善村容村貌，合理利用闲置的土地资源。该村正把五个村庄合并为一个集中居住区，腾出多余的宅基地进行复耕，复耕后的土地由村委会统一管理，但问题的关键是对于复耕后的土地如何进行经营？农民权益能否得到有效的维护，成为农民关注的焦点，因此隐藏着潜在的风险。如何经营管理好这份资源？如何增强村集体经济？如何让农民的利益得以保护？如何化解潜在的风险？考验着村委会的智慧。

2. 单县高老家乡韦洼村

（1）村基本情况。单县高老家乡韦洼村位于山东省西南部，属于小康行政村，西邻曹县，西南靠河南商丘。1963 年该村整体搬迁至黄河故道南岸，新村建设规划错落有致，面貌一新。目前，韦洼村划分为八个村民小组，每个村民小组 50~60 户，全村总人口 2106 人。土地总面积 3577 亩，其中耕地面积 2800 亩，人均耕地不到 1.5 亩，建设用地 314 亩，林地 120 亩，水池 215 亩，村集体拥有土地 128 亩。该村村民具有小学以下文化程度的占 42%，具有初中文化程度的占 45%，具有高中及以上文化程度的占 12%，大专以上的占 1%。在家从事农业生产劳动的人员中 75%为 50 岁以上人员。该村农民家庭收入主要以农业为主，非农为辅。

（2）土地承包经营情况。村民承包的土地是按照当时家庭户籍人口分配获得的，以前 15 年大调整一次，4~5 年小调整一次，小调整主要是针对出嫁的人员和新出生人员。2018 年全村完成了土地确权工作，近几年或以后很长一段时间土地可能就固定下来，没有调整计划。目前农户在承包地上种植的主要是小麦、玉米和大豆。有部分农户在承包地上种植了银杏树，为 350~400 亩。

（3）土地经营权流转情况。全村流转土地 450~500 亩。其中，水池养殖约 230 亩、水稻种植约 120 亩、银杏种植约 170 亩，租赁期限 20 年，租金 750 元/亩/年，涉及 560 户；① 租赁土地用来种植山药的有 20~30 亩，租赁期限一般 2 年，租金每亩每年 1500~1600 元。租赁土地人员 80%以上为外来人员或公司，租赁的土地采取多元化或产业化经营。例如：水池养殖，主要养殖鲈鱼等，销往江浙一带；种植的水稻为特色优质水稻，稻田养殖小龙虾等多花样养殖；种植的银杏树，除卖树苗外，用银杏叶加工银杏茶等，延长产业链，增加附加值。

本村内部成员流转土地的情况并不多见，多数情况为替街坊邻居或亲戚朋友代耕，生产费用、收益、补贴等归自己，但承包地仍归对方。该村大户、合作社

① 这个租金价格即使是在同一区域有时差别也很大，如根据调查，单县土地流转价格高至 700~800 元/亩/年，低至 200~300 元/亩/年，平均为 400~500 元/亩/年。

等新型农业经营组织欠缺，85%的农户有流转土地的意愿，但找不到流转对象。村集体所拥有的128亩土地实行统一经营管理，由村委会出租给一家农业公司，所获租金除用于村内环境卫生等公共费用支出外，剩余部分分配给村民，每年分配一次，每人14~15元。

（4）村民土地环境保护意识情况。由于历史上黄河改道，在韦洼村和石楼间形成了大约600余亩的湿地，成为同纬度内陆稀有湿地，是单县浮龙湖及其附近堤头村的深潭补充水量重要水道，流经的月牙湾湖是单县县城饮用水水源地。20世纪80年代以前，该湿地野鸭、鸳鸯、鹤类珍稀动物品种繁多，芦苇和蒲类植物20余种。20世纪80年代中后期，由于湿地兴建多座砖瓦厂，大量取土导致湿地遭到严重破坏，特别是单县境内的引黄东灌渠（东沟河）在该湿地内的无规划开挖，使其遭到彻底破坏，村民也尝到了破坏自然环境产生的恶果。近年来村民的环境保护意识逐渐加强，保护土地资源不受破坏已成共识。

（5）村民的权益与风险认知情况。对于承包地权利的认识，34%的村民认为“国家所有，个人只有使用权”，47%的村民认为“村集体所有，个人只有使用权”，16%的村民认为“承包给个人，个人有处置权”，另外3%的村民认为是“个人所有”。对于村民希望拥有的土地权利，68%希望土地“永远属于自己”。对于承包地是否愿意有偿退还给村集体，79%愿意在合理的价格下退出。对于“三权分置”等农业政策的了解，58%基本了解，34%了解一些，8%基本不了解。对于承包地经营权流转的风险问题，23%没有意识到有风险，53%的认为有风险，但不严重，24%认为风险很大。

3. 单县李田楼镇胡庄村

（1）村基本情况。李田楼镇位于单县城东10千米处，辖24个行政村、5万余人，8万余亩耕地。小城镇面积25平方千米，新建镇中心社区占地500多亩，总建筑面积15万平方米。该镇地处黄河冲积平原，地势平坦，土层深厚，土壤肥沃。种植的农作物以小麦、大豆为主，种植的经济作物以山药、胡萝卜、花生和棉花等为主，畜牧养殖业以饲养鲁西黄牛、青山羊、小尾寒羊为主。胡庄行政村，下辖14个自然村，户籍人口3988人，耕地面积5700亩，集体占用土地1228亩。该村村民具有小学以下文化程度的占41%，具有初中文化程度的占46%，具有高中及以上文化程度的占13%。务农劳动力中75%的为55岁以上人员。该村农民家庭收入主要以农业为主，非农为辅，人均收入8000元左右。

（2）土地承包经营情况。村民承包的土地是按照当时家庭户籍人口分配获得的，以前15年大调整一次，4~5年小调整一次，小调整主要是针对出嫁的人员和新出生人员。2018 年全村完成了土地确权工作，近几年或以后很长一段时间土地可能就固定下来，没有调整计划。目前农户在承包地上种植的农作物主要是小麦、玉米和大豆，种植的经济作物主要是山药、胡萝卜、花生等。

（3）土地经营权流转情况。全村流转土地 300～400 亩。其中，流转的土地主要用来种植山药的有 260 亩左右，流转土地用来种植山药的价格为每年 1000 元/亩。全村有种养殖大户 4 家，农民专业合作社 8 家，大多土地由他们承包经营。据村支书朱启勇介绍，由于山药种植在一块土地上最佳时限为 3 年，以后则需改造成其他粮田，造成有 200 余人外出他乡承包土地，大约承包了 1000 余亩土地。调查中发现，85%的农户具有流转土地的意愿，但没有人来承包土地。

（4）村民的权益与风险认知情况。对于承包地权属的认知，33%的村民认为自己所承包的土地是国家的，只是自己承包了国家的土地来耕种；45%的村民认为自己所承包的土地属于村集体所有，个人只是拥有土地的使用权；6%的村民认为自己承包的土地属于自己，自己耕种的土地就是自己的，自己有权处置，另有 2%的村民认为土地属于个人所有。对于村民希望拥有的土地权利，65%希望土地“永远属于自己”。对于承包地是否愿意有偿退还给村集体，79%愿意在合理的价格下退出。对于农村土地“三权分置”等农业政策的了解，58%基本了解，37%了解一些，8%基本不了解。对于承包地经营权流转的风险问题，23%没有意识到有风险，53%认为有风险，但不严重，24%认为风险很大。

（三）鲁中部五莲县典型村庄调研结果整理与分析

日照市五莲县，因五莲山而得名。五莲县位于山东半岛西南部，东邻青岛市西海岸新区，西靠莒县，南与东港毗邻，北与诸城市接壤。全县总面积 1497 平方千米，以低山丘陵为主，约占全县总面积的 85.9%。2018 年实现国内生产总值（GDP）272.47 亿元，全县常住人口 499800 人，户籍总人口 513610 人，人均可支配收入 20383 元。[①] 全县粮食作物种植面积 52.03 万亩，经济作物种植面积 27.5 万亩，设施农业 5.23 万个，占地面积 4.9 万亩。全县拥有国家农产品地理标志品牌“五莲国光苹果”“五莲板栗”“五莲小米”“五莲樱桃”四个。全县茶园总面积达到 3.25 万亩，新发展设施蔬菜大棚 30 个，设施蔬菜大棚达到 6317 个，蔬菜种植面积常年稳定在 8 万亩。

1. 五莲县潮河镇前魏家村

潮河镇位于五莲县东南部，距县城 34 千米，总面积 97 平方千米。该镇以丘陵为主，丘陵约占耕地面积的 75%，间有小块平原。全镇包括前魏家村、崔家沟

① 参见《2018 年五莲县国民经济和社会发展统计公报》，五莲县统计局，2019 年 3 月 8 日。

等46个行政村，10039户，约3.3万人。目前，潮河镇拥有茶园8740亩，蔬菜冬暖式大棚5300亩，板栗园17900亩，丰产林14800亩，生态、绿化经济林33900亩。

（1）村基本情况。前魏家村边邻后魏家村、后仲金村和杜家河村。该村有6个小组，人口1136人，土地1300亩，耕地已全部分配给了农民，村集体无农业用地。村委会等占用建设用地150亩，该村从事农业生产的人员中55岁以上的占78%，小学以下学历约占24%，小学学历约占38%，初中学历约占36%，大专及以上学历人员占2%。

（2）村土地承包经营情况。该村村民承包的土地是1984年按照当时家庭户籍人口数量多少进行分配的，期间按照“增人不增地、减人不减地”的约定，除2006年和2016年对承包地进行小范围的微调外，承包地基本没有变动，2017年全村土地确权工作基本完成。该村农作物以种植花生、玉米为主，经济作物以种植茶叶为主。其中，日照绿茶因其生长周期长、日照充足，具有香气高、滋味浓、叶片厚、耐冲泡等南方茶所没有的特点，成为中国最北方的茶，属于中国高档绿茶。

（3）土地经营权流转情况。该村由于多为丘陵地形，难以实行规模化经营，土地流转面积不大，有50~100亩，用来种植板栗，租金每年1000元/亩，没有种植大户和农民专业合作社，仅有的流转土地也多为亲戚邻居代耕。土地抛荒现象严重，10%左右的承包地无人耕种，即使不收取任何租金也没人愿意耕种。村支书魏某某说：虽然国家有规定，承包地抛荒达到一定年限要收回村集体，但实际操作起来没那么简单，看到抛荒的土地也很痛心，可土地已承包确权，不好解决。

调研发现，该村土地经营权流转较少的原因不是农民怕土地流转带来所谓的失地、失业风险，而是86%的农民有把承包地流转出去的强烈意愿，但问题的关键是没有人来流转土地。工商资本之所以不愿意来包地主要是因为：一是种地成本高，收益低，仅有的种粮补贴起不到多大作用；二是丘陵地形特征难以形成规模化经营；三是种植经济作物前期投资数额大、周期长、风险高；四是交通不便，农产品运输成本高。此外，种养殖大户等新型农业经营主体严重缺乏，带动作用不强，产业融合发展难以实现，也是重要原因。

（4）村民权益与风险认知情况。调研发现，该村村民土地权益意识相对较强，但对土地权益的认知也并非完全正确。80%以上的农民认为自己承包的土地属于自己，自己有权处置所承包的土地，村委员会等无权干涉，即使不种任何作物，其他人或组织也没有权力干涉。特别是土地确权颁证以后，更强化了这种意识，这也是造成土地抛荒、土地资源严重浪费的一个重要原因。对土地权益的认知由土地承包初期的意识淡薄，到逐渐发展为通过行为来维护其合法权益。正是因为以为该村土地流转面积不大，且有强烈土地流转的意愿，因此，对土地流转后可能带来的风险认知也很差，风险意识不强。

2. 五莲县潮河镇刘家坪村

（1）村基本情况。刘家坪村位于潮河镇西南 15 千米，邻村有前仲金村、后魏家村，该村共有 320 户，户籍人口 976 人。村集体拥有土地 120 亩。据调查，该村充分利用 324 万元的专项扶贫资金，建设了陆家沟民俗项目、王家洼子村温室大棚，这些项目促进了乡村旅游等特色产业的发展。全县共计投入 4334 万元扶贫资金用于生态扶贫项目建设，共建设现代化冬暖式果蔬大棚、扶贫车间等生态产业项目 61 个，扶持发展乡村旅游项目 11 个。当地村民实现收益分红、就业创业以及进园打工等多种收入。从事农业生产人员中 55 岁以上的占 71%，小学以下学历约占 22%，小学学历约占 41%，初中学历约占 37%。

（2）土地承包经营情况。刘家坪村承包地是 1984 年按照当时家庭户籍人口数量多少进行了分配，期间按照“增人不增地、减人不减地”的约定，承包地曾进行过小范围的调整，2018 年 10 月全村土地确权工作基本完成。该村种植的农作物主要有包心菜、酸莓、芋头、卷心菜等，经济作物主要是茶树。自 2000 年以来，村支部充分利用该村地理位置高、阳光富足等优势，“南茶北引”，带领农户在山坡上种植茶树，其后，家家户户种植茶树，生产出来的茶叶上市最早。2014 年起，以“支部+合作社”的模式发展茶业，农民每家每户采摘，卖给合作社，进行茶叶加工。茶叶价格由村支部定价收购鲜叶，保证茶农收益。

（3）土地经营权流转情况。在刘家坪村流转土地中，山地较多，多数流转给了本村种植大户和茶叶专业合作社，流转面积 2300 余亩，流转价格每年为 600~900 元/亩，茶树和蔬菜的种植是流转土地的主要用途。该村合作社功能发挥较好，带动贫困户脱贫效果明显。例如，2014 年成立的五莲县振承茶业专业合作社，两年内发展茶园 3500 余亩，带动 600 农户种植。其中，建档立卡贫困户 15 户，前梭头村和刘家坪村已有 103 贫困户因种植茶树而走出贫困。据该镇扶贫办主任林某介绍，该合作社每年产生收益共 20. 3 万元，由镇政府统一分配给贫困户，共 313 户 586 人受益，扶贫资金的注入推动了生态茶园发展，也为形成脱贫攻坚长效机制奠定了良好的基础。

【专栏 3-1】

美丽乡村行　刘家坪村：家家户户种茶　茶香氤氲满村

直播日照 2019 年 1 月 18 日讯　在五莲县潮河镇的寨山下，有一个号称"茶村"的山村——刘家坪，300 余户人家，几乎家家种茶，人人喝茶。1967 年南茶北引后，原本的荒山变成了宝地，茶叶产业也成了刘家坪的特色产业。

在刘家坪村寨山半山腰上的这片茶园始种于 1967 年，正是日照刚刚开始南茶北引的时代，经过 50 年的沧桑岁月，这片茶园依旧生机勃勃，并且它们的品质也变得更加珍贵。"南茶北引"时将绿茶种植地理方位的最北端，划定在五莲到崂山一线。就是这片山坡，地理位置高、阳光富足，种出来的茶叶每年最早上市。

刘加进介绍说，下一步主要进行品种改良，采用无性系茶叶，向高端茶叶发展，再就是让茶农"走出去"学习经验，学习茶叶产与销的专业知识。

数十年的茶叶发展让刘家坪有了茶的灵魂，美丽乡村建设也注入了茶的气息。村里的街道以茶命名，墙上也是茶文化的彩绘，最引人注目的还是党建广场上巨大的"茶壶"雕塑，旁边几棵种于 1967 年的茶树也开了花。

"下一步主要提升绿化、亮化，更大一方面是茶的文化更加体现在村庄的建设上。"刘加进说，要让刘家坪村的各个角落都能感觉到茶叶的气息，使茶叶产业和刘家坪这个村庄居住和生态环境相结合，围绕着生态美、农民富的思想做好刘家坪村的整体规划。

（日照广播电视台融媒体记者：杨琨、秦振宇、秦绪伟。网址：http：//rznews. rzw. com. cn/rizhao/2019/0118/476287. shtml）

3. 五莲县潮河镇崔家沟村

（1）村基本情况。崔家沟村东邻魏家、梭头，南邻刘家坪，西靠王世疃，北邻官庄。全村人口 998 人，345 户，耕地 2100 亩，林地 3600 亩，荒山 700～800 亩。村民以种植业为主，主要种植的粮食作物为花生、小麦、玉米、红薯；种植的经济作物主要有板栗、苹果等。村集体拥有土地 120 亩。该村外出打工人员较多，从事农业生产的人员中 55 岁以上的占 76%，小学以下学历的占 21%，小学学历的占 39%，初中学历的占 39%，大专及以上学人员的占 1%。

（2）土地承包经营情况。崔家沟村承包地是 1984 年按照当时家庭户籍人口数量多少进行的分配，期间按照“增人不增地、减人不减地”原则进行分配，除2004年进行了一次小范围的调整外，以后基本没有变动，2018年12月全村土地确权工作基本完成。该村盛产板栗，板栗树种植已有百年历史，种植面积约3500亩。板栗树生长旺盛，枝条粗壮，口感好、果粒更饱满，平均单果重25克，是红光板栗的2.5倍，年产板栗10万余斤，每斤约4元，属于原生态板栗园，大部分出口西欧、韩国等国家及地区。

（3）土地经营权流转情况。崔家沟村土地流转面积数量较少，全村仅流转10余亩承包地，租金每年500~600元/亩。在当时土地承包时，村集体剩余土地110亩。由本村的其他村民承包，租金每年350元/亩，其收益主要用于村集体公共事业，如卫生处理等。本村目前种植大户有5家。

（4）村民权益与风险认知情况。崔家沟村村民和前魏家村村民一样，农民土地权益意识较强，但他们对土地性质及权益的认识仍然不足。85%以上的农民认为自己承包的土地属于自己，村委员会等其他人或组织无权干涉，特别是土地确权颁证以后，更是认为国家把土地给自己了。农民对土地流转后可能带来风险的认知很差，风险意识不强。

【专栏3-2】

汪湖镇土地托管便民增收

开春以来，日金农业机械服务专业合作社的理事长王海俊成了汪湖镇的大忙人！为什么忙？既要签合同，还要指导机耕、培训农机手、检修机械……虽然合作社成员已由最初6个发起人增加到112人，但是王海俊还是习惯凡事都亲自看一看、问一问，能不忙吗？

也无怪乎老王这么忙，自从汪湖镇加快农业产业结构调整步伐以来，农业经营主体既有承包了几十亩、上百亩的种植大户，也有家有余地的外出务工农民，还有守着几亩地却耕种乏力的留守老人，于是土地托管、半托管模式应运而生。农户与合作社签订合同，农户交纳相应服务费用，合作社提供全程机械化托管服务，进行统一良种、统一种植、统一施肥、统一管理。经粗算，每亩地年可节省成本140元左右，与传统播种地块相比，单位面积产量能增产10%以上，合作社成员则通过机械入股分红或者操作农机作业而获利。

此外，该合作社还致力于良地、良种、良法等先进适用技术和培育模式的实

验和推广，先后承担了市县玉米机收保护性耕作等现场会数次，并与山东省供销联社签订小麦良种繁育协议，推广种植高筋小麦，收获后以每斤均价高于市场价格0.2元统一收购。

据悉，该合作社已接收托管土地8700余亩，涉及全镇13个村3000余人。2016年汪湖镇计划完成土地托管、半托管1.2万亩，形成“农民外出打工、合作社为农民打工”局面。

（日照日报社，数字报纸　今日五莲　第4832期　第A2版：综合。网址：http：//epaper. rznews. cn/shtml/jrwl/20160414/347906. shtml，发布时间：2016-04-14）。

（四）鲁东部寿光市典型村庄调研结果整理与分析

1. 寿光市基本情况

寿光市地处山东半岛中北部，渤海莱州湾南畔，总面积2072平方千米，人口113. 94万。2018年，寿光市完成地区生产总值902. 7亿元；实现财政总收入166. 5亿元。三次产业结构比为11. 36∶42. 50∶46. 14。寿光市获全国农村一二三产业融合发展先导区，目前省级以上龙头企业1. 7万家，国家级龙头企业1343家。省级以上龙头企业带动农民合作社数量超过25万家，同比增加13. 13%。寿光市培育“乐义”蔬菜、“欧亚特”菜等知名品牌，无公害蔬菜生产基地发展到60万亩，获得农业部新认证优质农产品97个。[①] 中国（寿光）国际蔬菜科技博览会至2019年已成功举办二十届，在参展参会人员中，农民占到了80%以上，会集展示了世界各地的名优农产品新品种1000多个，实现贸易额127亿元。

2. 寿光市田柳镇王高村

（1）村基本情况。田柳镇位于寿光市中部，下辖68个行政村，人口6. 8万，镇域面积108平方千米，耕地面积6866. 7公顷。[②] 王高村原为王高镇，现该镇为村，属于田柳镇。该行政村由王高一村、王高二村、王高三村、王高四村、王高五村、王高六村、王高七村和王高八村组成（见表3-8）。

表3-8　寿光市田柳镇王高行政村基本情况

村名	户数	人口（人）	耕地面积（亩）	人均耕地面积（亩）	蔬菜大棚面积（亩）
王高一村	150	710	1120	1. 57	160
王高二村	220	677	1540	2. 27	280

① 参见《寿光概况》，http：//www. shouguang. gov. cn/sq/sggk/sggk/201307/t20130716_ 3290486. html。

② 参见中国·寿光，www. shouguang. gov. cn。

续表

村名	户数	人口（人）	耕地面积（亩）	人均耕地面积（亩）	蔬菜大棚面积（亩）
王高三村	210	700	1010	1.44	250
王高四村	160	507	920	1.81	110
王高五村	200	700	1550	1.64	210
王高六村	370	1310	2170	1.65	310
王高七村	146	439	670	1.52	280
王高八村	105	540	410	1.31	220

（2）土地承包经营情况。在第一次土地承包经营时，村集体按照户籍人口对耕地进行了人均分配。村集体把土地分为两大类，一类是种植粮食作物，另一类是种植大棚蔬菜。种植粮食作物的地块较为零散、狭长，种植大棚蔬菜的地块较为成方、平整。根据每户家庭情况，自愿申报是种植粮食地块还是种植大棚地块。例如，某户根据人口应分配 8 亩承包地，如果申请了 5 亩种植粮食耕地，那么，种植大棚蔬菜的承包地只能有 3 亩。这样的规划分配承包地有利于蔬菜大棚的种植和经营管理。后来，根据家庭人员的变化以及种植意愿的改变，两类土地间曾进行了定期调整。目前该村从事农业生产的人员中 55 岁以上的占 61%，小学以下学历约占 22%，小学学历约占 38%，初中学历约占 40%。

（3）土地经营权流转情况。随着种地农户年龄的增大和外出打工人数的增加，土地经营权流转规模也逐渐扩大，规模化经营逐渐形成。田柳镇政府积极扶持农民进行农业产业化经营，推动规模化种植大棚蔬菜。在土地经营权流转和产业化经营中采取了一些新举措。例如，村集体出面将原有承包地进行规模化整理，由农户自愿将承包的土地交给村集体，村集体根据大棚预计租赁情况，统一规划建设现代化蔬菜大棚，供租赁方租赁经营。租赁期限为 10~15 年。租赁方在租赁蔬菜大棚时，需一次性缴纳租赁大棚租金，租赁土地租金一年缴纳一次，租赁费统一缴给村集体，村集体支付农户。经营一个大棚每年可以种植蔬菜两季，平均年收入在 15 万~20 万元。为解决租赁者的资金短缺问题，村集体可以向金融机构做担保。例如，30 万元的投资中，村集体可以做到 20 万元的担保。从租赁者的人员结构来看，多为具有多年种植蔬菜大棚经验的本村人，也有河南、浙江等外地人员来该村租赁大棚种植蔬菜。至于蔬菜种植的采收大都雇用当地农民，农民每天干活 8 小时，费用 150~200 元不等。这样流转土地经营权的农户，既可获得流转土地的收入，同时也可获得不出家门就地就业的收入。

调研时还了解到一种现象，当地具有丰富种植蔬菜大棚的农民，有的并不在家租赁大棚种植蔬菜，而是外出他省如山西、甘肃、河南等地做种菜技术顾问，获得较为丰厚的收入。

（4）土地经营权流转的“政府+企业”。为实施乡村振兴战略，促进农村土地“三权分置”改革的实践，田柳镇党委、政府与寿光金投集团联合，流转土地1500亩，投资建设温室大棚115栋，形成现代农业创新创业示范园区。园区交由寿光恒蔬无疆农业发展集团①统一运营，棚租费200元/米/年+土地承包费960元/亩/年。租期分10年、6年和3年不等。租赁10年的，一次性缴纳10年期租金，免除6年期土地承包费用，10年租期到期后，仅需缴纳土地承包费即可续租至土地承包期，无须再缴纳大棚租赁费用；租赁6年的，一次性缴纳6年期租金，免除3年期土地承包费用；租期3年的，一次性缴纳3年期租金，土地承包费正常缴纳。

（5）农民权益与风险认知情况。调研发现，在土地经营权流转过程中，镇政府和村集体发挥了组织、引导作用，营造了良好的生产经营外部环境，农民土地权益得到了一定的保护。农民虽然曾参与过农业保险，但感觉用处不大，后来逐渐放弃了。2018年出现了一次大的水灾，很多大棚和蔬菜遭到了严重的损害，农民意识到自然灾害风险是应着重防范的风险，其次是市场风险，至于对违约风险、失地失业风险、社会保障风险等意识并不强。

二、来自重庆的调研案例

本部分选取了重庆市涪陵区南沱镇治坪村和丰都县作为典型调研案例，分别统计分析涪陵区南沱镇治坪村的土地经营权入股模式和丰都县各乡镇土地经营权的流出方、流入方数量，土地经营权流转期限、流转价格和流转用途等情况，把握重庆市目前土地经营权流转现状、农民权益保护现状以及流转中存在的问题等。

（一）涪陵区南沱镇治坪村土地经营权入股新模式

重庆市委办公厅、重庆市政府办公厅印发了《关于开展农村“三变”改革试点促进农民增收产业增效生态增值的指导意见》（渝委办发〔2017〕53号），涪陵区委办公室、涪陵区人民政府办公室印发了《关于开展农村“三变”改革

① 该公司为国家高新技术企业和山东省农业产业化重点龙头企业，已成为集种子育繁推一体化、工厂化育苗、现代园区规划建设及运营、农技推广培训、蔬菜加工配送于一体的设施农业综合服务管理集团。旗下拥有“世纪庄园、恒蔬无疆、达士元、桑盛”四个注册商标。集团立足寿光，辐射全国，在寿光市、泰安市、济宁市、菏泽市、新疆阿拉尔市共建有分园区6处，占地面积13000亩。2017年集团年产优质种苗1亿余株，种子推广面积10万余亩，优质蔬菜9万余吨，年销售额达3.2亿元。形成了符合“寿光模式”的产业模式。

促进农民增收产业增效生态增值的实施意见》的通知（涪陵委办发〔2018〕9号），以打造“股份农民”为核心，以产业发展为支撑，以合股联营为关键，通过“三变”促“三增”，加快农业经济发展。

涪陵区南沱镇治坪村作为全市农村“三变”改革试点村之一，涪陵区南沱镇以此为契机，以重庆三峡笋业有限责任公司作为试点，实现农民增收、产业增效、生态增值，探索可复制、能推广的经验。

1. 涪陵区南沱镇治坪村基本概况

涪陵区治坪村位于南沱镇东北方，辖区面积 9.6 平方千米，有耕地 6086 亩、退耕还林 1253 亩、桑田 602 亩，年种植榨菜 5500 亩、笋用竹 1112 亩。全村有农户 1454 户、人口 4492 人；贫困户 68 户，167 人；低保户 72 户，135 人；五保户 24 户，其中分散五保 17 户。2018 年 3 月，治坪村以股份合作为核心，激活资金、土地、农民、企业、村集体等各个要素资源，扎实推进农村“三变”改革试点。目前，全村已有 749 农户成为股东，其中贫困户 31 户，盘活农村资源 5700 亩。2019 年，预计治坪村年榨菜产值 1150 万元、竹笋产值 750 万元，亩均收入 3000 元，新增收入 350 万元，入股农户户均增收 5600 元，集体经济经营收益超过 5 万元。

2. 涪陵区“2+1”产业模式

乡村振兴关键在于产业的发展，产业发展离不开土地资源的支撑。农村土地“三权分置”的制度安排为土地经营权入股农业产业化、为农户走向致富之路奠定了制度基础。不同的地理优势，造就了不同的特色产业。

世界榨菜看中国，中国榨菜看涪陵。涪陵榨菜产业具有百年发展历史，成为涪陵的第一张名片。2017 年，涪陵榨菜品牌价值已达 138.78 亿元，连续两年保持中国农产品区域公用品牌价值第一位。涪陵三峡库区的竹笋产业是涪陵的第二张名片，依托长江库区这么好的资源，竹笋的品质优良。

涪陵区南沱镇治坪村把产业兴旺作为全区乡村振兴的工作重点和突破口。其在“涪陵榨菜+三峡笋+乡村旅游”产业模式中以土地经营权入股带动农户走致富之路。具体为：确定“2+1”产业模式（见图 3-9），即以治坪村榨菜、笋用竹两大优势产业加乡村旅游为主导，农民以土地经营权入股，村集体经济组织、个人以资产折价或资金入股，一、二、三产业融合发展。一是发展绿色优质榨菜原料种植基地 5000 亩，发挥榨菜加工龙头企业带动作用，引导榨菜种植提档升级，建设传统榨菜农耕加工文化展示体验中心，涪陵区已安排 200 万元财政资金予以支持，并支持治坪村发展集体经济 100 万元用于向合作社入股。二是发展优质

笋竹加工原料基地 1 200 亩，依托笋竹种植基地的生态绿色资源，建设“三峡竹海”森林公园，建设以雷竹、绿竹等高品质鲜笋为主的采摘园。三是积极发展乡村旅游。进一步优化“三峡竹海森林公园”旅游设施，拟建设竹亭、竹楼等竹元素旅游景观；建设榨菜传统农耕文化体验长廊和科普画廊；开设“竹园人家”农家乐 1 家，年接待 30000 人。

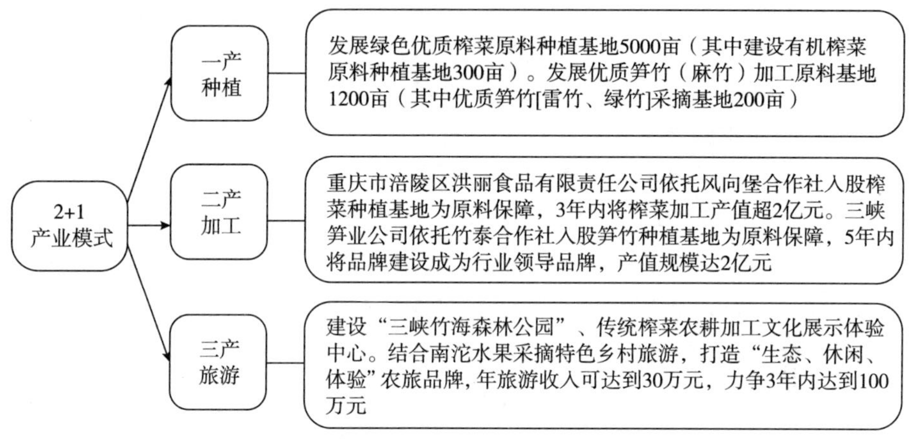

图 3–9　涪陵区南沱镇治坪村“2+1”产业模式

3. 依托农业企业，构建公司与农户的利益联结模式

（1）依托当地产业，成立公司。一是成立重庆市涪陵区洪丽食品有限责任公司。涪陵区南沱镇治坪村李某某于 2004 年回乡创办了自己的企业——重庆市涪陵区洪丽食品有限责任公司（依托该公司后又成立了重庆三峡笋业有限责任公司）。该公司是一家以榨菜加工为主的民营企业。公司建立核心基地 4000 余亩，带动基地 30000 余亩，带动涪陵区 3 万余农户增收致富。从手工作坊到现代化生产线，依托不断创新，艰难曲折地发展起来。公司致力于以农业产业带动三峡库区百万菜农增收致富，公司产品行销全国，产值规模已超过 3 亿元。

二是成立重庆三峡笋业有限责任公司。为了保护长江库区生态，防止三峡库区水土流失，2012 年，建设了 2 万余亩生态笋用竹林，老百姓无法实现其经济价值，基本上都废弃了。因当地无农产品企业从事竹笋深加工，造成了“增绿不增收”的窘境。公司决定进军竹笋产业，将竹笋产业打造成长江两岸农民增收致富的新的骨干产业。为了找到最好的春笋，公司负责人到广东一个著名的竹笋种植基地考察时，意外发现这里的竹笋就是老家的麻竹笋。于是，2014 年 7 月，重庆市涪陵区洪丽食品有限责任公司成立了全资子公司——重庆三峡笋业有限责任公司，注册资金 6800 万元，公司注册地为涪陵区南沱镇南府路 1 号楼 308。经营范围包括竹笋、蔬菜种植、加工、销售；竹笋副产品加工、销售；生态农业观光旅游。公司自有的竹笋示范园 4337 亩，是涪陵区 20 万亩笋用竹产业的核心示范推广区。

公司提出了以下发展规划：一是实现两个“2 亿元”：实现榨菜产值超 2 亿元、竹笋产值达 2 亿元。二是实现“双驰名商标”：实现“餐餐想”榨菜商标保持“中国驰名商标”，“三峡竹海”竹笋商标创建“中国驰名商标”。三是实现“带动农户双增长”：通过产业发展和“三变”改革，实现带动农户数量不断增长、带动农户增收不断增长。四是实现“双丰收”：践行“绿水青山就是金山银山”理念，实现“产业效益”和“生态效益”双丰收。

（2）探索土地经营权入股合作经营模式，“三增”成效显著。根据治坪村农业产业情况，成立了重庆市涪陵区风向堡榨菜股份合作社和重庆市涪陵区竹泰笋业股份合作社。合作社经营年限从 2018 年 6 月 30 日到 2028 年 6 月 30 日。

一是榨菜种植户将土地经营权入股重庆市涪陵区风向堡榨菜股份合作社。涪陵区南沱镇治坪村成立了重庆市涪陵区风向堡榨菜股份合作社。榨菜种植农户（大户）以土地经营权折价（青菜头产值）入股重庆市涪陵区风向堡榨菜股份合作，成为股东，入股农户以每年每亩青菜头产值折价入股。股权总金额 2500 万元。其中，治坪村集体经济组织入股 95 万元，占 3. 8%；重庆市涪陵区洪丽食品有限责任公司资金入股 255 万元，占 10. 2%；重庆市涪陵区洪丽鲜榨菜股份合作社资产折价入股 1100 万元，占 44%；治坪村榨菜种植农户（大户）5000 亩土地经营权折价（青菜头产值）入股 1050 万元，占 42%，入股农户达 626 户（见图 3-10 和图 3-11）。

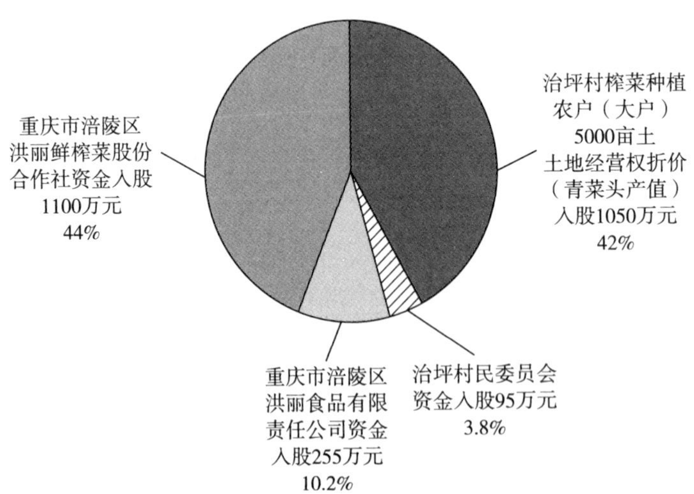

图 3-10　涪陵区风向堡榨菜股份合作社股权结构

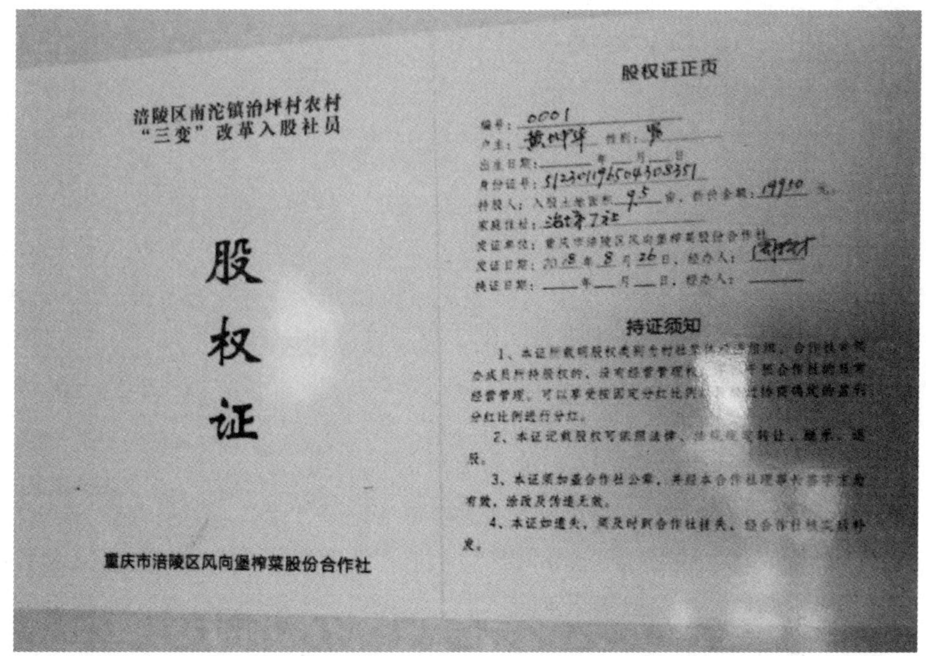

图 3-11　涪陵区风向堡榨菜股份合作社入股社员股权证

在运行管理模式上，合作社采取统一规划、统一经营管理、统一核算股权收益、统一进行二次分红的“四统一”运行模式。监事会行使监督权；实行财务公开制度。经营亏损由经营主体承担，经营亏损时入股村级集体经济组织和入股农户享受保底分红；盈利二次分红时必须先弥补上年度经营亏损，提取盈余公积。

在生产经营方式上，合作社与合作社股东龙头企业重庆市涪陵区洪丽食品有限责任公司签订长期战略合作协议，将入股榨菜种植农户（大户）种植的青菜头加工为榨菜头半成品全部交售给重庆市涪陵区洪丽食品有限责任公司，交售保护价为：以榨菜头半成品加工成本核算，保底利润不低于 50 元/吨，如市场价高于保护价时，随行就市收购。合作社收购入股社员青菜头的价格为：在保证入股价格的基础上，雨水节前 800 元/吨，雨水节后随行就市收购，入股社员不得交售 3 月菜。

在收益分配上，从新型经营主体预期收益上来看，新型经营主体预期收益来自年榨菜半成品加工利润 90 万元+年榨菜传统文化体验旅游利润 10 万元=年合计收益 100 万元。从入股社员总收入上来看，入股社员总收入来自保底分红+盈利二次分红+产业务工收入+财政投入资金股权化分红。榨菜种植农户（大户）

的保底分红为当年雨水节前交售到合作社的青菜头交易量×800 元/吨+雨水节后至 2 月底交售到合作社的青菜头交易量×700 元/吨；榨菜种植农户（大户）的盈利二次分红为（高于入股价的溢价×当年交易量）+（当年交易金额×人民银行贷款基准利率）+盈利后按持股比例分红；榨菜种植农户的产业务工收入为入股农户（含贫困户）在新型经营主体就业务工，实现“就地就业”，按劳动力状况合理安排工种，让多数适劳农户获取务工收入。务工主要为青菜头种植收砍和盐菜块看筋剥皮 100 元/吨，其次为半成品加工、转运劳务，亩均劳务收入约为 300 元。务工收入由合作社按务工当月实际支付。榨菜种植农户（大户）的财政投入资金股权化分红为财政投入合作社成员所持股份 5%。村级集体经济组织利益分配方式为保底分红：村集体经济组织入股资金×5%。根据盈利情况进行二次分红，盈利后按持股比例分红。分红日期为每年 11 月 30 日。

二是竹笋种植农户土地经营权入股重庆市涪陵区竹泰笋业股份合作社。重庆三峡笋业有限责任公司与南沱镇治坪村二组农户协商在南沱镇治坪村成立了涪陵区竹泰笋业股份合作社。公司以现金入股、农民以笋竹基地的土地经营权折价入股。重庆三峡笋业有限责任公司资金入股 415 万元，占 58. 62%；刘春林实物及技术折资入股 10 万元，占 1. 41%；竹笋种植农户土地经营权折价入股 273 万元，占 38. 56%，入股农户达 450 余户（见图 3-12 和图 3-13）。

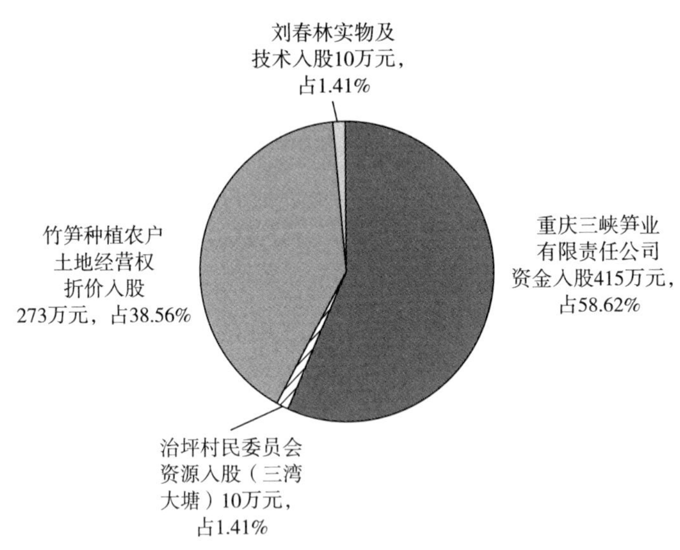

图 3-12 涪陵区竹泰笋业股份合作社股权结构

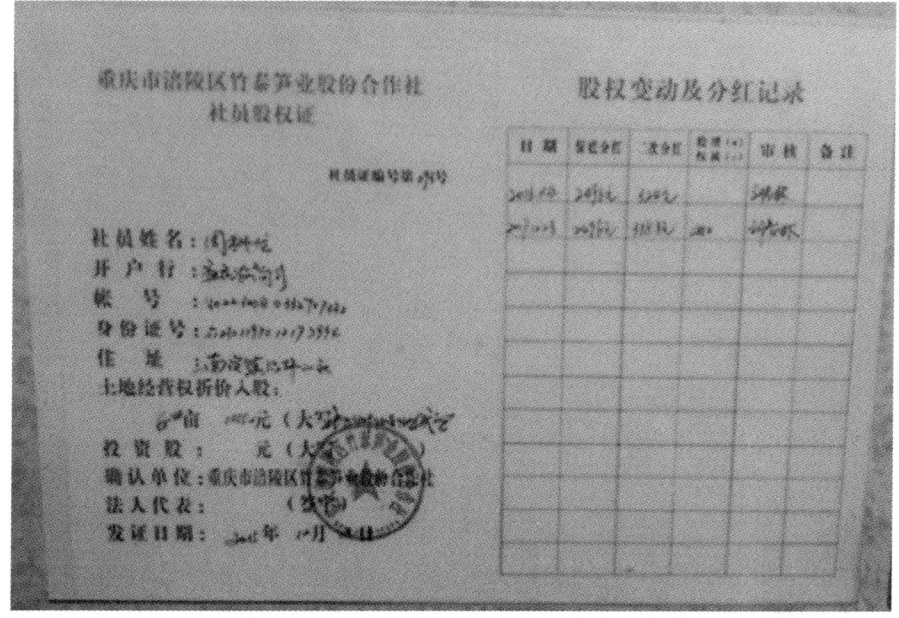

重庆市涪陵区竹泰笋业股份合作社
社员股权证

社员姓名：
开户行：
帐号：
身份证号：
住址：
土地经营权折价入股：
亩 元（大写 ）
投资股： 元（大写 ）
确认单位：重庆市涪陵区竹泰笋业股份合作社
法人代表： （签字）
发证日期： 年 月 日

股权变动及分红记录

图 3-13 涪陵区竹泰笋业股份合作社社员股权证、股权变动及分红记录

相比以前的股权结构（见表 3-9），目前重庆市涪陵区竹泰笋业股份合作社的股权结构（见图 3-14）更加合理。

表 3-9 涪陵区竹泰笋业股份合作社以前的股权结构

单位	出资方式	出资额（万元）	占比（%）
重庆三峡笋业有限责任公司	现金出资	414.832	82.97
治坪二村农户	土地折价出资	75.168	15.03
刘春林	技术实物出资	10	2.0
合计		500	100

在经营管理上，重庆三峡笋业有限责任公司作为大股东，行使经营权，承担经营责任。农户推举理事会成员参与经营管理，监事会行使监督权；财务实行公开制度。重庆三峡笋业有限责任公司作为大股东，承担经营盈亏责任。对合作社实行“统一种苗与生产物资、统一技术、统一经营销售”的“三统一”管理方式。盈利二次分红时必须先弥补上年度经营亏损、提取盈余公积。

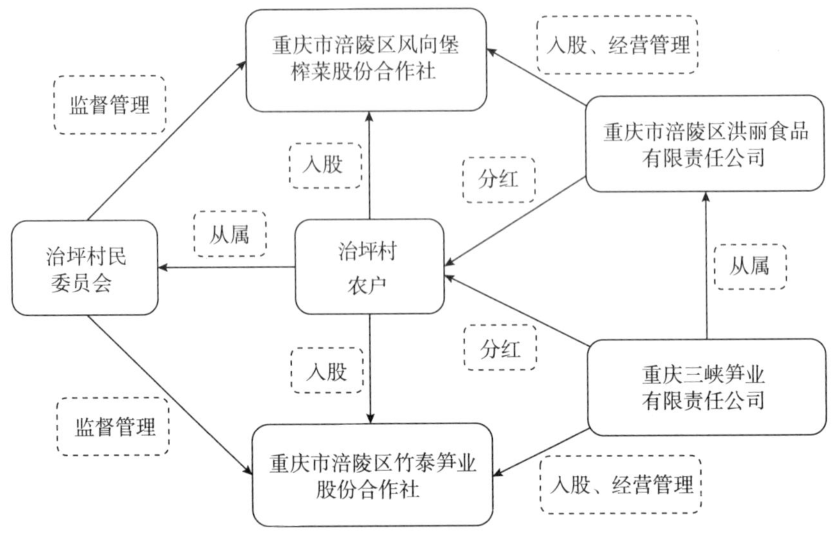

图 3-14　重庆市涪陵区竹泰笋业股份合作社的股权结构

在生产经营方式上，合作社与合作社股东龙头企业重庆三峡笋业有限责任公司签订长期战略合作协议，将入股林地的鲜笋全部交售给重庆三峡笋业有限责任公司，交售保护价为：以鲜笋成本核算，保底利润不低于 50 元/吨，如市场价高于保护价时，随行就市收购。

在利益分配上，新型经营主体预期收益：年鲜笋销售利润 24 万元+年竹海森林公园生态休闲旅游利润 20 万元=年合计收入 44 万元。入股社员总收入为保底收入+盈利二次分红+产业务工收入+财政投入资金股权化分红。入股社员的保底收入为林地 200 元/亩/年、土地 500 元/亩/年、田 800 元/亩/年；入股社员的盈利二次分红为合作社经营利润提取盈余公积后，按持股比例进行二次分红，不低于 100 元/亩/年；入股社员的产业务工收入为入股农户（含贫困户）在新型经营主体就业务工，实现“就地就业”，按劳动力状况合理安排，让多数适劳农户获取务工收入。务工主要为林地管护（清林、松土培肥等）、采笋，亩均务工收入可达 1200 元/人/月。按务工实际工作量计，不低于 10000 元/人/年。竹笋种植农户每年分别按退耕还林地、土、田每亩 200 元、500 元、800 元获得保底分红，资产折价或资金按 5%保底分红，股东按持股比例获得盈利二次分红，产业务工收入为农户在合作社务工收入，财政投入资金股权化分红为持股金的 5%。入股社员的财政投入资金股权化分红为财政投入合作社成员所持股份 5%。村级集体经济组织利益分配方式为保底分红：村集体经济组织资源入股折资×5%。根据盈

利情况进行二次分红，盈利后按持股比例分红。分红日期为每年12月31日前。2015年，南沱镇入股竹农获得了保底分红25万元、务工收入66万元，户均增收3600元。2017年12月29日下午，重庆市涪陵区竹泰笋业股份合作社分红，123户农民“股东”共分得红利31万元。

4. 土地经营权入股合作经营模式成效显著

重庆三峡笋业有限责任公司抓住“资源变资产、资金变股金、农民变股东”的改革机遇，促进“农民增收、产业增效、生态增值”。2016年初，重庆三峡笋业有限责任公司被国家农业部纳入全国“土地经营权入股”试点单位。

“‘农户土地经营权入股’是一个很好的机制，它将农户、合作社与公司真正联系起来。”南沱镇政府负责人说，农户通过土地入股、参与经营、产业融合、统一管护、统一销售，充分发挥了新型农业经营主体的优势，最终实现了惠民增收的社会效益、产业发展的经济效益、绿色农业的生态效益的统一。

“冉德明2548、周永杰1456、秦大伦2184……”，2017年12月29日，在重庆市涪陵区竹泰笋业股份合作社分红大会现场，70岁的村民冉德明喜笑颜开地从合作社负责人李承洪手中领到了2548元分红后，高兴地数了一遍又一遍。

冉德明家有9.8亩土地，由于儿女都在外打工，他和老伴两人打理这些土地很是吃力。2015年10月，冉德明以“土地经营权入股”的方式，将自家9.8亩土地承包经营权作价入股竹泰笋业股份合作社，当起了“跷脚股东”，每年稳收分红。

“我的9.8亩土地每年保底分红有1960元，我和老伴两人在基地打工采收竹笋每个月收入在6000元左右，一年能干4个月，务工收入就有24000元，加上每年的两次分红，一年的总收入比以前种地高了很多。”冉德明仔细地算了算账，以前土地也是种竹笋，笋子成熟后要请人采笋、将笋子担到城里去卖，费力又费神，关键是除去开支后，收入远不及现在。“现在不仅人轻松了，收入还比以前高了。”

涪陵区南沱镇治坪村土地经营权入股合作经营模式，农民增收、产业增效、生态增值“三增”成效明显。以农户经营权入股重庆三峡笋业有限责任公司为例，农民增收：2016年共计分红29万元，农民“保底分红”+“盈余二次分红”12.5万元，产业务工收入46万元，户均增收4756元；2017年共计分红31万元，农民“保底分红”+“盈余二次分红”13.2万元，产业务工收入49.5万元，户均增收5098元。产业增效：2016年，采笋469.8吨，销售收入93.96万元，经营利润30万元；2017年，采笋563.8吨，销售收入169.1万元，经营利润36

万元。生态增值：集约化经营管理后，管护积极性提高，管护技术提升，管护能力增强，竹林固土保水生态效果更佳。

5. 启示

作为典型的山区农业区县，重庆涪陵区是全国土地经营权入股产业化经营试点区县。现代农业的发展离不开新型农业经营主体的成长发展，新型农业经营主体又离不开金融机构的支持。例如，在竹泰笋业股份合作社成立后，公司的主要收入来源为鲜笋的出售，由于受资金制约，经营处于维持状态。加上农业产业自身的弱质性，风险高、收益低、投资回收期长，传导至合作社则体现为资金实力弱、抗风险能力差。要实现“绿水青山变金山银山”的“质变”，资金投入成为打破发展瓶颈的关键。农发行重庆市涪陵分行以重庆三峡笋业有限责任公司为载体，在农发重点基金上积极给予扶持。经涪陵区发改委层层推荐审查、农发重点基金会审批，2016 年 8 月，该公司成功获批农发行 2000 万元农发重点建设基金项目资本金投资，解决了企业项目资本金短缺的燃眉之急，为竹泰笋业股份合作社的经营注入了活力。土地经营权入股发展农业产业化经营，特别要关注农民权益的维护和风险的防范。

在农民权益的维护上，土地经营权入股股份合作社，而股份合作社的真正领办者为企业，“农民股东”没有实际参与运营、决策和监督，大多权益没能得到保护；同时，合作社处于“空壳”或“半空壳”状态。因此，需要加强对合作社的运营管理，真正让入社农民参与到合作社的实际运营中，只有充分发挥了合作社功能，充分保护入社农民的权益，才能调动农民的积极性，合作共赢的目的才能实现。

在风险防范上，土地经营权入股中面临的主要风险来自合同的违约（违约风险），这类风险既来源于入股农户不按合同规定的数量、规模、质量等提供农产品以及违约退出入股期限等，也来自公司的违约，公司的违约主要表现为公司因经营管理不善以及市场的波动，致使公司无法按时支付报酬等；风险也可能来自入股土地经营权价值评估、利润分配、分红以及政策法律等诸多方面。从南沱镇治坪村土地经营权入股农业产业化经营来看，风险点主要集中在企业本身，一旦企业经营管理不善，企业产品出现滞销，企业处于经济困难期，合作社的运营难以为继，入股农户的经济利益就会难以保障，农户的合法权益也就难以实现。因此，加强培养扶持入股公司，让公司保持较好运行，是这一模式健康运行的关键。

为此，一要进一步通过完善农村土地“三权分置”改革，放活土地经营权，

深入推进土地经营权入股，壮大农业产业。二要政府在农业产业化扶持资金上给予更多的扶持，不仅给予扶持资金，更应给予更加宽松的资金使用政策。例如，重庆市涪陵区洪丽食品有限责任公司账面上就有几百万元的政府扶持项目资金，但是由于种种苛刻的条件和严格监督检查验收（这个不是不重要），使资金难以用在企业真正需要用的地方。三要推进农业保险创新，政策性农业保险没能跟上，在很大程度上降低了公司化解风险的能力。可综合运用各种机制化解风险，如可根据巨灾风险状况和商业保险公司能力，实施巨灾风险准备金制度、对不同公司实行差异化费率、寻求更有能力的再保险公司支持，实行风险转移等。

（二）丰都县土地经营权流转调研结果与分析

1. 丰都县基本情况

丰都县地处三峡库区腹心，户籍人口为823684人，常住人口57.86万人；下辖21个镇7个乡2个街道，面积2901平方千米。2018年，全县完成地区生产总值235亿元；第一产业增加值34.8亿元、第二产业增加值110.4亿元、第三产业增加值89.8亿元。丰都持续推进5个蔬菜专业村建设，打造油菜高产创建示范片1万亩、红心柚标准化示范基地2350亩、有机水稻核心基地6000亩。培育新型职业农民1000人、认定新型职业农民118人，建设高标准农田1.5万亩。[①] 截至2018年底，全县土地确权工作已完成。

2. 丰都县土地流转基本情况

（1）土地流转全面展开，流转用途较为广泛。丰都县有30个乡镇，涉及土地流转的219个村，流转主体多为农业公司、专业合作社和种植大户，流转期限长短不一，有的已超出土地承包期限，这主要和流转的价格和流转后的土地用途有关。农村土地流转面积占耕地总面积的43.15%，土地流转的价格主要依据土地流转后的用途确定。土地流转后用来从事种植经济作物的，流转土地的价格相对较高；土地流转后用来从事农业生产的价格相对偏低（见表3-10）。

表3-10　重庆市丰都县土地经营权流转情况调研统计分析

乡（镇）	流出方	流入方	流转期限	流转价格	流转用途
十直镇	12个村、1464户、5012.5亩	大户和农业企业	除24户为长期流转土地外，其余流转农户土地平均为13.9年	平均420元/亩/年	种植核桃、葡萄、柠檬等12家；养殖牛、猪7家；旅游、建厂等4家；其他16家

① 参见《走进丰都》，http：//www.cqfd.gov.cn/zjfd。

续表

乡（镇）	流出方	流入方	流转期限	流转价格	流转用途
双龙乡	9个村、36户、6067亩	丰都森林经营所，农业公司，专业合作社	仅8户流转平均15.25年，其余均为30年	8户平均为400元/亩/年，其余均为入股价50%	退耕还林2家；红心柚、花椒、桃子栽植8户家
南天湖	2个村、5户、2450亩	农业开发有限公司、茂茗水果合作社、大户	平均流转年限为13.8年	平均160元/亩/年	均用来种植桃子、李子和香椿等
暨龙镇	4个村、8户、380亩	南天湖烟叶专业合作社、种养大户	除1户为长期流转外，其余2户流转平均1.5年，5户流转平均17.2年	除长期的为5.85万元/亩/年外，其余平均921元/亩/年	冷水养鱼4家；烤烟大棚2家；水稻和莲藕各1家
许明寺镇	5个村、763户、3836.5亩	丰都县大地牧歌有限公司、宝丰油用牡丹有限公司、种养大户	平均流转12.1年	除19户平均15500元/亩/年外，田平均382.4元/亩/年，土平均264元/亩/年	种植牧草10家；种植核桃和黄栀子1家；建养鸡场和加工厂9家
栗子乡	4个村、414户、1692亩	重庆禾汇农业发展有限公司、种植大户	平均流转19.6年	平均255.6元/亩/年	种植油牡丹5家；种植粮食作物2家；退耕还林3家
仙女湖	4个村、53户、1497.76亩	生态观光农业有限公司、牧业发展有限公司等	除2户为长期流转外，其余流转户平均26年	种植用地平均216.3元/亩/年，其余平均1.475万元/亩/年	种植粮食5家；旅游观光1家；修产业路1家
青龙乡	4个村、22户、5334.1亩	丰都县森林经营所、丰都县农业开发有限公司	流转期限均为30年	12户以土地入股；10户前3年50元/亩/年，后三年260元/亩/年	种植业苗木3家；种植花椒2家
湛普镇	7个村、627户、1146.6亩	水泥厂、木料加工厂、服装厂和种植大户	12户在承包期内流转（2028年），其余流转户平均30.3年	除16户以粮食产值计价、3户以分红计价外，其余平均570.2元/亩/年	水泥厂、沥青厂、木料加工厂、服装厂、石业等6家；种养殖20家，其余8家
太平乡	5个村、38户、854.6亩	农民专业合作社、种养殖大户	21户在承包期内（2028年）流转，17户为长期流转，其余转户平均13.9年	平均8528.9元/亩/年	设施农用地5家；种养殖12家；其余8家
三建乡	2个村、466户、1923.4亩	丰都县森林经营所，竹笋、核桃种植大户	除1户流转30年外，其余流转平均14.3年	除65户为11.4万元/亩/年外，其余7家均以土地入股	种植油茶7家；种植竹笋2家；种植核桃2家

续表

乡（镇）	流出方	流入方	流转期限	流转价格	流转用途
保合镇	12个村、48户、6427亩	农业有限服务公司，农民专业合作社，种植大户	除1户为50年、3户为20年外，其余平均15.9年	种植350元/亩/年，有的三七分成、有的五五分成，有的以当年市价600斤水稻/亩；地：350元/亩	种植桉树、花椒6家；种植水稻、蔬菜、莲藕、油菜等8家；养鱼5家
董家镇	9个村、79户、7195.4亩	合作社、种植大户为主其余土地流入者大都为街坊邻居	除4户为永久流转外，其余流转户平均10.7年	平均301.8元/亩/年	缺少详细数据
名山街道	8个村、24户、771.3亩	农业公司、农民专业合作社、养殖大户为主	平均流转13.3年	平均614.8元/亩/年	养殖牛、鱼、鸡、蛇、鸽子等9家；种植柑橘、枇杷、龙眼、蔬菜10家；建设加工厂2家
双路镇	7个村、18户、4293亩	丰都县天池苗圃、种植大户	除6户30年外，其余平均流转18.6年	平均5728.9元/亩/年	缺少详细数据
树人镇	4个村、735户、2933.4亩	种植、养殖大户	除1户为50年外，其余平均流转13.5年	平均370.5元/亩/年	种植柠檬、柑橘、花椒、荔枝、猕猴桃8家；蔬菜、大棚7家
虎威镇	10个村、243户、4128亩	农业公司、丰都县双全家禽养殖专业合作社、种养殖大户	除2户为长期流转外，其余流转户平均14.7年	有的以产值计价，2户以土地入股，其余平均721.1元/亩/年	养殖鱼、鸡、牛、青蛙等16家；种植桉树、果桑、柑橘11家；榨菜加工5家；空闲3家
龙孔镇	7个村、14户、378.9亩	3户为农业公司，其余为个人	除4户流转30年外，其余流转户平均13.4年	平均1174.6元/亩/年	养殖业13家；种植业2家
高家镇	7个村、302户、2107.2亩	联盛石材厂、恒都肉牛养殖场、海马家私木材厂、农业综合开发有限公司、种植大户	除45户为长期流转外，其余流转户平均13.3年	稻/亩/年（按照当年市场价），养殖场占地5000元/亩一次性付清12年，其余平均3179.8元/亩/年	石材开采5家；种植果树、烤烟、莲藕等16家；养殖牛、猪业4家；建加工厂、学校4家
三合街道	12个村、37户、2327.6亩	畅丰公路养护有限公司、名仙酒业、攻道建设有限公司、种养殖大户	除3户为长期流转外，其余流转户平均20.9年	土地600元/亩/年、田800元/亩/年，13000元一次付清，其余均价677.8元/亩/年	种植业16户，养殖业6户，空闲1户，非农用地14户

续表

乡（镇）	流出方	流入方	流转期限	流转价格	流转用途
武平镇	6个村、27户、1965.3亩	农业公司、烟草合作社、鑫磊矿业、种养殖大户	除8户为长期流转外，其余流转户平均8.5年	开矿28500元/亩/50年，其余平均517.1元/亩/年	种植业12户，养殖业1户，退耕还林1户，非农用地13户
社坛镇	16个村、225户、5363.6亩	恒都牛场、恒都农民专业合作社、利丰农业公司、种养殖大户	除31户在承包期内（2028）外，平均流转14.85年	除2户以分红36%计价外，其余平均540.4元/亩/年	种植桉树、花椒、红心柚26家；养殖鱼、蚯蚓、猪42家；种植玉米、榨菜等14家，其他8家
包鸾镇	10个村、1278户、15963.3亩	丰都县森林经营所、雨木农业发展有限公司、现代农业有限公司、大户	除4户为长期流转外，其余流转户平均16.5年	除557户以产值计价外，其余平均491.4元/亩/年	养殖鱼、蛙6家；种植药材、桂花、花椒、苗圃26家；其他8家
三元镇	9个村、60户、11816.2亩	中药材合作社、森林经营所、农业合作社、渝桂农业开发有限公司、种养殖大户	除5户为长期流转、1户50年、3户30年外，其余流转户平均12.1年	除前5年总12万元，5年后1亩700斤水稻照市场价额计算外，其余平均365.3元/亩/年	养殖13家；中药材、牡丹、红心柚等种植12家；水稻等农作物种养3家；其他8家
龙河镇	13个村、58户、5892.9亩	中合生态农业发展有限公司、帝农生态有限公司、种养殖大户等	除1户流转60年、3户30年外，其余平均流转11年	除2户以土地入股外，其余平均687元/亩/年	种植葡萄、红枣、核桃、李子、花椒、柑橘、药材24家；养殖17家；蔬菜7家；其他3家
仁沙镇	10个村、2036户、7180.9亩	农业开发有限公司、种植专业合作社、种植大户等	除1户流转为40年外，其余平均流转9.4年	除以年净利润60%计价外，其余平均168.7元/亩/年	除养鸡2家和空闲1家外，以种植茶、果、药和农产品为主
都督乡	4个村、5户、960亩	专业合作社、种植大户等	平均流转3.8年	平均268.8元/亩/年	退耕还林4家；种植苗木等7家
江池镇	10个村、57户、8405亩	味全水果种植有限公司、丰都森林经营所、种养殖大户	除9户流转30年外，其余平均流转8.7年	均648元/亩/年	种植油茶、猕猴桃、核桃19家；苗圃5家；养殖4家；其他3家
兴龙镇	5个村、79户、4050.8亩	丰都安详农业专业合作社、丰都森林经营所、种植大户	除1户为永久流转外，其余流转户平均18.4年	除2户以分红30%计价、4户以土地入股分红外，其余平均630.6元/亩/年	养殖鱼、龙虾5家；栽植桉树、李子7家；园圃3家；其他4家

资料来源：根据重庆市涪陵区农委提供的资料整理而得。

（2）土地流转与产业发展相互促进，因地制宜发展乡镇产业。土地经营权

流转与产业的发展密不可分。一方面，土地经营权的流转为产业发展提供了可能的条件和扎实的基础。没有土地经营权流转，在目前“三权分置”下土地的规模经营就难以形成，产业发展也难以实现。另一方面，产业的发展又为土地流转提供了可能。产业发展不起来，新型经营主体对农地的需求就会下降，农地流转就因缺乏流入主体而难以实现。调查中发现，很多地方农民具有流转土地经营权的强烈意愿，但苦于无人来流转。丰都县在土地经营权流转和产业发展方面做出了较好的探索，地方乡镇积极探索通过产业发展，规模化经营来实现土地经营权流转，取得土地经营权流入方和流出方“双赢”的效果。江池镇南洋村村支书杜某某说：“南洋村90%的土地流转了出去，均用于发展种植猕猴桃。邻近的江洋、双仙、徐坪等村，也都通过土地流转种上了猕猴桃，猕猴桃在他们当地已经形成了产业化，整个果园实现了规模经营。”丰都县部分乡镇农业产业发展和土地利用如表3-11所示。

表3-11　丰都县部分乡镇农业产业发展和土地利用

乡（镇）街道	主要做法
太平坝乡	打造优质清脆李观光采摘果园200余亩、蓝莓采摘园200余亩、小龙虾繁殖基地50余亩、中药材基地5000余亩、种植大黄600亩、贝母180亩、烤烟8000亩。发展家庭农场5家，引进农业企业2家、旅游投资公司5家，发展“电子商务+专业合作社+家庭农场”创新经营模式
三建乡	组建8个专业合作社联结农户，引入名山集团等4家县属国有企业，与8个村（居）专业合作社按现代企业法人治理结构，共同组建8家股份合作公司，负责产业项目的经营管理。启动打造生态鱼养殖、花卉苗木、柠檬等5个基地和生态农业科普园、竹海休闲园、油菜花观光园等6个产业示范园，全乡发展各类产业面积达1.8万亩
龙河镇	采取“公司+农户”模式。推进产业化发展，重庆市农担公司为65户新型农业经营主体贷款1760万元，发展羊肚菌35亩、经济林木6800亩，持续带动农民增收
武平镇	通过“公司+专业合作社+农户”模式。鼓励723户有劳动能力的贫困户重点发展烤烟、油茶等产业，实现贫困户产业发展全覆盖。农民在专业合作社中实现就业，年均增收3500元以上
江池镇	组织镇干部职工、村“两委”280余人、群众2000余人，召开全镇复垦工作培训宣讲会3次、各村（社）复垦工作宣讲小组会12次。对辖区488户382.63亩土地进行全面调查，在广泛踏勘调研基础上，坚持因地制宜、质量第一原则，科学制订复垦计划8份
包鸾镇	以“花卉种植+生态旅游”模式，整合资金300万元打造樱花、海棠花海400亩，第一季度旅游人次达3000余人次。创新利益联结机制，以项目资金50%作为村集体经济入股，每年按入股金额6%作为村集体分红金额，分红期限不得低于5年，吸纳118位贫困户就业，务工收入达156.45万元。创新企农合作模式，企业提供资金、技术、原材料，农户提供土地、劳动力，实现企业盈利，农民增收。截至2019年，共吸纳贫困户59户种植红枫苗木、63户种植有机农产品

续表

乡（镇）街道	主要做法
三元镇	构建“支部+公司+专业合作社+农民”模式。实行公司化运营，统一架构、统一章程，量化股权分配，成立理事会、监事会，健全集体经济运行机制。加强“三资”管理，利用山林、水面、柚林、“四荒地”等资源发展特色产业，引进公司4家、专业合作社7个，增加村集体租金收入。成立2家劳务经纪公司参与人居环境整治、高标准农田等项目实施，发展红心柚2.7万亩、油用牡丹1000亩、中药材800亩等产业并与农户建立利益联结机制
虎威镇	投入集体经济发展资金112万元，打造现代农业示范基地2个，新建养鸡专业合作社11个、农贸市场1个，着力培育“桑、菜、蛋、根、鸡”五大主导产业
龙孔镇	累计发展锦橙、脐橙、血橙等品种柑橘23000亩，其中成熟挂果园17000亩，实现年收入5000余万元，种植户户均增收2500元；成功举办丰都锦橙采果节活动，年接待游客3万人次
三合街道	打造童仙寨1000亩枇杷采摘园、鹿鸣岩2000亩樱桃园，发展构树种植500亩
高家镇	规模化发展庭院牧场10家，做大做强龙眼、葡萄、草莓、西瓜等产业，提档升级汶溪浪漫生态园、山中来葡萄草莓园、金家坪水果园三大农业基地功能配套。培育乡村星级酒店5家，鼓励发展农家乐10家

资料来源：根据重庆市涪陵区农委提供资料整理而来。

（3）土地流转形式多样，家庭农场和大户成为未来主要去向。丰都县土地经营权流转形式具有多样化特征，不同土地流转形式都有不同程度的体现，而出租、入股是目前最主要的两种土地流转形式。随着土地经营权的放活，家庭农场和种养殖大户成为未来流入土地的重要载体。从另一方面也说明，在丰都县对家庭农场和大户的大力培育下，家庭农场和大户长足的发展，极大地提高了土地流转质量，促进了土地规模化经营，带动了小农户的发展。

截至2018年，丰都县发展家庭农场20家，带动力逐渐增强。例如，丰都县沃园家庭农场，有成员135人，大部分为该村村民。“沃柑是我们村的支柱产业。现在，我们村很多人都在种植，成了村民的致富产业。”该村党支部书记廖某某说，已示范带动村周边农户发展沃柑种植1000多亩，有效地带动了村民增收致富。

大户的涌现促进了土地规模化，带动了产业发展，提高了土地资源利用效益。例如，丰都的花椒种植规模已达到6.5万余亩，主要分布在树人、董家、湛普、三建等7个乡镇。其中，树人种植花椒3万亩、董家镇种植花椒2.2万亩、湛普镇种植花椒1万亩、三建乡种植花椒1000亩、社坛镇种植花椒1000亩、保合镇种植花椒500亩、双龙镇种植花椒500亩，而树人镇种植花椒面积最大，被称为“花椒大镇”。

（4）土地经营权流转存在的问题。一是新型农业经营主体发展面临诸多障碍，带动力有待加强。调查发现，丰都县坚持引进一批、壮大一批、新办一批，引进和培育龙头企业51家，推动恒都、华裕等发展现代企业集团，恒都农业总产值接近100亿元。推行“支部+协会+基地+农户”“专合组织+基地+农户”等模式，发展农民合作社1299家。发展家庭农场、专业大户、种养大户等新型经营主体2130家，带动土地流转44.84万亩，培育新型职业农民4200人。总体来看，丰都县新型农业经营主体发展还远远满足不了现代农业的发展需求，其发展中还存在诸多制约障碍亟待解决。

二是农户对土地经营权流转认识不足，土地经营权流转机制有待完善。调研发现，丰都县还有不少农民，对土地经营权流转的认识不足，怕失去赖以生存的土地，宁肯放任土地抛荒，也不愿把土地流转出去，这在一定程度上制约了土地经营权流转工作的顺利开展。另外，土地经营权流转机制有待完善，集中表现为：土地经营权流转市场不健全、流转信息平台没有真正建立起来、管理人员业务不熟等。上述问题严重制约了丰都县土地经营权的流转。

三是土地流转程序不规范，农民权益难以得到保护。调研发现，在土地经营权流转中，农民自发性流转土地的现象较为突出，随意性较强。土地流转的对象多为比较熟悉的亲朋好友或街坊邻居，流转程序不规范，流转形式多数以口头协议代替了书面合同，为纠纷埋下了隐患。新型农业经营主体对土地经营权流转的信息掌握较为全面，处于强势地位，在与农户签订了土地流转合同，一些合同条款更加有利于自己，致使农民的土地租金没有保障，流转后矛盾纠纷不断，农民土地权益时受侵害。

四是对工商业资本进入农业监管不力，农民土地权益受到侵害。资本的本质在逐利性。工商业资本进入农业，一定程度上弥补了农业投入的不足，同时也给农民土地权益的保护带来了挑战。近年来，丰都县大力推进农村土地经营权流转，工商业资本开始进入农村规模化流转农民土地，有的企业一次就流转土地上千亩。但调研发现，丰都县有的流转土地用于“非农”行业的占流转土地的8.7%。有的工商业资本进入农村并非是出于“务农”，没有从事农业产业化经营的打算，而是通过流转土地，申报政府项目资金；有的流转土地是为了储备自身企业发展用地；有的流转土地是为了作为贷款抵押。这与土地流转开展农业规模化经营、促进农业现代化的初衷严重背离。

五是土地流转中风险防范不力，农民权益受到侵害。农业作为弱势产业，企业流转大量农地进行农业规模化经营过程中，会遇到外部自然因素、市场因素、技术因素、政策因素以及内部自身因素的影响，产生风险。例如，农产品市场价格的突然下降，加上企业经营管理不善，会导致企业亏损甚至破产，致使农民的租金难以得到保障。再如，农民以土地经营权入股，参与农业产业化经营，以土地入股的农民甚至会面临失地风险。农业规模化经营中存在的诸多风险，很大程度上与经营者和农民的风险意识不强有关，但主要还是和风险防范不力有关，无论是宏观层面还是微观层面都没有建立起有效的风险预警机制和风险管理机制，一旦发生风险，不仅农民的权益难以保障，处理不好还会危及社会的稳定，这样为政府处理土地流转风险提出了新课题。

三、来自江苏的调研案例

（一）江苏盐城市射阳县千秋镇基本情况

江苏省位于我国东部沿海中心，东濒黄淮，西连安徽，北接山东，东南与浙江和上海毗邻。全省面积 10.72 万平方千米，2015 年末户籍人口 7717.59 万人，地区生产总值占全国 10.4%，居民人均可支配收入高于全国 7573 元。[①]

江苏省盐城市射阳县土地面积 2606 平方千米。2015 年底，户籍人口 96.32 万人，三次产业分别占 GDP 的比重为 19.2∶36.3∶44.5，居民人均可支配收入 19864 元，居民人均生活消费支出 14183 元。千秋镇位于黄海之滨、射阳县城北郊，其下辖 14 个行政村，4 个居委会。千秋镇总人口 6.1390 万人，从业人员 2.7832 万人，土地面积 15750 公顷，耕地面积 7363 公顷，财政收入 2743 万元，粮食产量 88219 吨。调研获知，全镇建成大蒜基地 6.8 万亩，啤麦 5.4 万亩，水产养殖基地 3.8 万亩，保护地栽培 1600 亩，肉禽 110 万只等。享有全国“大蒜之乡”“优质啤麦之乡”“水乡”之盛誉。

（二）千秋镇土地经营权流转的有益探索

1. 村集体领办土地股份合作社，引导农户以土地经营权入股

联合村以前是千秋镇远近有名的贫困村，农民收入水平低，经济基础薄弱。农户每年经济收入只能养家糊口，更谈不上余款。由于农户“死种田、种死田”的现象普遍存在，加上不少农民外出打工，导致大批土地闲置，土地资源大量浪费。

2017 年秋，盐城市委扶贫工作队到联合村组农户家中调研。调研发现，一家一户的传统农业经营方式，已不适应新情况的需求。应大力推进农村土地“三权分置”的实施，在维护好农户基本权益的基础上，增加集体经济收入。推行土

---

① 参见《江苏统计年鉴（2016）》，中国统计出版社 2016 年版。

地股份合作制，创办土地合作社，引导农户以承包地经营权入股。试点县（市、区）进行了土地股份合作联社尝试，引导集体领办土地股份合作社，引导涉及全村 830 亩土地、114 户以其土地承包经营权折股入社。

2. 优化土地股份合作社内部治理结构，确保入股农户的合法权益

土地股份合作社由村集体领办。土地股份合作社设立理事会、监事会和会计专门账户，其负责人及成员由股民选出。股民选出股民代表，确保合作社依章依规经营。为调动村“两委”人员办社积极性，加强绩效制度设计，将合作社的收益与村“两委”成员个人绩效考评挂钩，以激发村“两委”成员的责任心和事业心。为使农户的合法权益得以保障，合作社制定了相应的章程，完善了各项规章制度。

在土地股份合作社中，首先，农户将土地经营权以入股形式交由村集体，实际操作中农户以每亩地作价 1000 元保底收入入股，与合作社签订协议，合作社向农户颁发“股权证”，这样，农民就成为村集体土地股份合作社股东。其次，村集体土地股份合作社对土地进行统一规划调整，统一组织生产经营管理，村集体经济组织为市场运作主体。最后，合作社在取得的经营收益中，拿出 25%的利润给入股农户，进行二次分红。

特别值得一提的是，合作社在创办过程中，十分重视建档立卡低收入农户的收益问题。合作社社员中有 12 户 32 人低收入户建档立卡。其中，低保 5 户 8 人、低收入 7 户 24 人，规定每年在集体收益中提取 50%，用于帮扶低收入农户。联合村土地合作社的创立，极大地推动了土地经营权的流转，促进了土地规模经营，提高了农业生产效率，确保了入股农户的合法权益。

3. 土地入土地股份合作社，壮大了集体经济，提高了村民的收入

盐城市射阳县千秋镇联合村四组 2018 年农户入股土地 850 亩，其中 780 亩的土地是成块相连的，60 亩小块因承包被分割的土地，以及那些高低不平，坑坑洼洼的土地，通过整治为大块平地，变成便于耕种的良田。截至 2019 年底，千秋镇联合村共实现小麦收入 83 多万元，水稻收入 124 万元，除去 118 户社员土地流转金 79 万元以及其他农药化肥相关支出 15. 70 万元和建设一座仓储中心花费资金 53. 21 万元支出外，合作社共实现收益 16. 42 万元，平均每户社员分红近 320 元。

通过土地经营权入股，不少农户由原来的不愿流转入股，发展为主动要求流转入股。该村四组 69 岁的杜某某和王某某夫妇起初的 9. 39 亩地不愿流转入股，后来主动到村委会要求流转入股，仅 2018 年就夫妻俩打水、放水管理工资收入

达2万多元，加上流转的9000多元租金，年收入3万多元。该村四组村民陈某某62岁，原来有6亩地，土地流转入股后，通过招标获得了机械作业权，不但自己的3台收割机忙不过来，他还请来其他农机合作社帮忙，仅2018年实现收入10多万元。村民严某某今年48岁，土地流转后，到苏州的一家砂石场工作，一年收入11万元，妻子王某还到本村三组农户家租小田种，一年也能挣上1万多元。该村四组村民朱某某、魏某某夫妻俩流转5.7亩土地后，外出打工一年挣了22万元。据统计，仅该村四组土地流转后的114户，2018年就实现劳动力输出务工收入500多万元。

（三）千秋镇农户土地经营权流转的启示

盐城市射阳县千秋镇联合村四组对农村土地“三权分置”改革落实的重要意义在于承包地的流转不只是直接流向了新型农业经营主体，而是流向作为土地所有者的村集体，村集体对流转来的土地进行集中整理和统一规划，以村集体为主创办土地合作社，引导农民土地入股，并通过制度创新，完善合作社内部治理结构，有效地实现了壮大集体经济、增加了农民收入、促进了乡村振兴。

虽然土地流转是把土地经营权流转给新的经营主体，但在土地经营权流转给新的经营主体之前，应先把土地流转给村集体所有者进行统一规划和整理，这实际上是土地资本积累，从而提高土地价值，满足发展现代农业的要求。土地经营权流转给村集体的具体内容为：被村集体集中的是土地经营权，农民的土地承包权没有被流转和集中。村集体所有者集中土地经营权后的首要任务是依靠集体的组织力量对集中的土地进行统一规划、整理和功能划分，实现集中和连片，满足农业现代化对土地资本的要求。村集体根据统一规划和整理的集体土地分别在工业区和农业区招商引资，选择并发包给新的经营者去经营土地。农户承包的土地流转给集体，农户承包权的权益没有被损害，只是采取新的形式。“两权分离”中的承包权益体现在农民经营产出的实物收益上。“三权分置”中农户经营权流转给村集体后其承包权益体现在货币收益上，即承包权益货币化，相当于获取货币地租，表现为股权收益，是一种新型的合作经济（股份合作）。土地经营权流转给村集体后，土地权益还原为股权。从农业现代化考虑，“三权分置”不只是放活经营权，更重要的是选择好农业经营主体。在农业现代化阶段，不是谁都能经营现代农业的，承包地应向种田能手和种田大户集中。

农业引入新的要素需要新型经营主体来带动。在实施“两权分离”阶段所推行过土地向种田能手集中，虽然在长期的规模经营中这些农业种植大户积累了一定的经营管理经验，但他们来源于传统的农民，文化水平低、年龄高、管理水

平滞后等因素限制了他们的农业现代化视野。在苏南不少地方当年的种田能手开始主动把集中的承包地交还给了村集体。土地经营权流转给谁？要流转给能够承担农业现代化任务的新型农业经营主体。现代农业经营主体的素质要求是要有知识、懂技术，具备企业家素养，用经营企业的方式经营农业。

总之，千秋镇联合村四组承包地入股合作社的探索，改变了小块土地经营模式，实现了土地的价值，激发了土地的活力。农户通过在村集体的股权分红获取货币化的收益，体现为其承包权的实现，也就是承包权的股权化。这在一定程度上解决了进城农户和不愿意进行农地耕种农户闲置土地问题，避免了土地的浪费。

同时，我们也看到土地经营权的流向有范围经济的要求，一般应是以村为单位的经营主体。包括投资者形成的公司性质的农场，或者是直接由村集体经营，实现小农业向大农业的转化。实现土地经营权的流转关键在于村集体组织、引导，核心在于选择培育新型农业经营主体。许多地方推动土地流转不畅的一个重要原因就是当地的新型农业经营主体困乏、带动力不强。“三权分置”下要求的新型农业经营主体不同于“两权分离”下的大户和种植能手，他们应适应现代农业发展的要求，不仅应具有经营管理经营水平，更应具备投资意识和能力，并能引入现代生产要素，进行规模化经营，从而取得规模效益。

四、来自安徽的调研案例

（一）合肥市概况

合肥现辖肥东、长丰、肥西、庐江 4 个县，1 个县级巢湖市，以及瑶海、包河、蜀山、庐阳 4 个区。合肥市国土总面积 11445 平方千米，常住人口为 963.4 万人，占全省的比重为 15.72%。①

（二）合肥市农村土地经营权流转情况

为适应发展农村经济、建设现代农业的要求，早在 2008 年合肥市人民政府就出台了《合肥市人民政府关于农村土地承包经营权流转的意见》，鼓励农户依法采取多种方式流转土地承包经营权。为规范农村土地承包和土地流转，促进农业产业化，保护农民权益，2004 年合肥市人民政府办公厅出台了《关于规范农村土地承包和经营权流转的若干意见（合肥）》（合政办〔2004〕95 号）。截至 2020 年 3 月底，全市家庭承包耕地流转面积 330.17 万亩。②

---

① 参见 https：//www.hefei.gov.cn/mlhf-x/mjrk/index.html。

② 合肥市农业农村局，2020-04-15 09：34。

（三）调查农户描述性统计分析

基于课题研究基础，我们对合肥市农村土地“三权分置”实施情况进行了调研、收集资料，调研方式主要采取电话（新媒体）访谈、调查问卷等形式。先后调研访谈了50余人次，获取合肥市农村土地流转现状、影响因素，最后基于调查中发现的问题提出相关建议。

样本中男性有18人，占36%；女性32人，占64%。年龄上：处于25~35岁的有6人，占比12%；处于35~45岁的有9人，占比18%；处于45~55岁的有19人，占比38%；处于55岁以上的有16人，占比32%。受教育程度方面：小学文化的有22人，占比44%；中学文化的有16人，占比32%；大中专文化的有8人，占比16%；本科及以上4人，占比8%。由于合肥市农村人口多，外出务工人员也较多，调查中发现，在家种地的人员中，年龄在55岁以上的占多数，且在家务农的人员中受教育程度普遍不高，多为小学和中学文化水平。

在家庭年可支配收入方面，由于合肥市农村人员外出务工收入远远高于在家务农收入，调查农户家庭普遍年收入不低于20000元。其中：20000~30000元的有9人，占到18%；30000~40000元的有14人，占28%；40000元以上的有21人，占42%；20000元以下的较少，仅有6人，占12%。家庭可支配收入主面，外出务工的占63%，自主经营小本生意的占21%，在家乡农业企业务工的占12%，将种地作为家庭主要收入来源的非常少，仅4人。

（四）调查农户土地经营权流转现状

1. 农民土地拥有及流转情况

根据调查数据，农户拥有的耕地面积普遍较少，条块分割，细碎化程度严重，这一现象和我国其他类似区域极为相似。从农户人均耕地面积来看，样本户中户均耕地面积在1.95~3.9亩最多，有21户，占总调查人数的42%；其次是4~6亩，有13户，占26%；1.95亩以下的有12户，占24%；而6亩以上仅4户，占8%。从农户土地流转情况来看，当前农村土地流转和我国其他地方一样，土地流转比较普遍。数据显示，涉及土地经营权流转的农户有33户，占比66%，未流转土地的有17户，占34%。由此可见，“三权分置”下政府需出台相关扶持政策和激励政策，加快土地流转步伐，促进耕地资源合理规划和充分利用，以提升农业生产规模化水平，提高农业效益，增加农民收入。

2. 农民土地流转对象及方式

从农民土地流转对象来看，调查显示，目前农民土地流转对象主要是在本村村民或邻村村民和大户之间流转，土地流转形式以租赁和转包为主（见表3-12）。

表 3-12　土地流转对象与流转方式

流转对象	流转户数	占比（%）	流转方式	流转户数	占比（%）
村民	18	36	租赁	21	42
亲戚朋友	12	24	转包	17	34
专业大户	8	16	入股	6	12
合作社	7	14	转让	4	8
农业企业	5	10	其他	2	4

由表 3-12 可以看出，多数农民倾向于将土地流转给同村人或自己的亲戚朋友，其分别占调查总人数的 36%和 24%，表明目前土地流转市场还不完善，农户获得土地流转信息的途径还很有限，再加上农村这个熟人社会，将土地流转给熟悉的人风险小，流转给不熟的人风险大的缘故，这也和土地仍然承载着的社会保障功能有关；还有部分农户将土地流转给了专业大户、合作社和农业企业，占比分别为 16%、14%和 10%，表明有些农民出于更高收益考虑，做出合理的决策。从土地流转形式上来看，租赁和转包仍是农民流转土地两种主要形式，分别占了 42%和 34%，其次是入股和转让分别占了 12%和 8%，其他流转方式较少，仅占 4%。

3. 农民土地流转与未流转原因

调研结果显示，从土地经营权流出的原因分析来看，家庭中缺少劳动力种地，是土地经营权流转出去的主要原因之一，占 64%；其次是种地收益低成为土地经营权流转出去的另一重要原因，占 57%；相比之下，自己耕种土地甚至还没有把土地流转出去收益高，认为流转土地比自己耕种土地在经济上更划算的占 52%；其他认为种地太辛苦的占比为 42%（见表 3-13）。

表 3-13　土地流转与否成因调查

流转原因	占比（%）	未流转原因	占比（%）
缺乏劳动力	64	家庭有能力耕种	58
种地收益低	57	没法外出打工	32
种地太辛苦	42	担心流出土地收回困难	71
流转收益高	52	担心流出土地收益难保障	64
其他	11	其他	2

从土地经营权未发生流转原因分析来看，71%的农户认为如果将土地经营权

流转出去，最担心的就是自己想种地时，怕不能收回土地，所以导致土地未流转；同样超过半数农户（64%）认为把土地经营权流转出去有顾虑，担心土地流出后，到时候难以收回租金；还有部分农户（58%）认为目前根据家庭状况还能种地，所以没把土地流转出去；占32%的农户则是因为自身或家庭原因无法出去打工，其生活只有靠这几亩地，种地成为他的主要生活来源；因为其他原因未把土地流转出去的占2%。

4. 农民土地流转的合同签订及流转期限

调研数据显示，土地经营权流转规范化水平较高，签订土地流转合同的占了65.40%，这不同于流转初期亲属朋友间的流转，说明农户土地经营权流转合同意识逐渐加强，从先前的口头协议逐渐转向正规的书面协议，这也和政府的宣传和监管有关；部分农户还是习惯于口头协议，这种流转行为比例还是很高，占了23.40%；相比前两者，在土地经营权流转中通过第三方介绍流转土地的占11.20%（见图3-15）。由此看来，土地经营权流转虽然在逐步走向规范化，但是流转行为仍有一些不规范，为纠纷或风险埋下了隐患。

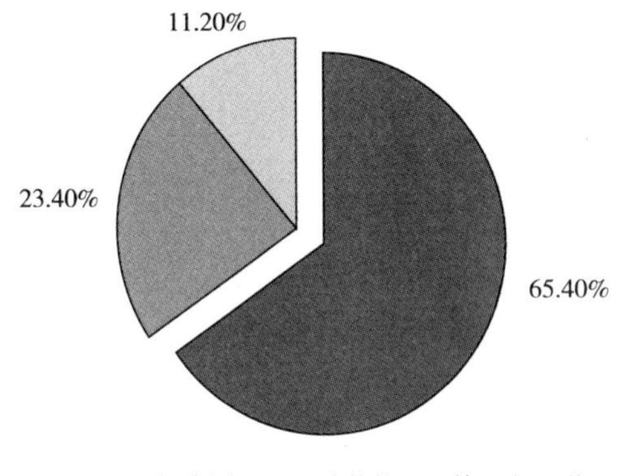

图 3-15　土地流转合同签订情况

从流转期限分析来看，主要以短期流转为主，2~5年的占了45.58%（见图3-16）。产生这一现象的根本原因在于土地对农民来说仍具有重要的经济价值和社会保障功能，作为“理性经济人”的农民选择短期流转土地，而不是长期流转土地，最主要的担心是未来的不确定性，如果流转期限过长，一旦需要收回时，面临的风险很大。

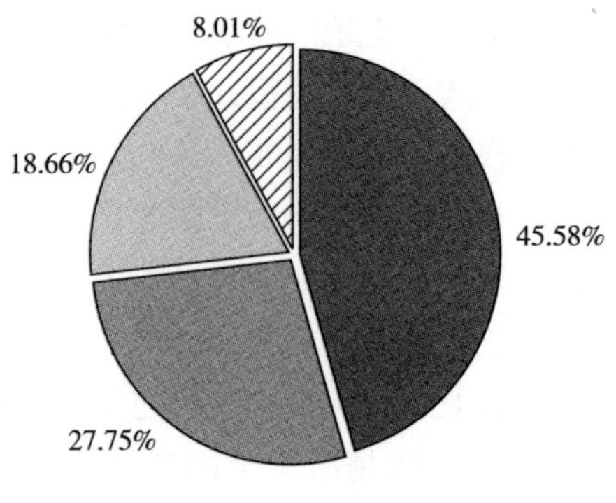

图 3-16 土地流转期限

5. 农民土地流转中存在的主要问题

调研发现，在合肥市农村土地经营权流转中存在的主要问题表现为：一是流转期限相对较短，在一定程度上制约了新型农业经营主体的进入，影响了土地经营效益；还有相当部分农民流转行为不规范，流转合同书面签订率还有待提高。二是土地经营权流转比例还比较低。土地经营权是否流转、怎样流转、流转给谁、流转多久是农民自己的权利，任何组织和个人都无权干涉，但是作为基层政府仍有义务为农民流转土地提供良好的外部环境，承担土地流转的责任。三是合肥市作为平原地区土地“弃耕抛荒”现象相对西部来说并不严重，但是土地流转中农地“非农化”“非粮化”现象比较严重，需引起相关部门的高度重视。四是农民对土地流转中可能出现的风险问题虽有所觉察，但总体来看，风险意识还不强以及“三权分置”下可能给其带来的风险认知度还有待提高。

本章小结

“三权分置”作为我国农村土地制度改革的最新成果被确定下来，农村土地确权颁证工作也已在 2018 年底完成。“三权分置”源于土地流转，而土地流转不同于“三权分置”，两者有着内在的逻辑关系。“三权分置”下土地经营权流转呈现了新特征，具体表现为土地流转规模呈扩大态势、流转去向多为村集内部成员、流转形式呈多元化、流转行为逐渐规范、流转价格不同地区差异较大、出租和转包仍是目前主要的流转形式。土地经营权流转模式主要包括转包模式、出租模式、入股模式和反租倒包模式等，各种模式在不同地区又各具特色。

本章以案例分析为主，根据研究的需要，重点将山东省、江苏省、安徽省和重庆市的部分市、县、乡镇和村庄作为典型案例进行分析。调研结果显示：一是农村土地确权工作在全国各地已基本完成，农民的土地权益得到一定维护，农民土地财产性收入有所增加。二是土地经营权流转模式呈现多元化，土地经营权入股农业企业、合作社等新型农业经营主体成为新的发展趋势。三是土地经营流转规模与经济发展水平呈正相关。四是结合全国其他地方的调研数据，全国和东部、中部、西部地区土地流转租金差异较大，越是经济发达的地区土地租金越高、越是经济欠发达的地区土地租金越低。

调研结果显示，土地经营权流转中存在一些问题。一是土地确权后，农民的土地权益意识逐渐强化，相当一部分农民认为土地已确权，土地就是自己的，在一定程度上导致了土地抛荒现象和制约了土地进一步流转。二是土地经营权流转规范化水平还很低。土地经营权流转大多发生于邻居、亲戚和朋友间，且以口头协议或中间人协调为主。即使签了流转协议，很多流转协议也存在着条款不全、责任不清、关系不明、格式不规范等问题，继而导致土地经营权流转存在巨大风险。三是土地经营权流转期限不合理。有的土地经营权流转期限过长，如丰都县三合街道的 12 个村、37 户、2327.6 亩，除 3 户为长期流转外，其余流转户平均流转期限为 20.9 年；再如双龙乡的 9 个村、36 户、6067 亩中，仅有 8 户土地经营权流转期限平均为 15.25 年，其余均为 30 年。土地经营权流转过长，甚至超过土地承包权期限，隐藏潜在风险。四是土地经营权流转主体较少。在合理的价格和土地用途的条件下，农民具有较强的土地流转意愿，但土地经营权流转规模不大的一个核心问题是缺少新型农业经营主体。五是农民土地权益认知还存在着较大差距，认知不到位将直接影响到自身权益的保护。因此，政府应加强土地流转监督和土地纠纷协调工作，防止蓄意违法行为，听取农户意见，维护好农户的土地权益。

总体来看，农民对土地经营权流转风险认知不强。调研区域农民有一定的风险认知能力，但对土地流转风险的认知水平普遍偏低，大多数处于对风险认知的表面，对土地流转潜在风险可能带来的危害认知不足，极少数能认识到风险的本质并进行科学理性处置。具体表现为认知方向有偏差或认知深度不够，有很大的提升空间。农户风险意识薄弱更是体现在缺乏风险规避能力，无力采取切实有效的风险防范措施，具体体现在无法在流转年限、流转价格、流转面积、租金获

取、农业补贴及政府行为等方面作出降低风险的正确思考。[①] 此外，调研也发现，农民对土地流转风险的认知能力和认知程度在很大程度上影响到农民土地流转决策。因此，在“三权分置”下应规范土地经营流转行为，培育新型农业经营主体，加强对农民风险认知能力和风险处置能力宣传教育；拓展农民信息获取渠道，不断提高农民在土地流转中的风险认知能力；政府应着手建立土地流转纠纷化解渠道，根据农户自身情况提供切实有效的解决方法，切实维护好农民权益。

① 鲁毅，李文涛，程涛．土地流转风险及农户风险认知对其收益的综合影响［J］．农村经济与科技，2019（11）：23-26.

第四章　农村土地经营权风险圈层结构与风险评估

在已有农村土地研究文献中以及我们的实地调研中，发现农村土地经营权流转中风险是客观存在的，且对农村集体土地所有权、农民土地承包权和新型经营主体经营权都有极大侵害。因此，研究农村土地流转风险与农民权益保护，是本书研究的中心内容，其具有重要的理论和实践意义。对于农村土地经营权风险的理解不在于确认原来存在于农业生产活动中的那些风险和原来存在于新型农业经营主体的那些风险，而在于怎样完整地理解各种不同的风险是怎样存在于土地经营权流转之中的，即发现不同风险的来源和形成机理。只有确认了不同风险在这个系统中的相对位置，其风险的管理对策才能够做到“事半功倍”。

本章首先分析风险和风险管理的一般性概念、理论，构建风险分析框架，从而形成理论渊源。其次尝试构建农村土地经营权风险圈层结构，这一风险圈层结构由外部圈层风险、中间圈层风险和核心圈层风险构成。最后从外部圈层风险的传导机制、中间圈层风险的传导机制和核心圈层风险的传导机制三个方面分析农村土地经营权风险圈层结构的运行机理。风险评估是介于风险识别和风险管理措施选择之间的一个重要环节，是风险管理的基础。风险管理需要依靠风险评估的结果来确定，使行为主体能够准确“定位”风险管理的策略、技术、方法和工具。风险识别回答的风险主体可能遇到的风险类型、风险因素以及风险形成机理的问题；风险评估则是利用一定的评估方法和技术，解决的是在诸多风险因素中哪些风险因素是主要因素、哪些风险因素是次要因素，以及某一种风险发生的概率、发生后可能会造成的损失等，并为后期风险防范提供依据。基于前期调研，运用模糊层次分析法（FAHP），将土地经营权流转风险中对农民权益影响较深、危害较大的风险进行深入细致的研究，从三个层面评估这些风险因素，为研究土

地经营权流转风险和农民权益保障提供理论支撑，为重点防范土地经营权流转风险提供依据。

第一节　风险管理理论概述

风险无处不在、无时不有。风险是社会和经济生活面临的一种常态，在几乎所有经济领域内部均涉及风险问题，理解风险是研究问题的起点。本节重点梳理风险的内涵、特征、类别，风险构成因素以及风险管理的概念、技术、框架和流程等。

一、风险的内涵、特征与类别

（一）风险内涵的不同解释

关于风险的内涵可以说有多种解释。美国学者 Haynes（1895）在 *Risk as an Economic Factor* 一书中将风险定义为损害或损失的“可能性”，[①]《现代汉语词典》将风险定义为遭受损失、伤害、不利或毁灭的可能性，Pfeiffer（1956）在《保险与经济理论》一书中将风险定义为“发生的概率”，[②] Williams 等（1954）在《风险管理与保险》中把风险看作是可能发生的结果间的差异。威雷特（1901）则将风险定义为“不确定性”；武井勋（1983）指出，风险是自然存在的“导致经济损失的变化”。Yates 和 Stone（1992）通过风险三因素模型构建，揭示了风险的基本内涵，并成为现在风险理论的基础概念框架。风险的不同定义如表 4-1 所示。

总之，风险被界定为许多类似却又不完全相同的内涵。有的学者们将风险定义为“事件发生的可能性”、[③] 有的定义为“结果的变动或不稳定性”[④] 或者“结果的不确定性”[⑤]。这些不完全的内涵可以归纳为：风险是可能发生的、风险

① 李伟民．金融大辞典［M］．哈尔滨：黑龙江人民出版社，2002.

② Collins J M，Rueeli T W. Strategic Risk：A State Defined Approach［J］. Kluwer Academic Publishers，1997，48（7）：761.

③ 李彬．农业产业化组织契约风险与创新风险管理［M］．成都：西南交通大学出版社，2011.

④ 美国的风险管理学家 Williams 和 Richard M、Heins（1997）在其著作《风险管理与保险》中认为“风险是在给定情况下和特定的期间内，那些可能发生的结果间的差异”。

⑤ 美国经济学家、芝加哥学派创始人 F. H. 奈特（1921）在其名著《风险、不确定性和利润》中认为，所谓风险是可测定的不确定性。

的发生是不确定的、风险的发生是有概率的、风险的发生是会带来危害的、风险的发生是可以预防的。

表 4-1　风险的不同定义

定义组织	风险的定义
ISO Guide 73 ISO 31000	不确定性对目标实现的影响。风险可以体现为正向的推动作用、负向的消极影响以及预期间的反差三种形式
风险管理研究所（IRM）	某个时间发生的可能性及其结果。结果可能是积极正向的，也可能是消极负向的
英国财政部的橙皮书	结果的不确定性，包括影响以及潜在事项发生可能性的组合所引发的各种结果
国际内部审计师协会	可能对目标实现产生某种影响的事件所带有的不确定性。风险的衡量指标主要包括风险所带来的结果及其可能性

（二）风险的表现特征

根据风险的内涵，我们可以将风险的特征描述为：风险具有客观性、不确定性、实际结果与预期的偏离以及损失发生的可能性这几个方面。

风险的客观性指的是独立于人的主观意识之外的，不以人的意志为转移的一种客观存在的现象，如台风、地震、洪水、疫情、病虫害、战争等。风险的不确定性指的是客观存在的风险发生与否不确定、风险发生时间不确定、发生地点不确定、发生对象不确定、发生结果不确定、发生损失程度不确定等。风险导致实际结果与预期的偏离是指由于人的有限理性和客观事物的复杂性，人们对可能发生事情的预期与实际结果的发生可能产生的偏离。偏离程度越大，风险也越大，遭受的损失也越大。风险损失的可能性是指风险一旦发生可能带来的一定损失。这一状况可以用风险矩阵表示（见图 4-1）。这是标定某个事项发生的可能性与该事项物化所带来的影响程度的最为常见的方法之一。风险矩阵中横轴所表示的是风险发生的可能性。在这里，使用“可能性”而不是“频率高低”的原因在于，“频率高低”隐含着事件是必然会发生的，而风险矩阵所体现的是风险发生的频率。用“可能性”来表示，显得更为宽泛一些。“可能性”不仅带有频率的意思，还意指某个不太可能发生的事件发生的概率大小。但是，在风险管理领域，通常用“概率”一词来表示风险物化的可能性。

风险矩阵中纵轴所体现的是风险所造成的影响程度的大小。这里用“影响程度”而不是“严重程度”是为了增加风险矩阵的实用性，无论是危险因素、控制性风险、还是机会风险均能适用。“严重程度”通常意指该影响是不受欢迎

的，因此使用范围仅限于危险因素范畴。风险“影响程度”可以被视为采取控制措施之前的总体风险水平或者风险固有水平。

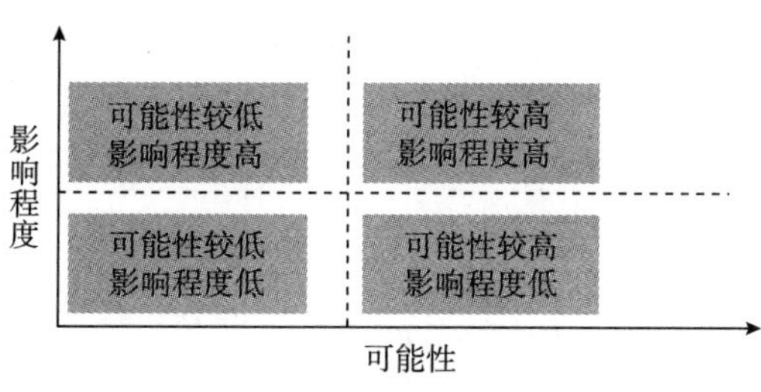

图 4-1　风险矩阵

（三）风险的类别

已有研究表明，风险具有多样性。依据不同标准对风险进行分类，可以把风险划分为不同的类别。这里我们可以按照风险形成的原因、风险损害的对象、风险引发的结果、风险影响的结果、风险的不同组合以及风险产生的环境，对风险进行分类（见表 4-2）。

表 4-2　风险的类别

<table>
<tr><th>划分标准</th><th colspan="5">风险类别及简要描述</th></tr>
<tr><td rowspan="2">按风险形成的原因分类</td><td>自然风险</td><td>社会风险</td><td>政治风险</td><td>经济风险</td><td>技术风险</td></tr>
<tr><td>自然力不规则变化引发的风险</td><td>个人行为的反常或不可预料的团队行为引发的风险</td><td>因政治等不可控制原因引发的风险</td><td>对各种因素判断失误而引发经济损失的风险</td><td>技术发展、生产方式的改变而引发的风险</td></tr>
</table>

<table>
<tr><td rowspan="2">按风险损害的对象分类</td><td>财产风险</td><td>人身风险</td><td>责任风险</td><td>信用风险</td></tr>
<tr><td>导致有形财产损毁、灭失或贬值的风险</td><td>人们因生、老、病、伤残等原因而导致的经济或精神损失的风险</td><td>依法或根据有效合同对他人所遭受的人身伤害或财产损失应负的法律责任或经济责任</td><td>因一方不守信用而给对方造成损失的风险</td></tr>
<tr><td rowspan="2">按风险引发的结果分类</td><td colspan="2">纯粹风险</td><td colspan="2">投机风险</td></tr>
<tr><td colspan="2">只会造成损失而无获利的可能的风险，出现的概率大，长期存在并有一定的规律性</td><td colspan="2">可能带来损失，也可能带来收益的风险，出现概率小，规律性差</td></tr>
</table>

续表

划分标准	风险类别及简要描述	
按风险影响的结果分类	基本风险	特定风险
	是指起因于特大自然灾害或重大政治事件引起的风险，风险事件一旦发生，涉及范围很广，人力能抵御的风险	是指起因于特定因素，损失只影响个人或企业、家庭的风险，特定风险通常为纯粹风险
按风险组合的分类	系统风险	非系统风险
	是指由于某种因素的影响和变化，影响所有资产的、不能通过资产组合而消除的风险，这部分风险是由那些影响整个市场的风险因素所引起的	是指只对某个行业或个别公司的产生影响的风险，它通常是由某一特殊的因素引起，与整个市场的价格不存在系统、全面的联系，而只对个别或少数收益产生影响
按风险产生的环境分类	静态风险	动态风险
	由于自然力不规则变化或反常现象及人们过失行为造成的风险	与社会发展有直接关系的事物发生变化，导致的风险

二、风险形成机理分析

（一）风险作用途径描述性分析

农村土地“三权分置”风险和其他风险一样一般包括五大基本要素，即风险因素、风险事件、风险损失、风险作用途径和风险承受者。风险因素是风险发生的潜在原因，是造成风险损失的内在或间接原因。风险因素可分为自然风险因素、经济风险因素、社会风险因素、文化风险因素、道德风险因素、技术风险因素、政治风险因素和人为风险因素等。风险因素的存在可能导致风险事件的发生。风险事件是指由风险因素导致的事实发生的危害事件。危害事件的发生可能造成生命和财产的损失，即风险损失。风险损失是指由风险事件引起的、非故意的、非预期的、非计划的经济价值的减少或其他损失或不良影响等。一般而言，风险损失可以分为直接风险损失和间接风险损失。直接风险损失是指风险事故导致的财产本身的损失，间接风险损失是指由直接风险损失引发的其他损失，包括额外费用损失、收益损失和责任损失等。风险作用途径是指风险损失的传递路径。风险损失作用于风险承受者，风险承受者是指当风险发生时直接或间接承担风险的利益相关人或组织等。但是应注意：风险因素的存在，在有一定条件下不一定发生风险事件；即使是风险事件发生了，也不一定产生风险损失；一旦风险事件

发生了，也不是所有的人都要承担风险损失，只是风险相关人员才承担风险损失（见图 4-2）。

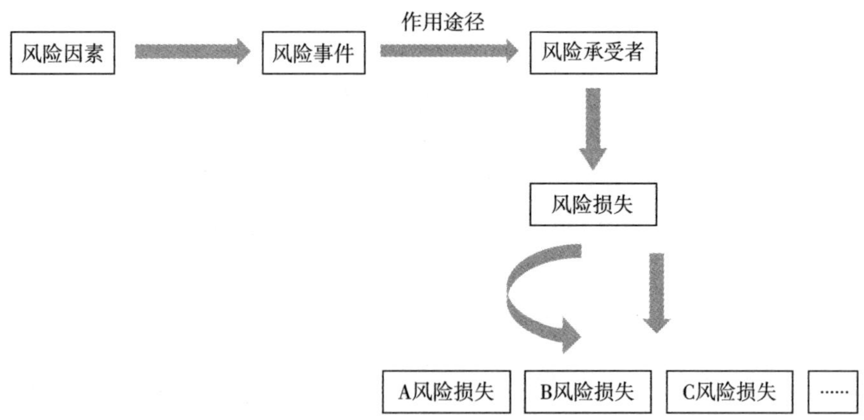

图 4-2 风险作用传导途径

（二）风险形成机理数学分析

农村土地“三权分置”下，随着土地经营权的放活，未来土地流转规模将呈现不断扩大之势，涉及的人员和事件将显著增多。与此同时，随之而来的风险问题也将愈加突出。“经济人”的理性行为、非合作博弈行为、过分追逐较低交易成本、地方政府的悖论性行为等成为“三权分置”下风险形成的重要原因。

假设风险事件为 E_i：由相应环境描述 D_i 和风险发生的概率 P_i 确定。

$E_i[D_i，P_i]$

设 $S_r=\{E_i\}=[D_i，P_i]$

$i=1，2，3，\cdots，n$ 为风险事故数。

当风险事件 E_i 发生时，导致的风险事故后果 W_j 发生。

W_j 由相应的环境描述及 Q_j 发生概率 P_j 确定；

$W_j=[Q_j，P_j]$

在风险事件 E_i 的作用下，可能导致若干后果 W_j、W_k 应满足：

$W_j\cap W_k=\varphi$

$\sum P_{ij}=1$

$P_{ij}=P(W_j\mid E_i)$

当基本风险为确定性时，

$W_j = [Q_j, \sum_{i=1}^{n} P_{ij}]$

当基本风险为随机过程时，

$W_j = [Q_j, \sum_{i=1}^{n} P_i P_{ij}]$

基本风险事件的后果空间可表示为（见图 4-3）：

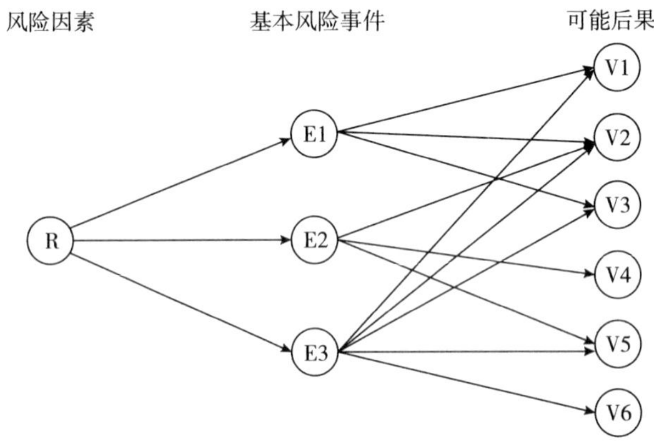

图 4-3　风险事件的后果空间示意图

$\{W_j\} = \{Q_j, \sum_{i=1}^{n} P_i P_{ij}\}$ ……

X_k 表示风险承受者可能受到的风险损失程度；设 $M_{ak}(W_j)$ 为作用路径的传递值，且满足：

$0 \leqslant M_{ak}(W_j) \leqslant 1$

$\sum_{\alpha=1} njkM_{ak}(W_j) \leqslant 1$

当作用路径为随机过程时，则路径存在的概率为：P_{akj}（$0<P_{akj}<1$），对每一个风险承担者，在给定的没有后果下，承受风险的程度为：

$X_{kj} = \sum_{a=1}^{njk} P_{akj} M_{ak}(W_j)$

风险事件可能产生对风险承受者的作用路径如图 4-4 所示。

风险承受者在各种后果下，承受总风险损失的程度为：

$X_k = \sum_{j=1}^{n} \sum_{\partial=1}^{n} P_{\partial mkj} M_{\partial mk}(W_j) = \sum X_{kj}$

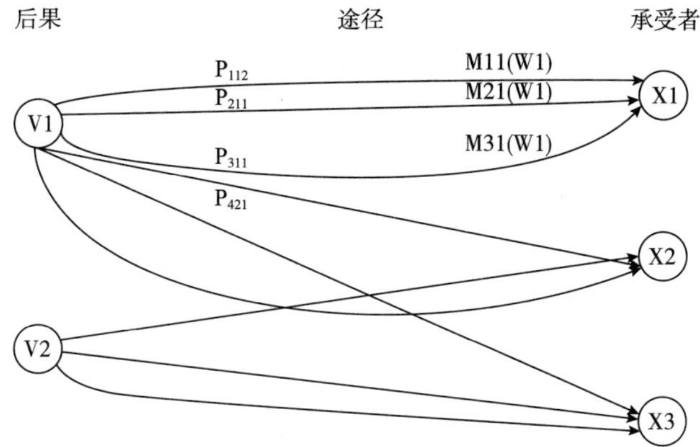

图 4-4　风险事件可能产生对风险承受者的作用路径

其概率为：

$$P(X_k)=\sum_{i=1}^{n}P_iP_{ij}X_k$$

设风险承受者所承受的可能损失为 C_c（下标 c 为第 C 种损失）。

当 K 个风险承受者所承受的可能损失为 C_{ck}。

某一特定损失发生的概率通常包括损失存在的概率及特定损失发生的概率。

对每一种风险承受者有：

$$\sum_{c=1}^{njk}P_{ck}=1 \tag{4-1}$$

式（4-1）中 n_k 为第 k 个风险承受者可能的损失状态数。

第 K 个风险承受者承受某种损失 c 的概率可以用式（4-2）表示：

$$P_C=(K)=P_{ck}P(X_k)=P_{ck}\sum_{j}P(X_{kj}) \tag{4-2}$$

所有风险承受者损失 C 发生的概率 P_c 为：

$$P_c=\sum_{j}P_c(k)=\sum P_{CK}(X_k) \tag{4-3}$$

由上述各式可得：

$$P_c=\sum_{k}\sum_{i}\sum_{j}\sum_{\partial}P_{ck}P_iPi_jP_{\partial kj}M_{\partial kj}M_{\partial k}(W_j)$$

风险承受者的最终风险损失示意图如图 4-5 所示。

P_c 描述了在风险作用下损失 c 发生的概率。深刻阐明了风险发生的机理：由于风险因素 R_i 的存在，诱发风险事件发生，形成可能损失，再通过风险作用途径对风险承受者构成风险损失。

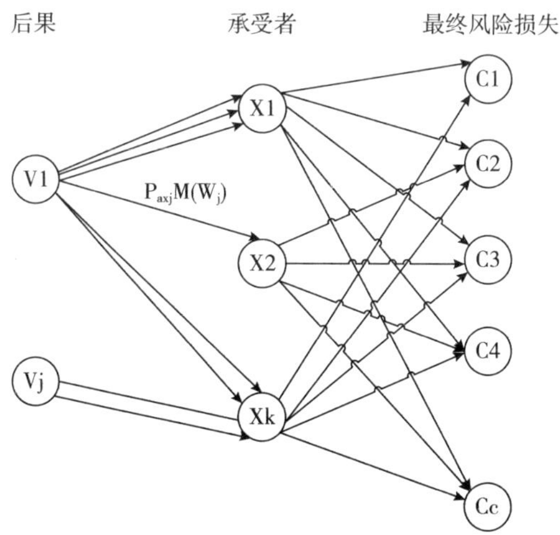

图 4-5 风险承受者的最终风险损失

（三）风险形成机理经济学分析

1.“经济人”的利益驱动是风险形成的基本诱因

以农村土地“三权分置”风险形成为例，在风险形成过程中，无论是作为市场流转主体的农户还是作为市场主体的新型农业经营权人，毫无疑问，都是“理性经济人”，他们总是希望以最小的成本实现个人收益最大化。由于土地经营权流转双方信息不对称，我们可以采用参与约束（IR）和激励相容约束（IC）来设计最优的契约 α 和 β_π，以实现土地经营权流转效用最大化，从而规避道德风险的发生。

激励相容约束条件为：

$$\mathrm{Max}\alpha+\beta(ke+\varepsilon)-1/2\lambda e^2-1/2\rho\beta^2\alpha \quad (4-4)$$

式（4-4）中，α 为农地流转方的收益，β 为彼此的让利，k 为常数，e 为相容条件，ε 为流转中的不确定性因素，ρ 为流转方的风险态度，λ 为流转成本系数。λ 越大，表明土地经营权流转中隐含的道德风险越大，从而直接导致风险的增加。

求解：$e=\beta/b$

$$Ire=\beta/b \quad (4-5)$$①

① 姜晓萍，衡霞. 农村土地流转风险的形成机理及外部性研究［J］. 农村经济，2011（11）：27-30.

式（4-5）表明，从理论上讲，在土地经营权流转契约签订中双方让利越多，β值越大，那么，双方参与度就越深，契约的完善度也就越高，“三权分置”风险也就越小。但事实上，土地经营权流转前，作为理性“经济人”的农民，总是在可能的价格空间，想尽一切办法抬高土地租金，以增加土地流转收益；作为理性“经济人”的新型农业经营权人，则往往找出各种理由和借口，压低租金，并在获得土地经营权后，为谋取更高的经济收益，极易改变土地用途，产生风险，侵害农民权益。

除了农民和新型经营权人外，基层政府同样也是“理性经济人”，在土地经营权流转过程中，常常引致风险，损害农民权益。正如凯恩斯主义强调的那样，政府对市场的干预可以保证生产资料的充分利用和优化分配，但是政府作为“理性经济人”，也会追求利益最大化。在土地经营流转过程中，一方面，基层政府会积极引导农民进行土地流转；另一方面，基层政府在利益的驱动下，可能会出现越位、缺位、寻租行为等，为“三权分置”埋下了风险隐患，损害农民的权益。

2. 交易费用的节约可能产生寻租行为，形成风险

交易费用（Transaction Costs），是指完成一笔交易所要花费的成本或费用。在其他条件既定的前提下，交易费用可以看作是由外生交易费用 $W_{外}$ 和内生交易费用 $W_{内}$ 组成的，即 $W_{总}=W_{外}+W_{内}$。

例如，在土地经营权流转中，当事人双方均面临诸多不确定性，在非完全信息情况下，为更好地完成交易，同样，需要花费一定的交易费用，如搜寻信息成本、缔约成本、监督成本、履约成本等，这些交易费用既包括外生交易费用 $W_{外}$，也包括内生交易费用 $W_{内}$。在土地经营权流转中农民更多的是以村民小组或农民专业合作社为单位进行流转，一家一户单个与公司的谈判，变成了集体与公司的谈判，这样把单个农民与公司谈判与履约的外生交易费用内部化，节约了交易费用。从另一方面来看，交易费用虽然节约了，但是极易出现另一种现象，即村民小组或合作社代替村民决策的情形，从而形成土地经营权流转中的寻租行为，加剧流转风险。一旦多数农民意识到这种流转方式侵害自身权益，村民小组既要重新与农民协调，又要重新与公司谈判，这样，外生交易费用不仅没有节约，反而又会增加内生交易费用，假若再次谈判不成功，可能埋下诸多风险隐患。

3. 合作双方违约区间的存在，使风险发生成为可能

在要素契约中，农户与新土地经营权人是否违约主要取决于违约给其所带来

的额外收益或损失的减少程度。因此，从理论上讲，是有一个违约区间的。

（1）流出方（农户）可能的违约区间。由于土地经营权流出方与流入方（新经营权人）之间存在着信息不对称，双方是否违约等行为则是多方博弈后的理性选择。

假设农户与公司签订了一份土地经营权流转合同，流转市场价格为每亩 P_m，签约的合同价格为每亩 P_c，$\Delta P=P_m-P_c$，假设市场价格高于合同价格，则 $\Delta P>0$。假设合同标的土地流转亩数是 Q，a 代表合同约定的一旦农户违约可能受到的经济处罚，b^e 代表如果新经营权人违约而导致信誉丧失引发的各种其他预期损失。

在合同履约过程中，由于签约的合同价格低于市场价格，农户有产生违约的可能性。如果此时选择违约，不继续履行合同义务，强行收回土地，所带来的收益为 $Q\Delta P$；如果合同的经济处罚能够执行，则违约需要支付违约金，即 a。但是如果合同不能有效执行，则违约成本中就不需要支付 a，产生的成本是：$a+b^e$ 或 b^e，产生的净收益是 $R=Q\Delta P-a-b^e$ 或者 $R=Q\Delta P-b^e$。

A. 对 ΔP 的讨论：

ΔP 是由流转土地的市场价格和合同价格之差，作为理性人，农户违约可能发生在 $\Delta P>0$ 的情况下。现在我们只考虑双方所签订的土地流转合同价格是固定的，则在固定价格合同中，由于在一定时点上，市场价格也是确定的，因此 ΔP 就是一定的，在 $Q\Delta P>a+b^e$ 的区域内，就是农户选择的违约区间（见图 4-6）。

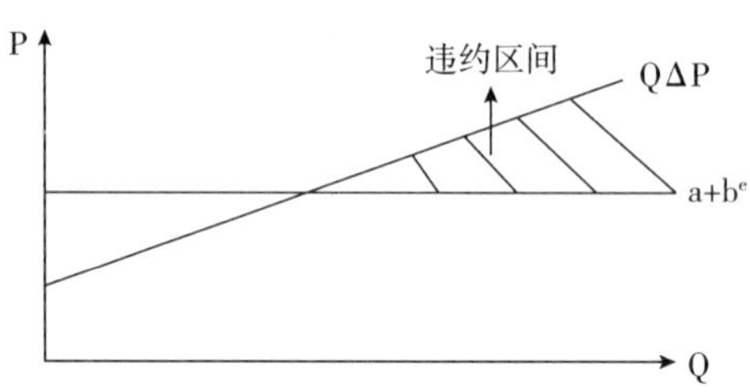

图 4-6 农户方违约区间

B. 对 a 的讨论：

严格来讲，a 其实应该是 a^e，即农户预期支付的违约金。他在 T 期内是否采取违约，是受其预期的违约后可能支付的违约金的影响。

一是合同的约束力。a 是合同双方约定的，一旦农户违约而必须支付的违约金。但是，a 最终是否真正地支付则取决于合同的约束力。现实中，常见的情形是当农户发生违约行为时，并没有按照合同的约定，支付违约金或支付罚金。

二是经营权人先前的行为对 a^e 的影响。假设农户违约，则经营权人的先前行为会影响到 a^e，如果经营权人对待以前违约农户的行为非常严格，一定要追偿违约方的责任，则农户会对自己的违约行为预期，如果自己违约，经营权人也会追偿自己的违约责任，这样一来就一定要支付 a^e，因此，预期的违约成本中就有了 a 这部分。

三是合同的执行机制。主要取决于是否有有效的机构监督合同的执行，违约是否会受到严厉的处罚。在目前缺乏专门的监管机构督促合同执行的情形下，要获得违约赔偿主要是通过诉讼等途径完成，其诉讼费时多、费用高；当农户违约时，经营权人面对高昂的诉讼成本，往往因此放弃诉讼，无法获得违约金。

因此，a 由于其实现的困难，导致在农户选择是否违约的时候，a 往往不是制约的主要因素。

C. 对 b^e 的讨论：

以 X_c 代表契约类型、X_f 代表农户类型、X_i 代表信息特征、X_r 代表传统约束（非正式规则等）、X_W 代表户籍制度的阻隔等变量。可以构造函数 $b^e = F(X_c, X_f, X_i, X_r, X_W)$。信誉丧失而带来的给农户的可能损失受到以上述变量的影响。

一是契约类型 X_c：一次性契约或者重复契约。如果农户与新经营权人签订的是临时性一次性契约，农户预期将来不会和经营权人进行更多的交易，信誉丧失对农户而言没有多大影响，农户的目标函数是当期的利益最大化，那么 b^e 可以近似认为等于零。但是，如果农户和经营权人需要长期合作，即双方会经常持续地签订契约，在这种重复契约下，如果农户信誉丧失，意味着和经营权人可能失去再次合作的机会，如果这种合作可能给农户带来的预期收益较大，这时，选择违约丧失信誉的成本即 b^e 就会很高。

二是农户类型 X_f：农户对土地的依赖度。不同的农户因家庭人口、经济状况、收入状况、外出务工等情形的各异，对所承包土地的依赖度也各有不同，在一定情形下、在一定程度上也影响了其是否选择违约。如果农户的经济来源在很大程度上依赖于土地租金，这种收益又对其至关重要，此时，一旦违约必须承受未来收入的不确定性，也就是较大的生存风险，违约成本很高，农户一般不会主动采取违约。相反，如果农户对土地的依赖度不高，土地流转收益对其生活或生存影响不大，在一定条件下，极易可能违约，收回土地，甚至会出现“弃耕抛荒”现象。

三是信息特征 X_i：包括信息广度和深度及信息的充分度。信息广度和深度指的是农户失信的信息传播的广度和持续的时间。如果农户违约的性质越恶劣，信息传播得越广，持续的时间越长，那么农户因为违约失信受到的负面影响就越大，所承担的成本就越高。因此，一个地区的信息传播质量越好，信用记录越全面、越完善，农户信誉丧失导致的成本就越高。

四是传统约束（非正式规则等约束）X_r：即信誉丧失给农户带来的受到本土邻里厌弃、指责的可能性，或农户受到自己良心的谴责等。如果在某个地区这种约束越大，即农户重视别人对自己道德的评价时，在其他条件一样的情况下，违约的可能性就越小。如果经营权人与本地很多农户关系紧密或具有良好的声誉时，某些农户的违约可能就会遭到邻里的唾弃，并且由于传统中对“脸面”“声誉”的重视，那么农户违约的后果和成本就非常高。

五是户籍制度的阻隔 X_W：中国的户籍制度使农民工无法享受到城市最基本的公共服务。通过多方面的数据分析，近年来农民因企业经营不正常或者破产、停产、歇业、工作难找或出于自身的某种考虑等，回流返乡人数增多，而且返乡后面临较大的就业压力。[①] 农村土地依然蕴藏着社会保障功能，已经出租的土地不能满足自身和家庭生活的需求，可能存在违约，终止合同的行为。

（2）经营权人可能违约的区间。土地流入方（经营权人）是否违约有很多影响因素，这些因素的激励或者制约构成了它可能违约的区间。和对农户的讨论一样，假设经营权人与农户在合同期间内，签约土地的市场价格（租金）为 P_m，合同价格为 P_c，同样假设 $\Delta P=P_c-P_m$，假设合同价格高于市场价格，则 $\Delta P<0$。假设合同数量是 Q，同样假设 a 是合同约定的一旦经营权人违约将会受到的经济处罚，b^e 是如果新经营权人违约而导致信誉丧失引发的各种其他预期损失。

由于约定的土地合同价格高于市场价格，如果经营权人选择违约，相应地违约的收益为：$Q\Delta P$。如果合同要求的经济处罚能够执行，则经营权人违约需要支付违约金，即 a^e。但是如果合同不能有效执行，则其违约成本中就不需要支付 a，产生的成本是：$a+b^e$ 或 b^e。经营权人违约产生的净收益是 $R=Q\Delta P-a-b^e$ 或者 $R=Q\Delta P-b^e$，在这种情况下，经营权人是否违约的情况与农户是一样的，只是影响变量的因素有所不同。

A. 对 ΔP 的讨论：

ΔP 是流转土地的合同价格和市场价格之差，作为理性人，经营权人违约只可能发生在 $\Delta P>0$ 的情况下，其影响因素主要是价格差额。在新经营权人与

① 吴瑞君，薛琪薪．农民工流动新态势及返乡就业探析［N］．中国人口报，2020-07-31.

农户签订的土地经营权流转合同中，经营权人和农户面临的情况是一样的。在土地流转价格，由于在一定时点上，市场价格是确定的，因此，ΔP 是一定的，在 $Q\Delta P>a+b^e$ 的区域内，就是经营权人选择的违约区域（见图 4-7）。当 ΔP 很大时，土地流转合同价格与市场价格的巨大差额很容易刺激公司的违约行为。

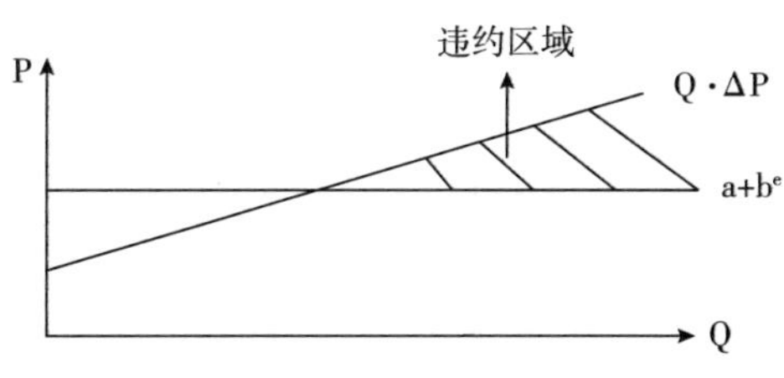

图 4-7　公司违约区域

B. 对 a 的讨论：

严格来讲，a 其实应该是 a^e，即应该是经营权人预期的应支付的违约金。经营权人在土地流转期限内是否采取违约措施受其预期违约后可能支付的违约金的影响，预期所要支付的违约金和下列因素有关：

一是合同的约束力。a 是合同双方约定的，一旦经营权人违约而必须支付违约金，但是 a 最终是否真正地支付取决于合同的约束力。和农户违约一样，在现实中出现的情况是新经营权人违约后，也没有按照合同约定支付违约金或支付惩罚金。

二是农户以前的行为对 a^e 的影响。假设经营权人违约，则农户以前的行为就会影响到 a^e，如果以前农户对待违约行为非常严肃，一定要追偿违约方责任，则经营权人就相应预期如果自己违约，农户对待自己也会如此，那么自己就必须得支付 a^e，因此，预期的违约成本中就有了 a 这部分。但是现实中，农户往往极少对经营权人的违约行为采取追偿行为，因此，新经营权人预期的 a^e 非常小乃至为零。

三是合同的执行机制。目前尚缺乏专门的监管机构督促合同的执行，主要通过诉讼等途径获得违约赔偿，一般来说，当新经营权人违约时，农户面对高昂的诉讼费用，往往选择忍气吞声，无法获得违约金。

因此，a 由于其实现的困难，导致在经营权人选择是否违约的时候，a 往往不是制约的主要因素。

C. 对 b^e 的讨论：

在公司违约的情况下，对 b^e 的讨论与在农户违约情况下略有不同。以 X_c 代表契约类型、X_i 代表信息特征、X_h 代表政府帮扶力度、X_m 代表公司经营状况。可构造函数 $b^e=F(X_c, X_i, X_h, X_m)$。由于信誉丧失而带来的给农户的可能损失受到以上变量的影响。

一是契约类型 X_c：一次性契约或者重复契约。如果新经营权人与农户签订的是临时性的一次性契约，他预期并不会和该农户或本村其他农户以后再次签订契约，则信誉丧失对其而言影响并不大，他的目标函数是目前的利益最大化，那么 b^e 可以近似为零。但是如果他将来还会与周边其他农户签订契约，那么在这种重复契约下，如果丧失信誉，意味着与其他农户签订契约会出现很大的困难，而如果这种合作给其带来的可预期收益较大时，现在选择违约丧失信誉的成本即 b^e 就会很高。

二是信息特征 X_i：信息广度和深度与信息的充分程度。信息广度和深度指的是公司失信的信息传播的广度和持续的时间。如果违约的信息传播得越广，持续的时间越长，那么，他以后要继续与当地农户签订土地流转合同，则可能由于其失信的记录广为人知而被拒之门外。因此，一个地区的信息传播质量越好，信用记录越全面越完善，信誉丧失导致的成本就越高。同时。当信息充分时，即使是一次性博弈，参与人也会很注重自己的信誉，而不轻易违约。

三是政府帮扶力度 X_h：很多地方对农户土地流转都持支持态度，并附有一定的扶持政策，如税收或补贴等方面的优惠，如果公司违约就会丧失这种支持。因此，地方的这种扶持力度越大，新经营权人违约的机会成本也就越高，b^e 就越大。不同于一般农户，信誉对其是否能够继续获得地方的税收优惠有很大影响，也使该变量对违约的影响很大。

四是公司经营状况 X_m：农业企业在经营过程中会面临自然风险、市场风险、管理风险、技术风险、制度风险、资金风险等，多种风险交叉叠加，互相传导，加上经营管理不善，缺乏生产经营经验，致使一些新经营权人严重亏损，出现“跑路”现象，侵害了农民权益。

三、风险传导理论分析

（一）风险传导概念与要素

1. 风险传导概念

风险传导，可以从狭义和广义的角度进行理解。从狭义角度理解，风险传导

主要是指单个企业受内部外部环境的约束，导致企业在经营过程中的某个环节产生不确定性，而这些不确定性会借助某些介质传递到企业经营活动的特定环节，最终使企业经营目标产生偏离或出现意外。① 从广义角度理解，风险传导是指风险可能在某些具有内在关联性利益主体间进行传导，甚至会按照一定的路径传递至一定的外在关联利益主体，从而使风险在外部的相关主体间循环。

风险传导需要一定的传导要素，这些要素通常包括风险源、风险流、风险载体、风险传导路径、风险阈值等关键传导要素。② 在风险传导体内，存在大量的节点，这些节点与外界联系较多，呈现开放状态，风险在此积聚或释放。当风险的接受者无法承受或化解时，风险变成巨大的损失释放出来。风险又可以通过其接受者进一步向其他接受体传导，从而引起更广泛的风险，乃至社会风险（见图 4-8）。

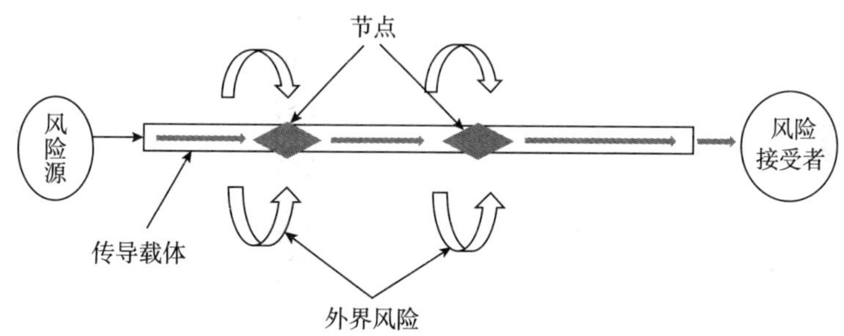

图 4-8　风险传导机理

2. 风险传导要素

（1）风险源。“源”即根源、源头之意，是事物发展规律和发展趋势需追根溯源，回到事物发展的最初点。风险源，即风险的来源，是引发风险的原始动因，是风险传导的起点和原始动力。风险源通常可以分为内部风险源和外部风险源。

（2）风险阈值。风险阈值是指静态风险流突破系统内某一要素的风险承受限度，由量的累积发展为质的转变从而成为动态风险流，这样的风险承受临界值即为风险阈值。风险阈值代表着风险累积从量变到质变的承受临界值。风险阈值越高的系统，其稳定性通常越强，反之则系统时常处于动荡变化的状态（见图 4-9）。

---

① 彭艳梅．民间金融公司风险传导机制研究［J］．商业会计，2019（12）：50-52.
② 周炀婧．互联网金融市场风险传导及测度研究［D］．武汉：武汉理工大学，2018.

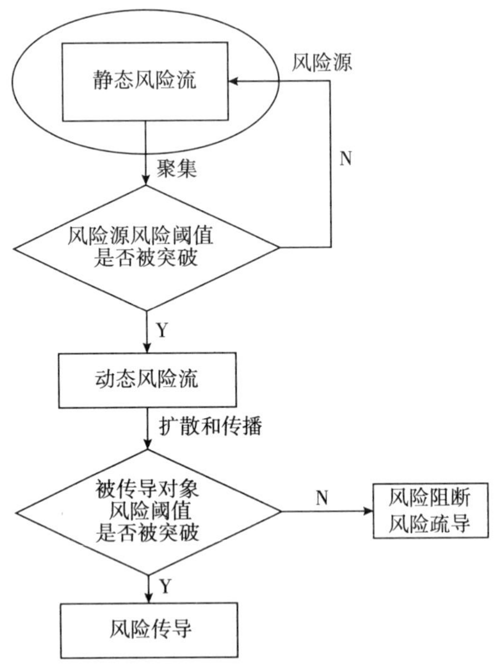

图 4-9　风险阈值突发机理

（3）风险载体。风险是通过一定的载体进行传导的。风险载体是一种介质属性的风险传导要素。在风险传导中，风险载体代表的是风险传递到下一处所依附的介质。风险载体具有显性载体和隐性载体两种属性。

（4）风险传导路径。风险传导路径代表着风险流动传播所经过的特定的路线和途径，任何系统的运作都存在专门的流程与模式。风险的传导不是随机分散，而是借助载体，在系统内专门的流程与模式中进行扩散，为风险的传播和蔓延提供通道的线路，即为风险传导路径。

（二）风险传导耦合效应

耦合效应，又被称为互动效应、联动效应，是指两个或两个以上的要素，通过相互作用而发生相关联系，产生相互作用与反作用，从而造成吸引或排斥的结果，共同产生系统增力的现象。风险传导作为一个系统，在传导过程中，作为要素的风险流在通过同一处路径相遇时，由于彼此间存在着性质关联和结果关联关系，再匹配上不同风险性质的催化作用，从而使传导过程中的风险流相互影响、相互作用，最终促进传导中的风险流量增加或减少，甚至改变风险性质。不同风险子系统或风险流之间的匹配程度以及关联程度，决定了耦合效应的不同形态与

结果。①

基于以上分析，风险因子间存在着耦合现象，微小的扰动将触发整个系统的连锁反应，带来危害性后果。② 例如，土地经营权流转风险体现耦合效应，土地经营权流转过程中的内在风险因素即为作用于土地经营权流转风险事故内部的各种因子，是致使事件本体产生的风险因素集合；外在风险因素是内在因素所依存的宏观环境，包括土地制度、自然环境、文化道德等，主要通过当事人的心理与行为发挥作用。内在因素在微观上导致了事件发生，外在因素孕育并推动了事件发展，即外因对内因起到了助推作用。内外因素之间形成耦合风险。土地经营权流转风险的发生与发展是内外风险因素相互作用的复杂动力学演化过程，体现其耦合效应。

四、风险管理框架与流程

（一）风险管理框架

风险管理是由风险识别、风险度量、风险评估、风险决策和风险管理绩效评价识别五部分构成（见图 4-10）。这五个部分构成了风险管理的一个周期过程；随后进入下一个风险管理周期。

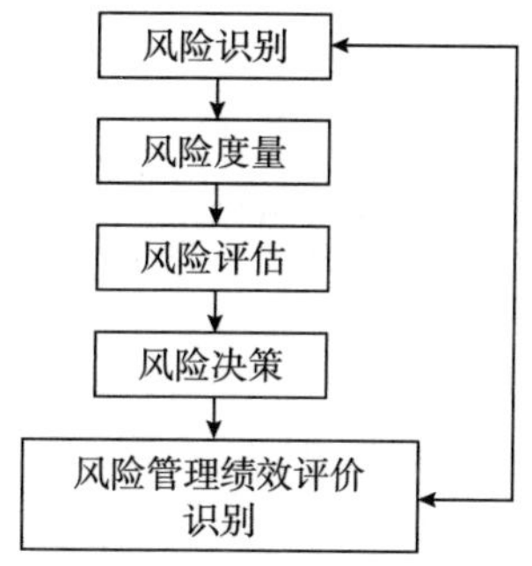

图 4-10　风险管理框架

（二）风险管理流程

风险管理流程是由风险识别、风险评估、风险排序、风险管理技术选择、风

① 周炀婧．互联网金融市场风险传导及测度研究［D］．武汉：武汉理工大学，2018.

② Helbing D，Kuhnert C. Assessing Interaction Networks with Applications to Catastrophe Dynamics and Disaster Management［J］. Physica A，2003（328）：584-606.

险报告和风险管理绩效评价六部分组成（见图 4-11）。也就是说风险管理首先要认清风险，在此基础上对风险进行评估，并通过对风险的评估，依据风险的危害程度排列风险的先后顺序；其次选取科学的风险管理技术，如承担、规避、转移、控制等；最后通过科学的风险管理，形成风险管理报告。

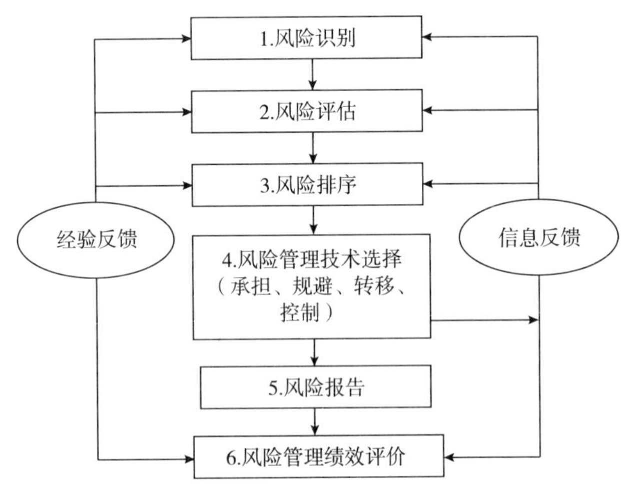

图 4-11 风险管理流程

第二节 土地经营权流转风险圈层结构

学术界对农村土地经营权流转从理论上进行了阐释，从实践上进行了总结，提出了推进土地经营权流转改革的政策建议。但是，对土地经营权流转风险问题的研究无论是理论层面还是实践层面均显得比较薄弱。基于此，本书结合风险管理理论和前期研究基础，对土地经营权流转风险结构进行深入探讨，以拓展农村土地经营权流转研究的视野，丰富风险管理理论。

一、土地经营权流转风险圈层结构构建

依据不同权利主体在土地经营权流转中面临的风险进行类别区分，我们认为土地经营权流转中存在诸多风险，这些风险主要包括：契约风险、失地风险、抵押风险、入股风险、非农化风险、经营风险、管理风险、技术风险、市场风险、

政策风险、法律风险、自然风险、弃耕风险、粮食安全风险、社会稳定风险、生态环境风险等。在土地经营权流转中不同的权利主体会面临不同的风险，且不同的风险具有不同的风险源（见表 4-3）。

表 4-3 农村土地经营权流转中不同权利主体面临的风险

权利主体	风险类型	风险来源
土地发包方	权益风险、契约风险、弃耕抛荒风险	权益风险来源于所有权被挤压；契约风险、弃耕抛荒风险来自承包方违反承包合同规定，随意改变农业用途或使土地荒芜带来的风险
土地承包方	契约风险、失地失业风险、入股风险、抵押贷款风险、非农化风险、经营权流转受损风险等	契约风险、非农化风险来源于土地经营权受让方；失地失业风险来源于入股公司（合作社）、金融机构；入股风险来源于入股公司（合作社）；抵押贷款风险来源于金融机构；土地经营权流转受损风险来源于村集体经济组织和新经营权人
新的土地经营权人	契约风险、经营管理风险、技术风险、市场风险、政策风险、法律风险、自然风险等	契约风险来源于承包方的违约；经营管理风险、技术风险来源于自身经营管理能力；市场风险来源于农产品市场价格的波动；政策风险、法律风险来源于政府相关部门的政策和法律的不完善；自然风险来源于自然界的不可预测性
金融机构	契约风险、入股风险、抵押风险、法律风险等	契约风险来源于经营权抵押贷款方的违约；入股风险来源于土地经营权的特殊性；抵押风险来源于抵押物变现困难；法律风险来源于法律的不完备性等
国家社会	弃耕抛荒风险、粮食安全风险、社会稳定风险、生态环境风险等	弃耕抛荒风险来源于承包方或新的经营权人对土地资源的浪费；粮食安全风险来源于承包方或新经营权人的农地非农化、非粮化行为；社会稳定风险来源于承包方因土地流转可能出现失地失业风险；生态环境风险来源于承包方或新经营权人对土地资源的剥夺性利用或生产中对生态环境的破坏等

在上述风险类型识别的基础上，根据风险在农村土地经营权流转中重要性和对农民权益的侵害程度进行归类，构建出农村土地经营权风险的圈层结构。这一风险圈层结构主要包括：核心圈层、中间圈层和外部圈层的三层风险圈层结构（见图 4-12）。

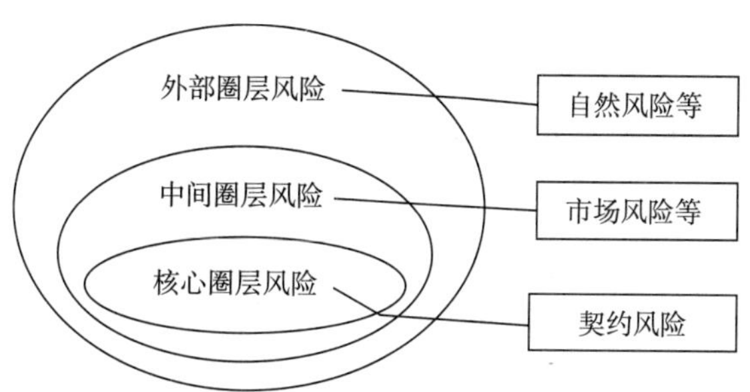

图 4-12 农村土地经营权风险圈层结构

（一）外部圈层风险

外部圈层是指位于土地经营权流转风险圈层结构中最外面的圈层。外部圈层风险，即外层风险是土地经营权流转风险中受外界影响最大而产生的风险。外部圈层风险会传导到中间圈层，进而引发中间圈层部分风险，也会通过中间圈层传递到核心圈层，即风险由外向内传导。外部圈层风险也可以被看作是土地经营权流转风险系统以外的一类风险。这些风险主要是通过中间圈层风险影响到土地经营权流转系统主体。由于农业生产活动暴露在外部环境中，而外部环境又充满着不确定性。因此，外部圈层风险因素多而复杂，这些风险因素直接或间接影响契约风险。外部圈层风险主要包括：自然风险、制度风险、政策风险、法律风险、社会风险和其他风险（见图 4-13）。

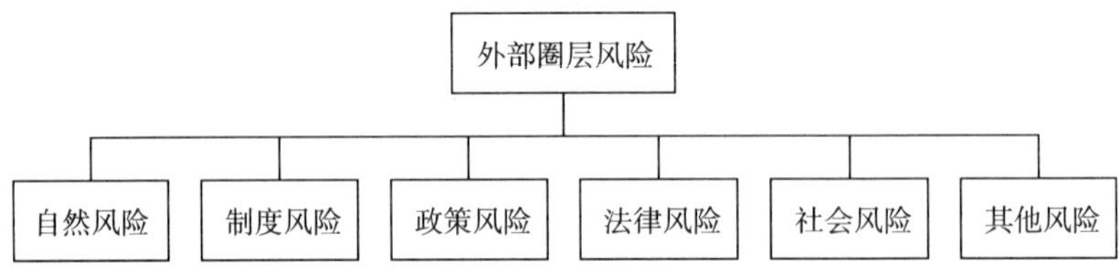

图 4-13　外部圈层风险结构

1. 自然风险

外层风险主要表现为自然风险。所谓自然风险，即自然灾害风险，是指在农业生产活动中，由于自然力的非规则性运动所引起的自然现象（如风暴、火灾、洪灾、旱灾、冰雹、病虫害等）以及农产品自然属性（鲜活、易腐烂、难储运等）给签约方造成经济损失的可能性。① 自然风险之所以会发生是因为农业产业是一个弱势产业，农业规模生产经营暴露在自然风险中。农业生产的对象是有生命的动物、植物和微生物等，这些生物体有其固有的生长发育规律，易受冰雹、霜冻、低温、病虫害等自然灾害影响，使得农业生产的风险高于其他产业；加上农产品易毁性强和不易储存性等特征，决定了农产品的价格波动相对较大，使得农业生产的风险高于其他产业。

2. 制度风险

现实中的制度存在于政治、经济、社会、文化等众多领域。制度风险表现为两个方面：一是由于制度变化过快，产生不确定性而带来人们行为的不确定性；

① 孙敬水．试论订单农业的运行风险及防范机制［J］．农业经济问题，2003（8）：44-47.

二是由于制度本身存在着自身功能履行的不确定性而存在着风险。[①] 例如，相关制度规定农村土地经营权可以用于抵押贷款，但在具体实施过程中由于制度本身的非完备性，在实施过程中会受到其他制度的制约。因此，当农户将土地经营权进行抵押时，一旦因经营不善，甚至出现严重亏损，致使贷款难以归还，在对抵押物——土地经营权进行处置时就可能遇到很多障碍。

3. 政策风险

政策风险是指由于政策不当或操作问题给农业生产经营活动带来的风险。从中央到地方为促进土地适度规模化经营，出台了一系列政策，但这些政策在执行过程中可能存在一些问题。例如，政策可能缺乏连续性，经常会出现变动的情形。又如，为促进土地流转，鼓励新型农业经营权主体发展，促进适度规模经营，政府给予一些优惠政策，而实际操作中很多优惠政策落实不到位，或者该享受的没有真正享受到。

4. 法律风险

法律风险是指由于法律制度本身的不完善，在执行过程中给当事人的权益带来侵害的可能性。例如，在“三权分置”下由于土地承包经营权与经营权能的划分与我国现行的相关法律法规在规定上有可能不一致，甚至出现冲突，因而在土地经营权流转过程中可能隐藏着一定的法律风险。这些法律风险可能具体表现为法律条款规定不完善、权能界定不清晰、交易关系缺少保障等。

5. 社会风险

社会风险是指社会主体个人或团体因行为失范或不当或故意给社会生产及人们的生活带来危害，从而危及社会稳定和秩序的可能性。当农民有可能丧失赖以维持生活的土地和就业的基本权利时，使农民在经济地位上面临被边缘化的风险，会使农民土地流转后游离于农村和城市之间，导致城市无岗就业、农村无地耕种，成为政治边缘化群体，成为社会不稳定因素，极易引起社会风险。

由此可见，农业生产活动除受自然风险的影响，还可能因为制度、政策、法律等因素的影响，而形成制度风险、政策风险和法律风险；也可能因为政治原因和社会不稳定等因素的影响，影响到农业生产活动，由此而形成的风险，可称为政治风险和社会风险。

自然风险等风险之所以被界定为农村土地经营权风险圈层结构中“外部圈层”，其理由为：一是这类风险是外在于土地经营权流转系统相关主体的，是独

---

① 李彬．农业产业化组织契约风险与创新风险管理［M］．成都：西南交通大学出版社，2011.

立于土地经营权主体如公司、家庭农场、合作社的，是他们无法掌控的风险。当这类风险发生时，他们的风险防范策略大多是采取自我救助，把风险损失降到最低。例如，当社会风险发生时，社会的不稳定因素，必然影响到他们的生产经营活动，进而使其经济受损等。二是这类风险对“三权分置”下农业经营主体的生产经营活动的影响是间接的，其最终影响程度是通过市场风险等进行转化的，进而转化为契约风险，给经营权主体带来损失。例如，在土地经营权抵押贷款市场上，由于外部风险如自然风险因素的影响，导致农产品产量受到严重的影响，为扩大生产规模向银行以土地经营权抵押贷款，极有可能遭受严重的亏损，致使其难以偿还贷款，就会出现违约现象，形成契约风险。三是这类风险必须通过中间环节才能对“三权分置”下经营者的生产活动产生影响。所以这类风险对于农户来讲，是传统风险，即使农户不进行土地流转，独自从事农业生产活动，也会遇到这类风险，而对于流入土地的新经营权人来讲，是新生成的风险。

（二）中间圈层风险

中间圈层是指位于土地经营权流转风险圈层结构中核心圈层和外部圈层之间的圈层。中间圈层风险是位于核心圈层风险和外部圈层风险之间的圈层风险。中间圈层风险在核心圈层风险和外部圈层风险间起传导作用。中部圈层涉及的风险较多，主要包括：出租风险、入股风险、抵押风险、市场风险、管理风险、技术风险、失地风险等。

1. 出租风险

土地承包方按照一定的程序、在一定的条件下将土地经营权出租于新的经营权人，从而获取租金。出租是权利主体行使其土地承包权的重要体现。但是在土地经营权出租过程中由于新经营权人，一旦出现经营不善或受市场风险影响，很可能使出租方难以获得租金或因在出租过程中随意改变土地用途，给出租方带来损失。

2. 入股风险

土地承包方或通过土地流转获得土地经营权的新的经营权人可以按照约定入股股份制企业或股份制合作社，土地经营权入股，可获得股息分红，增加农户的收入。但是在土地经营权入股获得收益的同时，也可能因此而遭受一定的经济损失。例如，土地经营权股权股值被低估、不能获得应有分红等，从而出现土地经营权入股风险。

3. 抵押风险

土地承包方或通过土地流转获得土地经营权的新的经营权人可以以土地经营

权抵押贷款，获得农业生产经营过程中所需资金。但是生产过程中，一旦出现经营不善或市场风险，致使贷款资金难以按期偿还，就会出现抵押贷款风险。抵押风险更多是对金融机构带来的危害，但如果是新土地经营权人用出租来的土地经营权进行抵押贷款时，间接的也会给土地承包方带来风险。

4. 市场风险

土地承包方或新土地经营权人，在农业生产经营过程中，由于农产品市场价格波动，可能因为农产品市场价格的波动，使自己预期收益受损，形成市场风险。

5. 管理和技术风险

在农业市场过程中，可能由于自身经营管理经验缺乏、农业生产技术使用不当，出现经营管理风险和技术风险。

6. 失地风险

可能因土地经营权流转入股合作社，使自己失去了对土地的直接占有，极易导致农户的失地失业风险。

市场风险等风险之所以被界定为土地经营权流转风险圈层结构中的“中间圈层”，其理由为：一是这类风险是农村集体土地所有权、承包权和经营权在“三权分置”实施过程中广泛存在的风险，有涉及风险主体多、风险因素繁杂、风险危及面广等特点。虽然有些风险，在不发生土地经营权流转的情况下也普遍存在，但在土地经营权流转中更多的风险却呈现新的特征。二是这类风险的发生有的是通过外部圈层风险传导而来，有的是在本圈层内部自然生成的，但大多风险都会通过违约形式，即契约风险表现出来。例如，由于自然风险的发生，导致土地经营权主体农产品受损，出现经营亏损，进而可能导致违约，从而形成契约风险。

总之，土地经营权流转过程中可能出现多种多样的风险，且风险具有一定的传导性。上述风险的出现，轻者可能影响农业生产活动，重者可能使土地经营者的生产活动难以继续，极易出现弃耕抛荒风险，给土地承包方或村集体乃至国家的粮食安全带来极大的风险，理应引起高度重视。

（三）核心圈层风险

核心圈层是指位于农村土地经营权风险圈层结构中最中心地位的圈层。核心圈层风险是土地经营权流转风险中对土地经营权放活、农民权益保护影响最大的风险。核心圈层风险主要表现为契约风险。所谓“契约风险”是指契约方在“理性经济人”驱动下，为追求自身经济利益，采取不履行契约，从而给对方带来损失的可能性。

“三权分置”中依靠契约，村集体经济组织与土地承包户之间、承包户与经营权人之间、新经营权人与金融机构之间形成的一种契约关系。契约关系不仅贯穿于土地经营权流转的全过程，而且是该系统维系的基石，如果没有契约关系，就没有“三权分置”改革的实践。这种关系在运行过程中在某种不确定性环境之中，极易出现违约现象，从而给契约一方或双方（多方）带来一定的损失，侵害了契约关系主体的权益，这些违背契约关系、背离契约精神的行为，可以被定义为违约风险或契约风险，它反映了契约方的信用关系，所以这种风险也被称为信用风险。因此，契约风险，是指作为“理性经济人”的契约双方（多方）基于机会主义行为，为追求自身利益最大化，采取的违反合约的行为，进而使对方蒙受一定经济损失的可能性。

契约风险是土地经营权流转中的核心风险，处于土地经营权流转风险圈层结构中的“核心圈层”。契约风险之所以被界定为土地经营权流转风险圈层结构中的“核心圈层”，其理由为：一是从契约的联结机制上看，土地经营权流转中是契约（合同）把农村集体经济组织、土地承包户、土地经营权人、土地经营权入股公司（合作社）、土地经营权抵押贷款金融机构连接起来，缺少了契约，土地经营权流转中土地流转的多种形式，特别是放活经营权也就失去了实践意义，而有了契约也使契约风险的发生成为可能，因此契约风险应处于核心圈层。二是从风险的传导机制上看，土地经营权流转中呈现出的多种风险，包括中间圈层风险因素和外围圈层风险因素最终都会传导至核心圈层，从而形成契约风险，因此，契约风险应处于核心圈层。三是从契约风险对农民权益的侵害上看，“三权分置”改革的核心在于放活经营权。这些目标的实现，在很大程度上依托契约的稳定性和契约的履行。实践也证明，诸多风险中给农民权益带来危害最大的风险也是契约风险，因此契约风险应处于核心圈层。

二、风险圈层结构风险传导机理

（一）外部圈层风险传导机理

外部圈层风险主要表现为自然风险。自然风险可分为两种：一种是无论农户是否参与农业产业化经营都会遇到的自然风险；另一种是由于农户参与了农业产业化而产生的自然风险。

就第一种自然风险而言，农业生产的对象是有生命的动物、植物和微生物等，这些生物体有其固有的生长发育规律，受外界环境影响较大。因此，各种自

然因素，如阳光、土壤、雨量、冰雹、霜冻、低温、病虫害等都会直接进入农业系统的物质循环过程，成为影响农业产出的决定性因素，给农业生产造成损失，轻则减产，重则颗粒无收，这就使农业生产的风险高于其他产业，从而形成农业的自然风险。加上农产品易毁性强和不易储存性等特征，决定了农产品供应很难同市场需求很好地保持一致，导致农产品价格波动大，产品产量和价格表现为明显的蛛网模型，这就使农业生产风险高于其他产业。①

就第二种自然风险而言，从承包农户来看，新的经营权人与承包户就土地经营权流转签订合约，因此获得土地经营权，进行规模化经营，这时的自然风险对农业生产经营的威胁不但没有消除，而且会急剧加大。对承包户来说，土地经营权流转后，虽然不再直接从事农业生产活动，自然风险也就不会造成直接影响，但间接的风险在承包户与土地经营权人之间分担。例如，一旦外部圈层自然风险发生，就会导致中间圈层的承包户遭受严重的自然风险影响，自然风险的发生就会导致农产品大量绝收，出现经营亏损，甚至破产倒闭，在此困境下，承包户不仅难以获得租金，更严重的是会导致经营权人“弃耕毁约”或“跑路”等违约事件发生，进而诱发契约风险（见图4-14）。

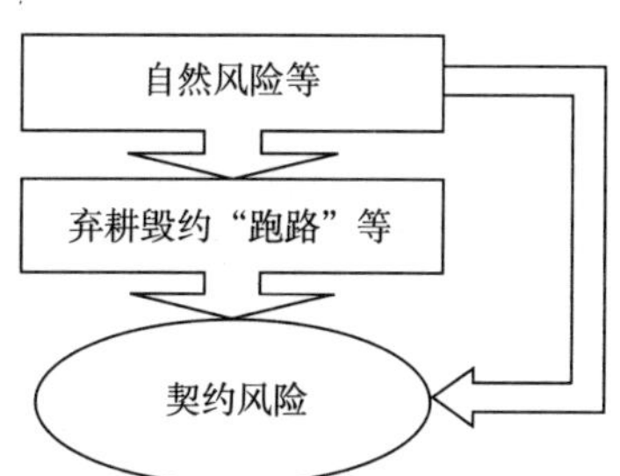

图4-14　外部圈层市场风险等传导

（二）中间圈层风险传导机理

中间圈层风险主要表现为市场风险。市场风险因素主要表现为农产品市场供求变化引起的农产品市场价格的剧烈波动，从而带来的风险。在土地经营权流转中，一方面，当农产品价格上升，土地经营权人就会从中获取更高的利润；相对而言，已有的土地租金显得过低，这时承包户就有可能要求经营权人增加租金，否则就会要求收回出租的土地，在违约成本低廉的情况下，就会导致契约风险的发生。另一方面，当农产品价格下降，土地经营权人从土地经营中获利较少，甚

① 李彬．农业产业化组织契约风险与创新风险管理［M］．成都：西南交通大学出版社，2011.

至亏本时，导致其难以继续经营下去，就会要求降低土地租金，在违约成本低廉的情况下，会直接毁约退地，导致契约风险的发生。

（三）核心圈层风险传导机理

核心圈层风险主要表现为契约风险。契约风险是土地经营权流转中承包户与经营权人土地经营权出租中的核心风险。形成契约不完全性的成因之一是信息不对称情况下的机会主义行为。① 所谓机会主义，即在信息不对称条件下用欺骗手段追求自我利益的行为倾向。②

在土地经营权流转风险中，契约风险表现为违约，违约事件一旦发生，将给整个土地流转系统带来极大的风险隐患。例如，在土地经营权租赁市场中，当土地经营权人不能履行或不能完全履行合同规定的义务，违背契约规定的内容，出现所谓的契约风险时，出租方就会承担租金收回风险；如果出租方的生活来源主要依靠土地租金，一旦租金难以收回，极有可能引发社会风险等。

第三节　农村土地经营权风险因素评估

风险评估是介于风险识别和风险管理措施选择之间的一个重要环节，是风险管理的基础。风险管理需要依靠风险评估的结果来确定，使行为主体能够准确“定位”风险管理的策略、技术、方法和工具。风险识别回答的是风险主体可能遇到的风险类型、风险因素以及风险形成机理的问题；风险评估则是利用一定的评估方法和技术，解决的是在诸多风险因素中哪些风险因素是主要因素，哪些风险因素是次要因素，以及某一种风险发生的概率、发生后可能会造成的损失等，并为后期风险防范提供依据。

综上所述，在土地经营权流转风险中，我们可依据不同的标准，将风险分为不同的种类。从权利主体上来看，土地经营权流转中存在契约风险、失地风险、入股风险、抵押风险、经营权流转受损风险、经营管理风险、技术风险、市场风险、政策风险、法律风险、自然风险、抛荒风险、粮食安全风险、社会稳定风险、生态环境风险等；从农地的用途上来看，存在着地“非粮化”“非农化”风险（徐砾，2019）。从经营权流转的方式上来看，存在着出租风险、入股风险和

---

① 刘凤芹．不完全合约与履约障碍——以订单农业为例［J］．经济研究，2003（4）：22-30.

② 陈郁．企业制度与市场组织［A］//易费用经济学文选［M］．上海：上海人民出版社，1996.

抵押风险；从经营权流转的各个阶段上来看，流转前存在“确权不确地”风险、流转中存在“非农化”和“非粮化”风险、流转后存在违约与农地过度集中的风险（李长健、杨莲芳，2016）。此外，当土地经营权人从承包农户手中取得土地经营权后，可能将土地经营权再次流转给新的经营主体，或者新的经营主体将既受的经营权进一步流转给其他受让方的行为，即所谓的土地经营权再流转。土地经营权的再流转中不仅使已有的风险呈现了新的特征，而且还会产生新的独特风险，如农地无限流转与过度资本化、过度集中风险等（姚晓丽，2019）。

土地经营权流转风险的存在或多或少都会影响到“三权分置”改革的顺利推进，进而影响到农民的权益。目前针对土地经营权流转风险的研究更多的是停留在风险的类型、风险的形成机理以及如何防范风险等方面，就如何对风险因素进行评估的研究还不够。因此，本部分基于前期调研，运用模糊层次分析法（FAHP），将土地经营权流转风险中对农民权益影响较深、危害较大的风险进行深入细致的研究，并从三个层面进行评估这些风险因素，为重点防范土地经营权流转风险提供依据。

一、风险因素评估方法和指标体系

（一）评估方法选择

风险评估是测度风险的重要手段，通过评估管理部门可以及时把握潜在风险，并获得风险防控的第一手资料，为制定风险防控预案和具体风险管理对策提供重要参考。国内外学者从不同的角度对风险因素进行评估，形成了多种风险评估方法。目前最常见的几种风险评估方法包括：一是 Poisson 过程法。此方法主要是用来评估类似台风、地震等自然灾害的风险，此方法模型简单，易于应用。二是层次分析法（Analytic Hierarchy Process，AHP）。该分析法是美国匹兹堡大学运筹学家萨提 T. L. Saaty 教授于 20 世纪 70 年代初期提出的一种系统分析方法，是一种协调两两对比结果的方法，并在此基础上进行定性和定量分析的决策方法。[①] 在风险评估中，层次分析法主要是用于从专家“两两比较”中提炼出供模糊综合评估权重向量。[②] 层次分析法分为构建递阶层次、建立判断矩阵、确定各因素权重并排序、两两比较和判断、层次总排序五大步骤。三是模糊综合评价法。模糊综合评价法是一种基于模糊数学的综合评价方法，它给出了一个总概括式的优劣评价。它是权衡各种因素项目，将一些边界不清、不易定量的因素定量

① 张行．甘肃古生物化石展珍贵标本的科研意义［J］．丝绸之路，2010（4）：105-109.

② 李锐．风险评估研究方法综述［J］．甘肃科技纵横，2018，47（9）：61-63.

化，从而进行综合评价的一种方法。[①] 它在充满模糊性的现实世界和精准的数学之间架起了一座桥梁。其评价步骤为通过建立评判因素集—建立评价集—建立权重集—单因素模糊评判—模糊综合评判，对风险因素进行评估。四是贝叶斯（Bayes）估计法。贝叶斯估计法是将研究所获得的先验概率，用于提高现有样本的完备度，来得到新的统计结果[②]，它提供了一种计算假设概率的方法，从而在假设的先验概率和给定假设下，观察到不同数据的概率。

从以上分析可以看出，风险评估方法类型较多，但无优劣之分，只是使用的情形不同。每种风险评估方法各有各的特色，又各有各的使用范围和领域。总体来看，层次分析法简洁明了，适用方便，具有更为广泛的适用范围，成为研究者较为常用的研究方法。本书在克服层次分析法存在的某些缺陷[③]的基础上，引入非结构性决策模糊集分析单元系统理论，构建判断矩阵，求解准则层单排序权重，有效改进了层次分析法判断矩阵的一致性检验及主观权重的赋值缺陷。这种判断矩阵的构造方法被称为模糊层次分析法（FAHP）。

运用模糊层次分析法，通过在准则层的各测量因素排序过程中采用语气算子定义指标影响权重，从而判别各个指标对于上级准则层重要性的相对隶属度。在风险指标权重确定前提下，采取抽样调查，结合专家访谈或小组会议讨论等方法，本着“能量化的量化，不能量化的等级化赋值”原则，将定量指标和定性指标进行数据可测化。将各层次的观测指标相对隶属度进行归一化处理后得出权重向量。将指标以各自权重为因子，计算加权算术平均值，判别最终决策的指标值。通过比较指标大小，最终做出最优决策。[④]

运用模糊层次分析法，要求在结构层次的设计以及指标体系的设置上，把握主要因素，突出关键，并注意相比较元素之间的强度关系，相差太悬殊的要素不能在同一层次比较。本书采取模糊层次分析法对“三权分置”风险因素进行评估。

（二）评估指标体系的设计

从风险圈层结构和各圈层风险形成机理来看，农村土地经营权流转中存在着

---

① 吴勘，宋倩倩，陈建华．孢粉化石在石油勘探中的应用［J］．石油天然气学报，2008（6）：210-227.

② 李洁均，文世宣，张青松，等．青藏高原隆起的时代、幅度和形式的探讨［J］．中国科学，1979（4）：608-616.

③ 孙兰生．关于订单农业的经济学分析［J］．湖北农业科学，2020，58（17）：147-160.

④ 杨明洪，李彬．中国订单农业违约风险因素评估——来自山东的经验［J］．财经科学，2009（12）：107-116.

多种风险因素，而这些风险因素又不是孤立存在的，其在一定条件下会相互传导叠加。因此，要对所有的风险进行评估分析是困难的，同时也是不经济和不必要的。我们依据研究内容所需，将评估的风险限定在与农民权益密切相关的风险上。

“三权分置”下，土地承包方可以自主决定依法采取出租、入股、抵押或其他方式向他人流转土地经营权。据此，我们依据农民对土地经营权流转的方式，从土地经营权出租、土地经营权抵押和土地经营权入股三个层面，设计风险因素评估指标体系，虽然这样设计不能完全涵盖土地经营权流转风险，但从总体上能够很好地发现“三权分置”下与农民权益相关的风险，对防范这些风险、保护农民权益具有一定的价值。

1. 土地经营权出租层面

土地经营权出租，是指承包方在一定期限内将部分或者全部土地经营权租给本集体经济组织以外其他人的一种处置行为。土地经营权出租给农业带来资金、技术和先进经营模式，给农民带来一定的经济收入，加快了小农户与现代农业的有机衔接。但是工商资本进入农业长时间、大面积租赁农地，容易加剧耕地“非粮化”“非农化”倾向，存在一定的风险隐患。①

调研中发现，土地经营权出租后因租赁方经营不善，加上契约意识不强，出现了大量毁约退地现象，给农民带来毁约退地风险；因自身经营不善或因外部市场风险、自然风险等因素的影响，致使土地租赁者造成严重亏损，农民租金难以收回，给农民带来租金收回风险。② 但是为追求更高的经济利益，有些地方土地租来后不是用来种植粮食作物，而是擅自改变“农地农用”，从事非粮生产或租赁者在耕地上擅自建设永久性建筑物，从根本上改变了土地的农业用途，给农民带来土地用途改变风险，致使后期土地无法耕种或者耕种需花费更高的成本；土地租赁后可能因对土地破坏性使用，致使土壤有机质下降、养分平衡失调、土壤耕层变浅、有益生物区系减少等风险，还可能因在农业生产过程中大量施（使）用化肥、农药等，造成土地面源污染严重，给农民带来地力降低风险；由于工商资本进入农业，长时间、大面积租赁农地的行为，挤占了农民的就业空间，给农民带来就业机会风险。

① 参见《农业部 中共中央农办 国土资源部 国家工商总局关于加强对工商资本租赁农地监管和风险防范的意见》（农经发〔2015〕3号）。

② 参见中华人民共和国第十三届全国人民代表大会常务委员会第十二次会议于2019年8月26日通过的《中华人民共和国土地管理法》，自2020年1月1日起施行。

基于此，将土地经营权出租层面设置了六项评估指标：毁约退地风险、租金收回风险、用途改变风险、地力降低风险、土地污染风险、就业机会风险。

2. 土地经营权抵押层面

《中华人民共和国农村土地承包法》规定，承包方可以用承包地的土地经营权向金融机构融资担保，受让方通过流转取得的土地经营权，经承包方书面同意并向发包方备案，可以向金融机构融资担保。但是在目前相关抵押制度不健全、抵押贷款处于探索阶段时期，土地经营权抵押不仅会给参与抵押的金融机构带来一定风险，而且也会给土地抵押者，即农民带来一定的风险。已有的研究更多的是从金融机构层面，探索土地经营权抵押给金融机构带来的风险以及如何防范这些风险等，而少见从农民权益保障的视角，探索土地经营权抵押贷款给农民带来的风险问题。因此，本书将重点探讨农民在土地经营权抵押贷款中所面临的风险以及如何防范这些风险，并使农民在获得生产活动所需资金的同时，保障其土地和经济权益。

土地经营权抵押贷款涉及两个贷款主体，一个是土地承包方，即土地承包经营权人，他将自己所承包的土地经营权用于抵押获取贷款时，可能因对农业生产活动经营管理不善或者因自然风险、市场风险等，出现经营亏损，致使所贷款项难以如期偿还，从而出现还本付息风险。一旦贷款不能按时还本付息时，极有可能使抵押贷款时所设置的抵押物，即土地经营权被处置，给抵押者带来抵押土地处置风险。如果土地经营权被处置，农民极有可能失去其赖以生存的土地，从而引发失地失业风险。土地经营权抵押贷款主体，即通过土地流转的经营权人，根据相关规定，经营权人经承包方同意可以将土地经营权作为抵押物向金融机构抵押贷款，当经营权人将租赁来的土地经营权进行抵押贷款时，同样也会因其经营管理不善或因自然风险、市场风险等，出现经营亏损，甚至资不抵债，经营破产等，农民因此就会遇到租金收回风险等。此外，由于我国土地经营权抵押贷款还是一个新生事物，在试点中相关法律法规和制度还不健全，也会给土地经营权抵押者带来一定的制度缺失风险等。

基于此，我们将土地经营权抵押层面设置五项评估指标：还本付息风险、土地处置风险、失地失业风险、租金收回风险和制度缺失风险。

3. 土地经营权入股层面

乡村振兴离不开“盘活”农村土地资源，土地经营权入股是用活土地经营权的有效形式、是促进适度规模经营的重要途径、是实现农民权益的重要途径、是实现乡村产业振兴的主要举措。土地经营权入股是农民以自家承包地的“经营权”作为股份，入股龙头企业、合作社、家庭农场等的行为，入股后成为股东，并以此为依据参与利润分红，分享农业全产业链利润。在实践中，“三权分置”下土地经营权入股会遇到入股风险。如果公司经营不善，导致其破产，那么，入股土地也纳入清算资产范畴，如清偿债务后，农民丧失了土地对其生存发展的保障，社会稳定必然会受到影响，所有这也是农民所面临的最大风险。土地经营权入股中的政策法律风险更不可小觑。土地承包经营权入股不仅涉及《中华人民共和国农村土地承包法》，而且会遇到《中华人民共和国公司法》《中华人民共和国物权法》《中华人民共和国劳动法》《中华人民共和国劳动合同法》以及《中华人民共和国企业破产法》等法律限制所带来的困境。[①] 根据导致风险的主要法律原因，将风险划分为三大类：农地入股市场法律机制不健全风险、入股组织决策风险与收益机制缺乏法律保障风险。[②]

基于此，我们将土地经营权入股层面设置五项评估指标：股东权益风险、地价评估风险、破产清算风险、生存保障风险和政策法律风险（见表4-4）。

表4-4　农村土地经营权风险评估指标体系

风险来源	风险类型	指标代码	风险来源	风险类型	指标代码	风险来源	风险类型	指标代码
经营权出租层面（B_1）	毁约退地风险	C_{11}	经营权抵押层面（B_2）	还本付息风险	C_{21}	经营权入股层面（B_3）	生存保障风险	C_{31}
	降低地力风险	C_{12}		土地处置风险	C_{22}		股东权益风险	C_{32}
	改变用途风险	C_{13}		失地失业风险	C_{23}		地价评估风险	C_{33}
	租金收回风险	C_{14}		价值评估风险	C_{24}		破产清算风险	C_{34}
	就业机会风险	C_{15}		制度缺失风险	C_{25}		政策法律风险	C_{35}

二、数据来源与评估过程

（一）数据来源

实证分析资料主要来源于我国山东省的东部地区、中部地区、西南地区的济宁、嘉祥、单县、日照、五莲、寿光等地；重庆的数据主要来自涪陵、长寿、丰都、梁平、垫江、酉阳、秀山等地以及江苏省盐城和安徽等村镇开展的“三权分置”实施现状与风险问题的实地调研，调研方式主要采取问卷调研、入户访谈和

① 任江．农村土地承包经营权入股疑难问题刍议［J］．重庆工商大学学报（西部论坛），2008（1）：23-37.

② 相蒙．农民生存权法律保障机制研究——以农地承包经营权入股为视角［J］．农村经济，2012（9）：113-117.

专家咨询等，最终为形成层次分析提供资料，构建出“三权分置”风险评估模型层次分析结构。

（二）评估过程

1. 建立层次分析模型

从农村土地经营权流转诸多风险中剥离出与农民权益密切相关的风险，通过评估这些风险侵害度，找出侵害农民权益的主要风险，并对相关风险进行排序，以便有重点地防范风险，保护农民权益。根据土地经营权流转风险因素构成，建立目标层 A、准则层 B 和指标层 C 三层的风险评估模型层次结构（见图 4-15）。

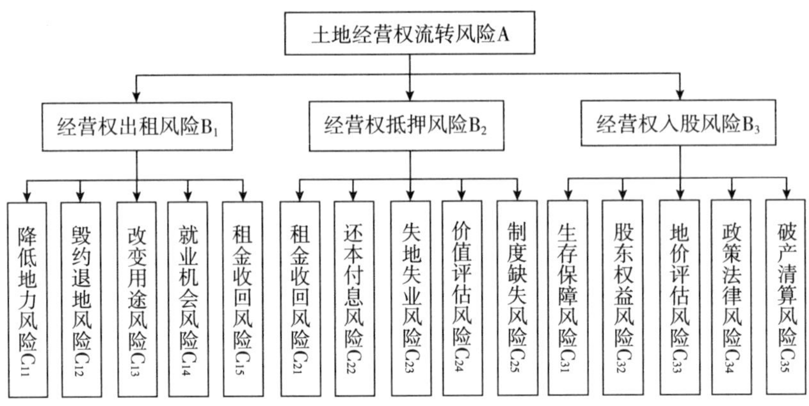

图 4-15　土地经营权流转风险评估模型层次分析结构

利用模糊层次分析法的重点是在构造出决策目标层与各准则层和微观观察指标的层次结构上，构造重要性二元比较矩阵。

2. 构建判断矩阵

构建判断矩阵是计算评估指标权重的关键步骤，判断矩阵各分量表示的是两个评估指标关于“三权分置”风险综合水平的相对重要性程度之比。因此，此比值可以根据 Satty 提出的 1~9 标度法来确定。① 实证研究的目的是在对土地经营权流转风险各因素进行综合分析下，寻找对农民权益影响最明显的因素指标，为土地经营权流转风险管理提供参考，因此重点是分析风险因素的影响权重，而不是最终综合风险值的得分。

① 此法多在层析分析法中用于量化过程，对下一步建立矩阵，进一步求主特征值、特征向量、权重向量、总排序向量起到了重要的作用。

判断矩阵 B 中的元素 b_{ij} 表示指标 b_i 对 b_j 的相对重要性；b_{ij} 的值是根据调研数据和专家意见经过反复研究后确定的，采用的尺度如表 4-5 所示。

表 4-5　标度法

b_i 对 b_j	极为重要	重要得多	重要	稍微重要	同样重要	稍微次要	次要	次要得多	极为次要
b_{ij}	9	7	5	3	1	1/3	1/5	1/7	1/9

2，4，6，8 及其倒数介于上述两相邻判断之间。

3. 计算各层因素指标权重

一是对判断矩阵按行元素求积，再求 1/n 次幂：

$$\bar{W}^{i}=\sqrt[n]{\prod_{j=1}^{n} b_{ij}}\ ,\ i,\ j=1,\ 2,\ l,\ n$$

二是归一化处理，即得权重系数 W_i：

$$W_i=\frac{\bar{W}_i}{\sum_{i=1}^{n}\bar{W}_i}$$

4. 判断矩阵的一致性检验

根据层次分析法原理，要确定每个层次全部要素的相对权重，首先必须对判断矩阵进行一致性检验，若不满足一致性条件，则修改判断矩阵，直至满足为止。

一是计算矩阵最大特征根 λ_{max}：

$$\lambda_{max}=\frac{1}{n}\sum_{i=1}^{n}\frac{(AW)_i}{W_i}$$

二是计算一致性指标 C. I.：

$$C.\ I.=\frac{\lambda_{max}-n}{n-1}$$

三是计算一致性检验系数 CR：

$$CR=\frac{CI}{RI}$$

平均随机一致性指标（RI）如表 4-6 所示。

表 4-6　平均随机一致性指标（RI）

阶数	1	2	3	4	5	6	7	8	9
RI	0. 00	0. 00	0. 58	0. 89	1. 12	1. 26	1. 37	1. 41	1. 46

5. 实例分析

一是构造判断矩阵。参考调研数据，邀请行业专家，按照如图 4-15 所示，采用德尔菲法对准则层三个风险因素进行重要性判定，确定各因素的相对重要性并赋予权重。采用上述 1~9 标度法构造目标层 A 到准则层 B 的判断矩阵 R_{AB}。

$$R_{AB}=\begin{bmatrix}1 & 4 & 9\\ 1/4 & 1 & 5\\ 1/9 & 1/5 & 1\end{bmatrix}$$

二是计算指标权重和一致性检验。计算准则层指标权重 W_B = （0. 7085，0. 2311，0. 0604）^{T}，判断矩阵 A 最大特征根 $\lambda_{max}=3.0713$，计算一致性指标 CI = 0. 0356，进行一致性检验 CR = CI/RI = 0. 0356/0. 58 = 0. 0614。

三是根据指标层风险因素建立各判断矩阵并计算指标层权重值、特征根且进行一致性检验（见表 4-7 至表 4-9）。

表 4-7　经营权出租风险 B_1 的判断矩阵

风险类型	C_{11}	C_{12}	C_{13}	C_{14}	C_{15}	W_1
毁约退地风险 C_{11}	1/8	1	1/7	1/2	1/4	0. 0421
降低地力风险 C_{12}	1	8	3	5	4	0. 4904
改变用途风险 C_{13}	1/3	7	1	3	2	0. 2418
就业机会风险 C_{14}	1/5	2	1/3	1	1/2	0. 0830
租金收回风险 C_{15}	1/4	4	1/2	2	1	0. 1427

注：$\lambda_{max}=5.1757$，一致性检验 CI = 0. 0439，CR = 0. 0392<0. 1。

表 4-8　经营权抵押风险 B_2 的判断矩阵

风险类型	C_{21}	C_{22}	C_{23}	C_{24}	C_{25}	W_2
租金收回风险 C_{21}	1	1/4	1/5	3	5	0. 1191
还本付息风险 C_{22}	4	1	1/3	6	7	0. 2823
失地失业风险 C_{23}	5	3	1	8	9	0. 5102
价值评估风险 C_{24}	1/3	1/6	1/8	1	2	0. 0536
制度缺失风险 C_{25}	1/5	1/7	1/9	1/2	1	0. 0348

注：$\lambda_{max}=5.2932$，一致性检验 CI = 0. 0733，CR = 0. 0655<0. 1。

表 4-9　经营权入股风险 B_2 的判断矩阵

风险类型	C_{31}	C_{32}	C_{33}	C_{34}	C_{35}	W_3
生存保障风险 C_{31}	1	4	3	6	8	0. 4846

续表

风险类型	C_{31}	C_{32}	C_{33}	C_{34}	C_{35}	W_3
股东权益风险 C_{32}	1/4	1	1/3	3	6	0. 1474
地价评估风险 C_{33}	1/3	3	1	4	7	0. 2647
政策法律风险 C_{34}	1/6	1/3	1/4	1	2	0. 0664
破产清算风险 C_{35}	1/8	1/6	1/7	1/2	1	0. 0370

注：$\lambda_{max}=5.2875$，一致性检验 CI＝0. 0719，CR＝0. 0642<0. 1。

三、风险因素影响权重与评估结果分析

为分析农村土地经营权风险对农民权益侵害的影响度，运用模糊层次分析法将定性分析与定量分析结合起来，在语气算子的定量标度下，将指标融入整个风险体系，从而得出 B 级层面风险指标权重、C 级层面风险指标权重和各风险组合权重（见表 4-10）。

表 4-10　风险因素组合权重

B 级指标	C 级指标	组合权重
经营权出租风险 B_1（0. 7085）	毁约退地风险 C_{11}（0. 4904）	0. 3475（max）
	降低地力风险 C_{12}（0. 0421）	0. 0298
	改变用途风险 C_{13}（0. 2418）	0. 1714
	就业机会风险 C_{14}（0. 0830）	0. 0588
	租金收回风险 C_{15}（0. 1427）	0. 1011
经营权抵押风险 B_2（0. 2311）	租金收回风险 C_{21}（0. 1191）	0. 0275
	还本付息风险 C_{22}（0. 2823）	0. 0652
	失地失业风险 C_{23}（0. 5102）	0. 1179
	价值评估风险 C_{24}（0. 0536）	0. 0124
	制度缺失风险 C_{25}（0. 0348）	0. 0080
经营权入股风险 B_3（0. 0603）	股东权益风险 C_{31}（0. 4846）	0. 0292
	生存保障风险 C_{32}（0. 1474）	0. 0089
	地价评估风险 C_{33}（0. 2647）	0. 0160
	政策法律风险 C_{34}（0. 0664）	0. 0040
	破产清算风险 C_{35}（0. 0370）	0. 0022（min）

从表4-10可以看出：

第一，从B层面上来看，经营权出租风险最大（0.7085），其次是经营权抵押风险（0.2311），相对最弱的是经营权入股风险（0.0603）。经营权出租风险最大的根本原因在于：一是出租是土地经营权流转的主要方式，也是放活经营权的主要手段，相比土地经营权抵押贷款和入股，土地经营权出租无论在广度上还是在深度上都高于前者，因此潜在的风险无疑也是最多的。二是依据契约理论，现实中的契约都是非完全性的，因此土地经营权出租契约也是非完全性的。这就为土地经营权人提供了一定的违约空间，所以违约风险大量存在。三是在实践中，一些农民在土地经营权出租过程中，没有签订书面合同，很多是口头协议，这在一定程度上也增加了违约风险的发生。四是土地经营权租赁的主体多为工商资本，资本的逐利性暴露无遗，导致农地“非农化”“非粮化”风险，特别是因经营不善，“毁约退地”或“跑路”行为大量发生，加剧了土地经营权出租风险。五是土地经营权人获得土地经营后，由于各种原因，会对土地经营权再流转，进一步增加土地经营权的出租风险。抵押贷款风险相对较小，不是说在这一过程中总的风险较少，而是说，针对抵押贷款的农民来说风险是较少的。因为抵押贷款风险主要由金融机构承担了，金融机构承担了大量风险，这也是土地经营权抵押贷款实施效果不好的一个重要原因。经营权入股风险最小，很大原因是目前经营权入股还处于尝试阶段，各地因地制宜，采取不同的入股模式，无论是农民还是土地股份公司、土地股份合作社等都对土地经营权入股比较慎重，因此呈现出来的风险相对土地经营权出租和抵押贷款来说较弱。

第二，从C层面上来看，来源于经营权出租风险（B_1）层面中的“毁约退地风险”（C_{11}）最大，组合权重为0.3475，成为“三权分置”风险中侵害农民权益最大的风险，应引起高度重视。居第二位的风险也是来源于经营权出租风险（B_1）层面中的“改变用途风险”（C_{13}），组合权重为0.1714，改变“农地农用”用途，进行“非粮化、非农化”经营的行为，极大地危害了农民的权益，应成为学者和政府关注的重点。对农民权益影响最小的风险是来源于经营权入股风险（B_3）层面中的“破产清算风险”（C_{35}），组合权重为0.0022，可能的原因是就目前而言，虽然有些农民入股的企业破产，但实际上真正进行破产清算的并不多，总体而言对农民权益影响不大。

第三，从横向比较排序来看，在经营权出租风险中，最需要关注的风险是：毁约退地风险、改变用途风险和租金收回风险，最小的风险为降低地力风险。在经营权抵押贷款风险中，最需要关注的风险是：失地失业风险、还本付息风险和价值评估风险，最小的风险为制度缺失风险。在经营权入股风险中，最需要关注的风险是：股东权益风险、生存保障风险和地价评估风险，最小的风险为破产清算风险。

本章小结

风险与风险管理理论多用于工商企业和金融机构中。本章尝试把该理论运用到农村土地经营权风险的研究中，在借鉴已有风险管理理论的基础上，构建了土地经营权流转风险圈层结构。在这一结构中，我们认为自然风险等应为这一风险圈层结构的外部圈层风险。市场风险等应为这样一风险圈层结构的中间圈层风险，这是因为：一是这类风险是农村集体土地所有权、承包权和经营权“三权分置”实施过程中广泛存在的风险；二是这类风险的发生有的是通过外部圈层风险传导而来，有的是在本圈层内部自然生成的，但大多风险都会通过违约形式，即契约风险表现出来。契约风险应为整个风险圈层的核心圈层风险，这是因为：一是契约是联结农村集体经济组织、土地承包户、土地经营权受让方、土地经营权承租方、土地经营权入股公司（合作社）、土地经营权抵押贷款金融机构的纽带，而有了契约也使契约风险的发生成为可能；二是农村土地经营权流转中诸多风险最终均表现为契约风险；三是契约风险是诸多风险中给农民权益带来危害最大的风险。

风险具有极强的传导性。以自然风险为代表的外部圈层风险，主要是受自然条件和自然环境突变影响，进而威胁农业生产活动；以市场风险为代表的中间层风险主要是由于农产品市场供求变化引起的农产品市场价格的剧烈波动而引发的；以契约风险为代表的核心圈层风险，主要是由于契约本身的非完全性、土地承包方与土地经营权人的机会主义行为、有限理性以及违约成本的低廉性导致的。

通过对土地经营权流转风险因素评估，得出以下结论：一是从 B 层面上来看，经营权出租风险最大，其次是经营抵押风险，相对最弱的是经营权入股风险。二是从 C 层面上来看，来源于经营权出租风险层面的“毁约退地风险”最大，成为农村土地经营权风险中侵害农民权益最大的风险，来源于经营权出租风险层面的“改变用途风险”居第二位，对农民权益影响最小的风险是来源于经营权入股风险层面的“政策法律风险”。三是从横向比较排序来看，在经营权出租风险中，最应关注的风险是：毁约退地风险、改变用途风险和租金收回风险。在经营权抵押贷款风险中，最应关注的风险是：失地失业风险、还本付息风险和价值评估风险。在经营权入股风险中，最需要关注的风险是：股东权益风险、生存保障风险和地价评估风险。

通过对农村土地经营权风险因素评估，提出以下建议：签订尽可能完全的契约、提高违约成本，严防擅自改变土地农业用途，细化“保底收益+按股分红”制度，探索“优先股”“土地赎回权”制度，建立健全农业风险保险制度，控制工商资本租赁农户承包地面积和建立工商资本租赁农地资格审查等。

第五章　农村土地经营权风险识别与形成机理

产权是社会强制执行的对资源多种用途进行选择的权利，具有“使用、收益和交易”三种最基本权项（周其仁，2004），合理的产权制度能降低交易费用，有利于外部性内在化，从而提高资源配置效率。[①]《牛津法律大辞典》把产权定义为存在于任何客体之中或之上的完全权利，它包括占用权、使用权、出借权、转让权、用尽权、消费权和其他与财产有关的权利。农村土地“三权分置”下的产权是指农地所有权、承包权和经营权三种权能的内涵以及依据一定法律和制度所进行的土地经营权流转。“三权分置”改革的创新之处在于把农村土地权利分为所有权、承包权和经营权。明晰的权利主体是市场交易的前提和基础。土地所有权是初始权利，其核心是处分权；土地承包权是农民生活的基础保障，其核心是财产保障权；土地经营权是优化土地资源配置之权利，其核心是收益权。“三权分置”下不同的权利主体具有不同的权益诉求，均会产生一定的风险。

本部分对“三权分置”下农村集土地所有权、农户土地承包经营权和新型农业经营主体通过土地经营权流转获得土地经营权的风险进行识别，分别阐述不同土地权利主体所面临的风险类型以及不同风险所形成的原因。但是，这样细分时，虽然“三权分置”内容有时显得重叠，风险类型有时显得重复，但是它有利于对土地经营权流转风险进行研究，有利于剖析各个权利主体的潜在风险，有利于为防范风险，寻求制度上的完善，提供理论支持。

---

① 林卿．农民土地权益流失与保护研究——基于中国经济发展进程［M］．北京：中国社会科学出版社，2013.

第一节　土地承包权与土地经营权

农民土地权益的实现，借助于土地经营权的流转。通过流转土地经营权从而获得一定的经济收益。但在其获得土地流转收益的过程中，也会遇到一定的风险，导致土地经营权的实现具有很大的不确定性，使“三权分置”下农民土地权益受到不同程度的侵害。

一、土地承包权的内涵与性质

（一）土地承包权的内涵

在“两权分离”下，土地产权结构为“集体所有权+土地承包经营权”，这是“两权分离”的经济思想在法律上的具体描述，在集体所有权之上设定了他物权性质的承包经营权。

土地承包经营权产生于我国“两权分离”的土地制度安排，在 1986 年的《中华人民共和国民法通则》中首次得到确认，2002 年《中华人民共和国农村土地承包法》对此进行了详细的规定以及后来的《中华人民共和国土地管理法》和《中华人民共和国物权法》都对土地承包经营权作了专门的阐述。

在“三权分置”下，土地产权结构为“集体所有权+承包权+经营权”，这一权利结构下，土地承包经营权是由集体所有权派生的，经营权是由承包经营权派生的，从而使经营权进入流通阶段。如果农地未进入流通阶段则土地权利结构仍表现为“两权分离”的权利结构，在此状态下，土地承包经营权由集体土地所有权派生，土地承包经营权不再派生出经营权。由此，“两权分离”和“三权分置”在法理上保持了一致。至于土地承包权的性质，学术界主要形成了“成员说”和“用益物权说”两种观点。

（二）土地承包权的性质

1. 成员说

“成员说”认为“三权分置”下的土地承包权应属于成员权。承包权是由农村集体经济组织成员初始取得该集体经济组织发包的土地承包权的一种资格，不属于土地承包经营权制度的组成部分。[①] 土地承包权名为权利，实则是一种承包

① 高飞．农村土地“三权分置”的法理阐释与制度意蕴［J］．法学研究，2016（3）：3-19.

土地的资格，而非一项可以长久行使的财产权利。[①] 也有学者不认同这种观点，认为把承包权界定为成员权，在法理上值得商榷。其理由为：其一，成员权享有的只是一种期待性的利益；其二，成员权理论本身有待进一步深化和探讨；其三，按照有关文件，土地承包权的权利内容包括占有、使用和收益，明确界定了承包权作为权利本身应有的含义和属性，是权利主体对土地所享有的支配与使用权，承包权本身是权利，而不是资格。[②]

2. 用益物权说

"用益物权说"主张"三权分置"下的承包权是一项独立的物权，具有用益物权的性质。用益物权是指非所有权人对他人之物的占有、使用和收益权。承包权与经营权分离后，两者皆为物权，承包权是一种单独的物权性质的财产权，经营权来自承包权，也是一种物权。在农地承包权中，承包人享有占有、使用和收益的权利，这正是用益物权的权利内容。

鉴于此，我们认为"三权分置"下的土地承包权是指"两权分离"中的土地承包经营权，属于身份属性的用益物权。只有如此定位，才能解释和发挥承包户使用、流转、抵押、入股以及退出承包地的各种权能。"三权分置"赋予承包户占有、使用、流转承包地并获得土地收益的权利，这样既保证了农户作为集体经济组织成员所享有的身份福利，又为土地经营权融资和入股等提供了政策支撑。

二、土地经营权的内涵与性质

（一）土地经营权的内涵

2014 年的中央一号文件首次提出土地经营权，并指出稳定农户承包权、放活土地经营权，承包土地的经营权向金融机构抵押融资，这里用土地经营权代替了土地承包经营权。2015 年的中央一号文件进一步指出，引导土地经营权规范有序流转，2016 年的中央一号文件也延续了这一概念。

对于何谓土地经营权，目前法律中并没有明确界定。叶兴庆认为土地经营权是从土地承包经营权中分离出来的一种相对独立的权利，是流转合同约定年限内的实际控制权，是利益流转土地开展农业生产经营活动的自主权、收益权和处分权。[③] 土地经营权属于法人财产权，可以通过市场化的方式配置给有能力的人，

---

① 朱广新．土地承包权与经营权分离的政策意蕴与法制完善［J］．法学，2015（11）：38-41.

② 苏艳英．三权分置下农地权利体系构建研究［M］．北京：知识产权出版社，2019.

③ 叶兴庆．合理界定农地所有权、承包权、经营权［N］．中国经济时报，2013-12-05.

具有明显的开放性和可交易性。[①] 根据经营权的一般定义，农地经营权强调了它是独立于农户承包权而存在的，更加突出了土地的流转功能，弱化了农户承包权的成员权色彩，具有明显的开放性和交易性，即不是集体经济组织的成员依然可以流转农户的承包地，成为土地经营权人。[②] 从权利性质上看，土地经营权具有权利具有的平等性与非身份性、独立性、排他性和可处分性的特征。[③] 黄建中对“三权分置”下农村土地经营权的特点进行归纳，认为土地经营权：①是一种独立的民事权利；②属于物权；③土地经营权人对农地具有占有、使用和部分收益权能；④土地经营权人应在法律规定的范围内行使权利；⑤土地经营权的取得须履行登记等法律程序。[④]

（二）土地经营权的性质

如何界定土地经营权的性质，学者们有不同的观点。当前理论界对土地经营权性质的认识大致有“物权”说、“债权”说和“成员权”说三种观点。

1. 土地经营权“物权”说

“物权”说把土地经营权性质定义为用益物权。大多数学者认同土地经营权是一项物权，是用益物权。《物权法》通过立法的形式将农村土地承包经营权规定为用益物权，明确了土地承包经营权的物权性质。将其规定为用益物权。[⑤] 承包人可以以用益物权人的地位直接对抗第三人的侵害，包括政府的违法干预。[⑥] 经营权乃是土地承包经营权人设定的、以土地承包经营权为标的的权利用益物权。[⑦]

“物权”说不能清晰论述土地承包经营权的法理基础。无论上述两者客体是否相同，当其成为用益物权性质的权利时，自身便具有占有、使用、收益和处分的完整权能。[⑧]依照该说，便会出现同时存在两个用益物权，并且这两个权利都具备占有和使用的权能。[⑨] 其多层权利客体的结构实际上就名不副实，仍然没有解决同一物上两个用益物权的问题，将土地经营权的性质归为用益物权的观点不能成立。

---

① 张文宇．从“两权分离”到“三权分离”［N］．新农村商报，2014-01-15（AB）．

② 卢代富．农村土地“三权分置”法治保障研究［M］．北京：法律出版社，2018.

③ 彦文．“三权分置”改革：重构农村土地权利体系［N］．中国经济时报，2016-09-09.

④⑧ 黄建中．农地“三权分置”法律实施机制理论与实践［M］．北京：中国法制出版社，2017.

⑤ 党国英．论我国土地制度改革现实与法理基础［J］．新视野，2012（5）：11-16.

⑥ 张力，郑志峰．推进农村土地承包权与经营权再分离的法制构造研究［J］．农业经济问题，2015（1）：79-92.

⑦ 蔡立东，姜楠．农地三权分置的法实现［J］．中国社会科学，2017（5）：102-122.

⑨ 吴义龙．“三权分置”论的法律逻辑、政策阐释及制度替代［J］．法学家，2016（4）：28-41.

2. 土地经营权“债权”说

“债权”说把土地经营权的性质定义为债权，而非物权。“三权分置”下当把土地承包经营权分为承包权和经营权，才会发生土地承包经营权流转，土地经营权才可能从承包经营权中分离出来；反之，则无实际意义上的土地流转。农业部的主导观点认为土地经营权是债权，部分学者从物权法的角度出发也持此观点。例如，高圣平教授提出，主导《中华人民共和国农村土地承包法》修改的农业部的主流意见是将其认定为一项债权。该学说的依据为：首先，土地承包经营权系借助农户的身份属性取得，基于其用益物权的法理属性，承包农户享有的对承包地占有、使用、收益以及流转等权利。① 土地经营权的取得方式主要通过合同取得，因此两者在权利取得上存在较大差异。其次，在实践中，土地承包经营权的流转期限取决于合同双方意愿，流转期限有长有短，具有随意性。实践中，多为三年、五年或十年，② 不具有物权长期存续的特点。再次，许多地方制定相关的政策文件都要求：当签订《农村土地承包经营权抵押合同》将农村土地抵押给受让方时，需发包方和承包方同意。符合租赁债权转让需经过出租人同意的要求。最后，土地受让方仅能在合同存续期间享有土地的占有、使用等权能，一旦合同期限届满，该种权利便不复存在。

3. 土地经营权“成员权”说

“成员权”说把土地承包经营权定义为具有身份性质的成员权。依据《中华人民共和国农村土地承包法》第五条规定，“农村集体经济组织成员有权依法承包由本集体经济组织发包的农村土地”。其中的“有权”便是指土地承包权，土地承包权实质上是一种承包集体土地的资格。③ 由此可见，土地承包权的主体为“农村集体经济组织成员”，不具有该成员身份的主体，便不具备享有该集体经济组织发包的土地承包经营权的资格。土地承包权依附于农村成员身份关系之上，与集体成员身份密切相关，因此其性质应为成员权。④ “三权分置”实际上是土地承包经营权与土地经营权的分离。

有些学者则有不同看法，认为把土地承包经营权定义为具有身份性质的成员权，值得商榷。其理由是：首先，承包权作为集体成员平等享有承包集体土地或

① 申惠文，杜志勇．农地融资法律模式研究［J］．河南工程学院学报（社会科学版），2016（2）：33-38.

② 李光荣．中国农村土地市场发展报告［M］．北京：中国社会科学出版社，2016.

③ 刘俊．土地承包经营权性质探讨［J］．现代法学，2007（2）：170-178.

④ 戴威，陈小君．论农村集体经济组织成员权利的实现——基于法律的角度［J］．人民论坛，2012（1）：20-23.

者获得等量利益的权利,[①] 虽与成员权具有交叉重叠的部分，但并不能简单地等同于成员权，其本质应是“农户家庭基于集体成员身份取得的土地使用权”。[②] 其次，将土地承包权作为要求集体经济组织分包土地的请求权，便无法对其进行物权上的保护，间接隔断农户对土地利益的自由支配。再次，如若依循“三权分置”是土地承包权与土地承包经营权分离的解释路径，那么势必要解释在权利分离之前，合一的权利是什么。土地承包权与土地承包经营权又是由哪种固有权利分离而来，两种设立顺序有先后的权利，如何在同一节点上进行分离。最后，对于“三权分置”的解读不能异化，应从政策的本义出发。政策的指向性很明确，意在变“集体土地所有权—土地承包经营权”为“集体土地所有权—农户承包权—土地经营权”。[③]

三、土地经营权流出与流入的动因分析

农村土地“三权分置”下，土地经营权流转主体为土地经营权的承包方（流出方）和土地经营权的受让方（流入方）。在土地经营权租赁关系中，土地经营权的承包方，即承包经营户，也称为土地经营权的出租方。土地经营权的受让方是指通过与拥有土地承包经营权的农户协商一致，获得土地经营权的一方。土地经营权的受让方在土地经营权租赁关系中，也称为承租方。土地经营权出租主要依靠土地经营权租赁合同。

（一）土地经营权流出的动因

1. 土地经营权流出动因的理论分析

研究承包户土地经营权流出的动因可从不同学科、不同理论和不同视角进行探讨。本部分基于机会成本和交易费用理论，就承包户土地经营权流出的动因在进行理论分析的基础上，结合调研案例进行实证分析。

农村土地“三权分置”下，承包户流出的土地实为所承包土地的经营权。假设承包户尚未流出土地经营权时，土地产出的净收益（设为 R_{n1}）视为承包户的土地收益。承包户将土地经营权流出后，其所获收益（设为 T_{f1}）为土地收益分红（设为 T_{f2}，$T_{f2}\geqslant 0$）和其他劳动收入（设为 R_0）的总和；土地经营权流出后，承包户的土地流出成本，表现为土地经营权流出的交易费用（设为 T_{p1}）。那

① 刘俊．土地承包经营权性质探讨［J］．现代法学，2007（2）：170-178.

② 刘恒科．“三权分置”下集体土地所有权的功能转向与权能重构［J］．南京农业大学学报（社会科学版），2017（2）：102-112+153.

③ 黄建中．农地“三权分置”法律实施机制理论与实践［M］．北京：中国法制出版社，2017.

么，承包户流出土地经营权后的净收益 R_{tn} 就可以表示为：$R_{tn}=T_{f1}+T_{f2}+R_0-T_{p1}$。对于理性承包户而言，只要当土地经营权流出后的收益大于流出前的收益时，就会选择流出土地经营权，并有时间和机会从事其他工作，从而获得更多经济收入。因此，首先要分析的便是土地经营权流出后，承包户收益的增加（设为 R_a）情况，即 ΔR_a 的大小：

$$\Delta R_a=R_{tn}-R_{n1}=T_{f1}+T_{f2}+R_0-T_{p1}-R_{n1} \tag{5-1}$$

从式（5-1）可以清楚地看出，承包户放弃土地经营权而选择从事其他工作要满足的基本条件是 $\Delta R_a>0$，这也是土地经营权得以流出的前提条件。进一步将式（5-1）变形，可得到：

$$\Delta R_a=(T_{f1}+T_{f2}-T_{p1})+(R_0-R_{n1}) \tag{5-2}$$

这里可以做进一步细致的分析，若 $R_a>0$ 时，有以下几种情形：

情形一：$T_{f1}+T_{f2}-T_{p1}>0$，$R_0-R_{n1}>0$。在此情况下，承包户一方面会选择放弃土地经营权，选择从事其他生产活动（因为 $R_0>R_{n1}$），另一方面又会选择将土地经营权流转出去，因为流出土地经营权获得的转让费和分红大于流出的交易费用。

情形二：$T_{f1}+T_{f2}-T_{p1}<0$，$R_0-R_{n1}>0$。在此情况下，尽管从事其他生产活动的收益大于土地经营收益，但是土地经营权流出成本却大于流出收益，此时承包户的理性选择自然就是在放弃土地生产经营的同时，也放弃土地经营权的流出，即宁愿选择土地抛荒，也不愿意流出，因为抛荒的土地至少还起到保证其在从事其他生产活动获得收益不稳定或不划算时，可以返回继续从事农业生产。

情形三：$T_{f1}+T_{f2}-T_{p1}>0$，$R_0-R_{n1}<0$。在此情况下，尽管承包户从事其他生产活动的收益大于原先进行从事农业生产的产出收益，合理的转出和分红的收益小于原先进行农业生产的产出收益，但合理的转让和分红收入在扣除交易成本后的净收入则完全可以补偿这部分损失，因此承包户也会选择将土地经营权流出。

由上述分析可知，在情形一和情形三下，承包户会选择流出土地经营权，这两种情况有个共同条件，即 $T_{f1}+T_{f2}-T_{p1}>0$。因此，可以得到土地经营权流出的另一个基础条件 $T_{f1}+T_{f2}>T_{p1}$，即流出土地经营权所获得的收益以及经营分红必须大于流出的交易费用。

由此可见，当承包户预期在土地经营权流出后的收益能够同时满足这两个条件，即 $\Delta R_a>0$ 和 $T_{f1}+T_{f2}>T_{p1}$ 时，承包户就会在利益的驱动下选择流出土地经营权，这一点也完全符合现实。

例如，调查发现，山东省单县袁楼村很多村民具有流出土地经营权的强烈愿望，超过 80%的村民愿意将土地流转出去。这是因为在这里土地流转出去的收入每亩能有800多元，同时流转土地成本几乎为零（流转双方同意即可），所以$T_{f1}+T_{f2}>T_{p1}$，而流转出土地的农民又可以外出打工，其收入远远大于种地收入，即$R_0-R_{n1}>0$，因此，$R_a>0$，此时流转有利可图。但是，大多数村民出于对土地政策的顾虑和对土地与生俱来的情结，在土地是否流转出去的问题上持谨慎态度，这在一定程度上严重影响了土地经营权的流转，阻碍了土地资源的合理配置。因此，到目前为止，全村土地流转总数还不到耕地面积的1/10。

上述分析表明，如果土地经营权流转机制完善、交易成本低廉，农民将土地流出后的收益与流出前相比有一定的提高，其对土地流转政策和风险掌控较好，那么，农户出于理性，会自发地选择将土地经营权流转出去。该实例也说明，农村土地经营权流转对于那些不愿意或不擅长农业生产的农民来说无疑是实现土地权益、提高收入的有效途径。

2. 土地经营权流出动因的实证研究

（1）重庆市人口及就业情况。2018年重庆市常住人口为3101.79万人（见表5-1），比上年增加26.63万人。全年外出市外人口479.29万人；[①] 城镇新增就业人员75.30万人；全年累计农村劳动力非农就业823.00万人；全市农民工总量766.03万人。其中，外出农民工553.95万人，增长2.8%。[②]

表5-1　2018年末常住人口数及其构成

指标	年末数（万人）	比重（%）
全市常住人口	3101.79	100.0
按城乡分		
城镇	2031.59	65.5
乡村	1070.20	34.5
按性别分		
男性	1563.43	50.4
女性	1538.36	49.6
按年龄段分		
0~15岁（含不满16周岁）	562.29	18.1
16~59岁（含不满60周岁）	1901.12	61.3
60周岁及以上	638.38	20.6
#65周岁及以上	437.35	14.1

资料来源：《2018年重庆市国民经济和社会发展统计公报》。

（2）重庆市土地经营权流出动因。基于重庆市土地经营权流出的外部环境，

①② 参见《2018年重庆市国民经济和社会发展统计公报》，重庆市政府网，2019年3月19日。

根据调研的220份问卷结果，统计显示，共有34户承包方选择流出土地经营权。秀山县的流转农户有10户，其中有3户流出土地经营权；黔江区的流转农户有11户，其中有6户流出土地经营权；渝北区的流转农户有22户，其中有9户流出土地经营权；梁平区的流转农户有23户，其中有16户流出土地经营权。

调研发现，因区域经济发展水平不同，承包户流出土地经营权的动因也各不相同。根据调研需要，我们具体设置了9项土地经营权流出动因：1=家庭缺少务农劳动力；2=年老体弱多病；3=种粮效益低；4=家庭有其他经济来源；5=农产品价格波动大；6=农产品自然灾害严重；7=种地太辛苦；8=转出可获得一部分收益；9=其他；可多选。

调研的220份问卷结果显示，有66户承包户进行了土地流转，且流转方式多种多样，除了租赁之外，还有互换、入股等形式。从调研设置的四个区县最终数据来看，有35%的样本承包户是因为家庭缺少劳动力，而选择流转出土地；30%的样本承包户是因为自己年老体弱多病无力耕种，致使他们不得不选择流转土地；15%的样本承包户是因为种地太辛苦，而选择流转出土地；7%的样本承包户是因为家庭有其他经济来源，而选择流转出土地；5%的样本承包户是因为转出土地后可获得一部分收入，而选择流出土地；3%的样本承包户是因为种粮收入太低，而选择流出土地。此外，因农产品自然灾害严重和其他原因导致流转出土地的各占2%，因为农产品价格风险大而流出土地的仅占1%（见图5-1）。

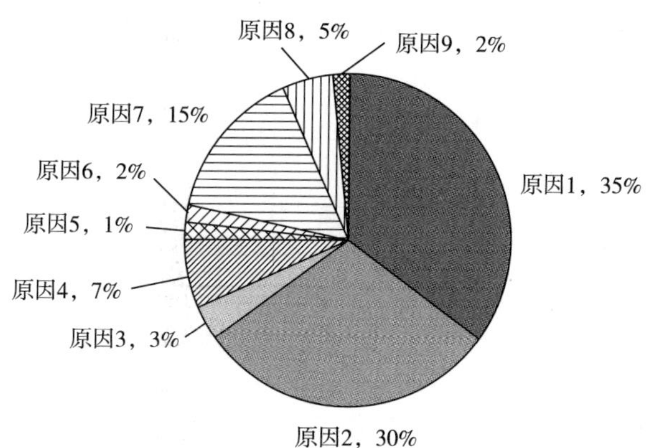

图5-1　调研样本中各农户转出原因分布情况

（二）土地经营权流入的动因

1. 土地经营权流入动因的理论分析

农村土地“三权分置”下，土地经营权人是否流入土地进行农业生产经营，是出于其理性判断的。土地经营权人在土地流入前，设其所从事农业生产经营所获得的净收益为 R_{n2}，流入土地后所获得的净产出收益为 R_{ti}，付给承包权人的土地经营权流转费用为 T_{f1}，经营分红为 T_{f2} 和转入土地经营权所支付的交易费用为 T_{p2}。那么，土地经营权人转入土地后的净收益（设为 R_{n3}），$R_{n3}=R_{ti}-T_{f1}-T_{f2}-T_{p2}$，在这里，应该考量的是转入后经营权人所得收益较转入前变动的情况，即 ΔR_b 的大小：

$$\Delta R_b=R_{n3}-R_{n2}=R_{ti}-T_{f1}-T_{f2}-T_{p2}-R_{n2} \tag{5-3}$$

式（5-3）表明，要让经营权人做出流入土地的决策，就必须满足条件 $\Delta R_b>0$，即 $R_{ti}>T_{f1}+T_{f2}+T_{p2}+R_{n2}$，也就是说，只有当因流入土地所要支付的各种费用（转让费、经营分红、交易费用等）和因流入土地所失去的机会收益都能在农业净产出中得到补偿，经营权人才有意愿流入土地，且获得的补偿越多，其流入意愿也就愈加强烈。事实上，选择流入土地的经营权人常常是农业专业大户或者有一定经济实力的农业组织（企业），其农业生产函数与小农户大相径庭，因为土地不是其投入的唯一生产要素，通过投入更多的资金、技术和现代化管理，土地产出会大大提高，这样就完全有可能补充成本的不足，实现 $\Delta R_b>0$。

在前面提及的单县袁楼村农民土地经营权流出的情况，在这个例子中同样可以看出，万庄村村民流入的土地大多用于大棚蔬菜、大蒜等规模化经济作物种植，效益一般都很好。同样地，土地流入对于经营权人来说也是有益的，即使扣除了一定的流转费用、土地分红、机会成本和交易费用等，进行农业生产的收益还是增加的，即 $\Delta R_b>0$。

总之，通过成本—收益分析可知，只要 $\Delta R_a>0$、$\Delta R_b>0$，土地经营权流转对承包方和经营权方来说都是有益的，有利于实现农民的土地非生产性财产收益和提高农民的土地生产性收益。受利益驱动，农民自然会对土地流转表现出极大的热情，土地流转也就可能实现。同样也能说明土地经营权流转，对实现和保障农民土地权益具有巨大的现实意义。

2. 土地经营权流入动因的实证分析

调研的220份问卷结果显示，共有32户农户选择流入土地经营权。秀山县的土地经营权流转户数有10户，其中7户转入土地经营权；黔江区的土地经营权流转户数有11户，其中5户流入土地经营权；渝北区的土地经营权流转户数有22户，其中13户流入土地经营权；梁平区的土地经营权流转户数有23户，其中7户流入土地经营权。

（1）流入土地经营权的动因。根据调研发现，农户流入土地经营权的动因各

不相同，具体设置了五项土地经营权流入原因：1=增加经济收入；2=获得更多的国家补贴；3=承包的土地不够种；4=周边的抛荒地太多；5=其他；可多选。

根据调研结果，其中55%的被调查者表示自己流入土地经营权的原因是为了形成规模化经营，以增加家庭经济收入；28%的被调查者表示因为国家的扶持力度较大，为了获得更多的国家补贴而选择流入土地；有11%的被调查者表示由于家庭周边的抛荒地较多而选择流入土地；有4%的被调查者表示由于自家承包土地不够种而选择流入土地；有2%的被调查者选择流入土地是其他原因（见图5-2）。

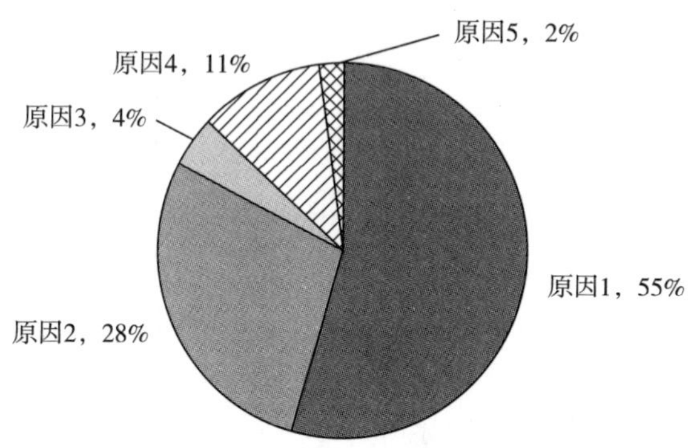

图5-2　调研样本中各农户转入原因分布情况

（2）流入土地经营权的期限与合同情况。土地经营权流入者通常是企业或者种植大户，他们为了简化流入程序，减少流入的交易成本，会找到村干部协商流转的期限和是否订立合同。一般情况下流转期限为2~5年，便于应对气候、产出质量以及农产品价格的不确定性，他们为了节约交易成本或者相应的手续费，通常不与土地流出者签订合同。

第二节　土地经营权风险识别及其形成机理

一、土地经营权出租风险识别及其形成机理

（一）土地经营权出租内涵及现状

1. 土地经营权出租的内涵

土地承包户可以自主决定依法采取出租流转土地经营权，任何组织和个人不

得强迫或限制。“三权分置”下，土地经营权出租是指土地承包权人在自愿的前提下，按照合同约定，将部分或全部土地经营权在一定期限内租赁给本集体经济组织以外成员的一种行为[①]，承租人支付租金，原承包合同仍由承包方履行。这里出租的是承包权人所承包土地的经营权，而非土地的承包权或承包经营权。土地经营权出租需要出租方和承租方签订土地经营权租赁合同，且租赁合同应向发包方备案。租赁合同一旦生效，必须严格履行，出租方按约定获取租金，承担相应义务；承租方按约定支付租金，获得土地经营权。土地经营权租赁双方除履行租赁合同规定的权益义务外，还应遵守《中华人民共和国农村土地承包法》的有关规定。

2. 土地经营权出租的现状

土地经营权出租是较早的一种土地流转形式。2001 年，丁关良在土地流转初期对我国 20 个省的调查时就发现，土地流转形式中，转包、出租、转让、入股、互换和其他形式所占比重分别为 40.2%、30.6%、13.3%、6.7%、5.4%和 3.8%,[②] 其中出租仅次于转包，占据第二位。肖鹏和王丹在对上海、江苏、浙江、山东、安徽、辽宁、广东、四川和宁夏 9 个省份 102 个家庭农场进行的抽样调查中，也发现以出租方式流转土地的有 69 个，约占 68%。[③] 另有数据显示，截至 2016 年 6 月底，江苏省兴化市注册登记和认定管理的家庭农场有 4058 家，其中 96.3%的家庭农场以租赁方式获得流转土地。[④]

土地经营权出租中也发生了许多纠纷。纠纷案件呈现逐年上升趋势，严重侵害了承包户的土地权益。例如，2018 年重庆法院新收土地承包经营权纠纷、农村土地承包合同纠纷一、二审涉农民事案件 8108 件，[⑤] 且土地纠纷案件呈现逐年上升趋势。不仅是重庆，其他省份涉及承包户土地租赁纠纷案件也非常普遍。例如，四川省雅安市汉源县人民法院 2017 年受理了涉及 50 多户农户的土地租赁合同纠纷系列案件；甘肃省定西市渭源县人民法院 2019 年受理了 7 起土地承包经营权出租合同纠纷案件；广西南宁市武鸣区人民法院 2019 年受理了武鸣区宁武镇陆某某等 145 户村民诉武鸣区某香蕉专业合作社的土地租赁纠纷案件。另外，还有广西壮族自治区贵港市覃塘区人民法院土地租赁纠纷案件、江西省吉安市中

① 黄建中．农地“三权分置”法律实施机制理论与实践［M］．北京：中国法制出版社，2017.

② 丁关良．土地承包经营权流转制度法律问题研究［J］．农业经济问题，2011（3）：7-14.

③ 肖鹏，王丹．试论土地经营权租赁合同的完善——基于 102 个家庭农场的调研［J］．中国土地科学，2015（10）：20-27.

④ 参见 http：//www.mytaizhou.net/folder114/folder44/folder51/2016-12-05/59748.html。

⑤ 参见《重庆高院发布十大涉农典型案例》，重庆高院，2019 年 4 月 23 日。

级人民法院土地租赁纠纷案件、吉林省敦化市人民法院土地承包经营权纠纷案件等。上述案件不仅侵害了农民的土地权益，而且如果处理不当，还会成为社会不稳定因素，引发社会风险。

因此，如何在“三权分置”实施过程中，识别土地经营权出租风险，因地制宜地探索出防范出租风险的对策建议，确保农民土地权益不受损，值得深入研究。

（二）土地经营权出租风险表现形式

农村土地“三权分置”下，土地经营权出租存在土地定价标准不统一、合约订立不规范、土地出租权责划分不清等问题，从而导致土地经营权出租市场混乱，违约风险较大。[①] 加上目前我国土地经营权出租市场不健全，土地出租信息的不完全性、出租双方的非对等性以及出租中的机会主义行为的普遍存在，作为理性“经济人”的土地经营权出租方和承租方为追求各自利益最大化，均有违反合同约定的可能，进而使对方蒙受一定经济损失，这种可能性主要表现为违约，由此而带来的风险就是违约风险（契约风险）。因此，土地经营权出租市场上出现的各种风险主要表现为违约（契约）风险，契约风险是土地经营权出租的核心风险，是对农民土地权益侵害最大的风险，需加强防范。

1. 土地经营权出租中的契约风险

（1）契约的含义。继科斯（Coase，1937）之后，阿尔钦和德姆塞茨（Alchian and Demsetz，1972）、威廉姆森（Williamson，1979）、克莱因等（Klein et al，1978）、张五常（Cheung，1983）、哈特和摩尔（Hart and Moore，1990）、杨小凯和黄有光（Yang and Ng，1994）、西格尔（Segal，1999）以及其他学者加以扩展，这一学派的共识是，企业乃“一系列契约的联结”。

契约在经济学上，是指两人或多人间为互相设定合法义务而达成的具有法律强制力的协议。契约概念的内涵比法律所规定的要宽泛得多（李风圣，1998）。从理论角度说，契约是财产权利和责任的确定和延伸。契约的形式主要有口头形式和书面形式两种。

（2）完全契约与不完全契约。按契约条款的完备程度可将契约分为完全契约和不完全契约两大类。在完全契约理论中，契约的设计要解决缔约之前如何构造契约的最优激励结构，实现风险和激励的最优分配。

---

① 周春晓，李凤兰，严奉宪，等．农村土地承包经营权出租中存在的问题研究——以山西省武乡县3个村庄为例［J］．华中农业大学学报（社会科学版），2017（2）：97-102.

不完全契约则允许协议留有缺口，它意味着合约双方无法在事前对可能影响合约关系的所有未来事件达成一致。完全契约和不完全契约不是完全对立的理论，两者可以互为补充。事后执行机制出现的问题可以为下期契约设计提供思路和依据，而事前的设计机制出现的问题也会在执行中通过各种对策进行消解。

（3）契约风险。在农村土地“三权分置”下，契约是指相关主体间按照规定签订的一种合约，并在契约中约定双方的权利和义务关系。契约风险是指契约双方或多方违背契约达成的条款，不履行或不完全履行契约的行为，其主要表现为违约。由于我国目前土地经营权出租市场不健全，加上土地流转信息的非完全性、出租双方地位的非对等性以及出租中的机会主义行为的普遍存在，作为理性“经济人”的土地经营权出租方和承租方为追求各自利益最大化，均有采取违反合同约定，采取违约行为，进而使对方蒙受一定经济损失的可能性，这种可能性主要表现为违约，由此而带来的风险被定义为契约风险，契约风险是“三权分置”中的核心风险。

根据违约主体的违约行为发生于单方或双方，可将契约风险分为单方契约风险和双边契约风险。单方契约风险是指土地经营权出租方或土地经营权承租方单方面引致的风险。当这种风险发生时，从短期角度来看，出租方或承租方的利益会受到损失，而另一方的利益一般不会受到直接损失。例如，当农产品价格下降，首先遭受危害的是承租方，承租方生产的农产品就会遭到毁灭性的打击，前期投入就会无法收回，给承租方按时支付租金带来很大的影响，进而会出现违约风险。双方契约风险是指无论是土地经营权的出租方，还是承租方，都可能遇到的风险。当这种风险发生时，从短期的角度来看，要么承租方的权益受损，要么出租方的权益受损。例如，当出租方有获得更高利益机会时，可能会违约，这时承租方就会受到相应的损失；反之，当承租方有获得更高利益的机会时，也会不履行契约，进而违约，使出租方权益受损。当双方都可能发生违约时，从长期的角度来看，出租方与承租方双方的权益都会受损。

根据违约主体的违约行为是出于主观故意，还是客观不可抗力，可将契约风险分为客观契约风险和主观契约风险。客观契约风险是指违约主体主观上没有违约意愿，但由于客观世界不可抗力或意外事件等客观原因的发生，导致已有契约不能履行、不能完全履行或履行将会给其带来巨大损失等，进而采取违约行为，形成契约风险，致使对方权益受损。客观违约多发生在土地经营权承租方。导致

客观违约的两个重要原因为不可抗力[①]或意外事件（见图 5-3）。主观契约风险是指土地经营权出租方和承租方作为理性经济人，在利益最大化驱使下，双方为获取自身利益最大化，均存在故意违反约定行为的可能性。主观违约，属于故意违约。在契约不完全、约束机制不健全、违约成本低廉的情况下，主观违约更是频发。就出租方而言，其主观违约主要是指其具有履约能力但不履约或不完全履约。例如，出租方可能没有按照约定的租期，提前中断租赁关系，收回所出租土地经营权等，形成违约风险，侵害承租方权益。就承租方而言，其主观违约是指其有能力履约，但因主观上不履约或不完全履约而给出租方带来权益受损的可能性。承租方的主观违约形式多种多样，成因复杂交错。例如，一般情况下，农户特别是一些小农户由于处于弱势地位，缺乏一定的谈判力，致使承租方利用出租方法律意识淡薄、相关合同知识缺乏等因素来违约，侵害出租方的权益。

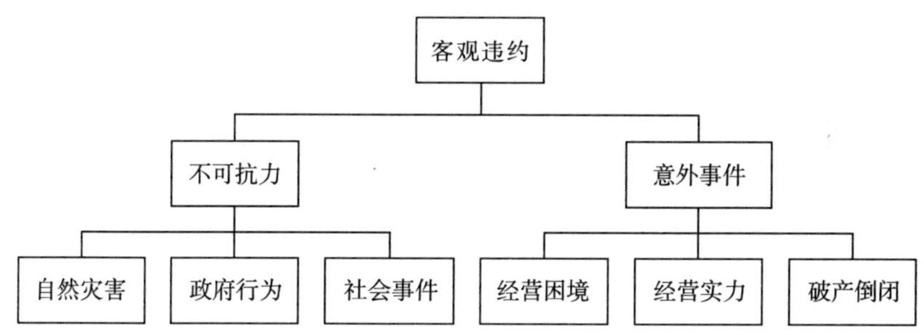

图 5-3 客观契约风险因素结构

2. 擅自终止合同，“毁约退地”风险

土地经营权的承租方在租赁农地进行农业生产经营过程中，会面临自然风险、市场风险、技术风险和经营管理风险等多种风险，尤其是在工商资本租赁农用地面积大、期限长的情形下，因粮价下跌、自然灾害的发生以及自身经验管理不善等内外部原因，一旦经营亏损，生产将难以为继，会引发“毁约退地”风险，给出租方带来一定的经济损失，侵害农民权益。

---

① 所谓“不可抗力”，《中华人民共和国民法总则》（2017）第一百八十条规定：“不可抗力是指不能预见、不能避免且不能克服的客观情况”。不可抗力主要包括以下几种情形：第一，自然灾害，如台风、洪水、冰雹等。自然灾害危害面广、破坏性大，对经济社会和人民生命财产安全带来巨大威胁和影响。可能给企业带来灾难性的损失，甚至破产倒闭。第二，政府行为，如征收、征用农地等。它是指在政策执行中，一方面，政策缺乏连续性，经常会出现因干部人事变动而政策变动的现象；另一方面，许多优惠政策落实不到位，或者同行企业享受不同的待遇等。第三，社会异常事件，如农村社会的不稳定等事件的发生。

例如，山东单县徐寨镇万庄村一位种粮大户说，2016 年他以 600 元/亩的价格租了 50 亩地，用来种植小麦和玉米，结果种了 2 年，没有赚到钱，就不想种下去了，出现了“毁约退耕”，好在是通过亲戚介绍的，也没有缴纳违约金。他计算了一下种地成本，种地成本为土地租金（600 元×50 亩地 = 3 万元）、肥料（按照 3 亩地使用一袋化肥的施用量，50 亩地约使用 17 袋化肥），加上水费、农药、机器费用等，50 亩土地成本在 5 万元左右。种地收益为小麦、玉米产量约为 900 斤/亩，一斤在 1 元以上，收益在 1800 元左右，50 亩地约是 9 万元的收入，扣除成本，收成好的时候，也只有 4 万元左右，这样还不包括劳动力成本和外出就业的机会成本。2018 年由于天气原因，小麦、玉米损失严重，亏损巨大，平均几年下来这个种粮大户虽没有挣到钱，但好在也没有赔钱，总体损失还不算太大。

但下面的案例就不一样了。山东曹县地处鲁西北平原，是传统农业大县。2017 年，陈某某在山东曹县大李海乡大李庄村租赁了 8749 亩土地种植小麦、玉米，租赁期为 10 年。他说“这两年，粮价太低了，低赔了 1600 万元，再也坚持不下去了，放弃了租赁的土地，回到上海继续做生意去了”。曹县青岗集乡卜家楼村家庭农场负责人余某也于 2018 年退掉了三年前从农民手中租赁来的 150 多亩土地。郓城、嘉祥、巨野、鄄城等地不少种粮大户反映，这两年玉米价格下跌幅度太大，为了自保，只能“毁约弃耕”。再如，截至 2018 年底，四川省环峡市农地流转面积占农地确权面积的 37%，适度规模经营比重已超过 40%。农地经营者单方“毁约弃耕”甚至“跑路”，地租难以兑现，退回的土地要么地界匿迹，要么错过农时出现耕地撂荒。①

3. 擅自改变农地用途，增加了承包户复耕成本

改变农地用途，就是将用于农业生产用途的耕地性质改变为用于非农业生产用地，如在农业生产用地建窑、擅自建房、挖砂、采石、采矿、取土等。② 农地用途不得擅自改变，不仅土地承包户不得改变农地用途，同样新型农业经营主体也不得改变土地的农业用途。对此，《中华人民共和国土地管理法》第 4 条、第 36 条，《中华人民共和国土地承包法》第 8 条、第 17 条、第 33 条，《中华人民共和国农业法》第 31 条以及《中华人民共和国物权法》第 128 条都有明文规定。

① 黄建中．农地“三权分置”法律实施机制理论与实践［M］．北京：中国法制出版社，2017.

② 《中华人民共和国土地管理法》（2019 修正版）第四条规定：国家实行土地用途管制制度。严格限制农用地转为建设用地，控制建设用地总量，对耕地实行特殊保护。第十二条规定：“依法改变土地权属和用途的，应当办理土地变更登记手续”。

2021 年 3 月 1 日起施行的《农村土地经营权流转管理办法》第三条规定：土地经营权流转不得损害农村集体经济组织和利害关系人的合法权益，不得破坏农业综合生产能力和农业生态环境，不得改变承包土地的所有权性质及其农业用途，确保农地农用，优先用于粮食生产，制止耕地“非农化”、防止耕地“非粮化”。

然而，从全国范围来看，土地经营权流转后种粮的农地面积在很大幅度上减少了，种粮的比例随之下降。[①] 农业农村部发布的相关数据表明，截至 2016 年底，农户流转出的承包地中，用于种植粮食作物的耕地面积为 2.7 亿亩，仅占流转总面积的 56.5%。还有调查显示，在一些流转给公司、企业租种的耕地中，种粮的比例甚至只有 6%。[②]

擅自改变农地用途事件时有发生。国家统计局陕西调查总队于 2015 年 7 月 1 日调查结果显示，陕西省流转农地“非粮化”现象比较严重，仅有 16.7%的流转地用于粮食种植。重庆数据显示，2015~2017 年共有 800 多家民营企业进行了“下乡”投资，投资额近 1000 亿元，而 70%的资产都流向了观光旅游等项目。[③] 在甘肃省定西市渭源县上湾镇上湾村包家湾社，2016 年，7 户村民与中交第四公路工程局有限公司签订了水浇地租赁合同，租赁面积为 11.36 亩，租赁合同期限为 1 年，租赁期限届满，由承租方按租赁合同约定的要求对土地进行恢复，修建挡水墙和灌溉渠，但工程完工后，承租方并没按合同规定履行应尽义务。

擅自改变农地用途，不仅威胁到国家粮食安全，更增加了农民复耕的成本。例如，武汉市孝感大悟县阳平镇北阳平村村民李某与王某，2015 年签订了土地经营权租赁合同，合同规定李某将其承包的 3245 平方米水稻责任田出租给王某，租赁期限为 15 年，租赁费一年一付，年底结清。租赁合同签订后，李某依合同规定将责任田交与王某经营，之后全家去武汉打工。王某在水稻种植过程中，由于粮食价格大幅下滑，致使经营严重亏本。2017 年，王某在李某不知情的情况下，擅自改变土地用途，与他人在租赁的土地上开始从事砖瓦生产经营，以获取更高的收益。再如，在江西吉安县也发生了类似事件。孙某与张某某于 2016 年 12 月签订了一份土地租赁合同，约定孙某将双溪村 40 亩土地的使用权出租给张某某使用，租赁期限 15 年，合同约定被告不得在原告土地上私自搭建任何建筑。合同签订后，张某某仅支付了保证金 10000 元和部分租金。2017 年 12 月，张某

---

① 李长健，杨莲芳．三权分置、农地流转及其风险防范［J］．西北农林科技大学学报（社会科学版），2016（4）：49-55.

② 陶颖．有效防范土地入股风险［N］．江淮时报，2016-12-06（03）.

③ 黄建中．农地“三权分置”法律实施机制理论与实践［M］．北京：中国法制出版社，2017.

某超出约定的租赁范围搭建了半个大棚并私自开挖了约 30 平方米的水坑、私自浇筑了水泥路。经协商无效后，孙某将张某某告上法庭，要求被告恢复原状，将水坑填平，水泥路复垦，大棚拆掉。上述行为严重破坏了耕地，造成耕地永久性损害，增加了承包户复耕成本。

4. 不履行租赁合同义务，出现“拖欠或拒付”租金风险

土地经营权出租过程中租金收回风险大量存在，严重侵害了农民的土地权益。土地经营权租赁合同中规定了土地经营权出租的年限和租金，并明确规定租金交付的时间、形式和数额。在土地租赁过程中，经常出现当承包户将土地经营权出租给承租人后，起初还能正常拿到租金，过一段时间后，租金就会被拖欠或拒付，甚至会出现多次协商未果的现象。

例如，广西南宁市武鸣区宁武镇陆某某等 145 户村民与武鸣区某香蕉专业合作社签订农地承包经营权租赁合同，承包期限自 2013 年 1 月 31 日至 2023 年 1 月 31 日，每年的 1 月 31 日前一次性支付当年度租金，但自 2017 年 1 月 31 日起，该香蕉专业合作社开始拖欠租金。同样在广西，贵港市覃塘区也出现类似事件。某承包户将 6.27 亩的低洼地出租给他人做养殖渔业配套使用，租赁期限 6 年，但合同签订后，承租人 4 年间共拖欠出租人租金 16716 元。在四川，眉山市青神县的肖某租用皇木镇岩口村 1 组、2 组 56 户农户的土地进行蔬菜种植。依据土地位置、肥瘦程度对租赁土地的面积和租金等进行了口头约定。可一年后，双方为租金的数额、计算方式产生争议，后诉至法院，要求承租人支付拖欠的租金共计 11 万多元。因涉及的农户较多，争议数额较大，且出租方与承租方没有签订书面协议，只有口头约定，成为纠纷解决的难点。最近几年，四川省邛崃市因经营不善而出现大规模农地流转违约、拖欠农地租金的事件就高达 9 起，涉及农地流转面积 1.65 万亩，其中还不包括一些小规模农地流转违约事件。这样的事件在多地频发，严重制约了土地经营权的流转，扰乱了土地经营权租赁市场，侵害了土地经营权出租方的权益。如果此类事件不能及时化解，势必会激发双方的矛盾，甚至导致群体性事件的发生，理应引起高度重视。

5. 农地租期过长，出现吞噬承包权风险

承包户在土地经营权出租过程中还会受到租期过长引致吞噬承包权风险。随着工商资本大量涌入农村，加上地方行政片面追求流转面积来体现政绩，追求大规模、长流转土地经营权，两者形成利益联合，可能会不恰当地造成经营权独大、吞噬承包权，从而丧失了土地在稳定农村秩序、实现社会保障功能等方面巨

大的社会附加效用,[①] 出现经营权吞噬承包权风险，侵害农民土地权益。

（三）土地经营权出租契约风险形成原因

综上所述，土地经营权出租过程中的出租风险主要表现为契约风险，契约风险是“三权分置”风险中的核心风险，也是土地经营权出租过程中的核心风险，契约风险主要表现为违约。其他类型的出租风险，直接或间接地与契约风险有关。因此，本部分主要分析契约风险的形成原因。

1. 承租方的机会主义行为

在土地经营权出租过程中，作为经营权出租主体的出租方和经营权租赁主体的承租方，通过自愿协商，以契约（合同）的形式实现土地经营权的流转，并在合同中约定出租土地经营权的用途、期限、价格等，规定出租双方的权利和义务，出租合同成为联结双方的桥梁或纽带。

然而，根据契约理论，在土地经营权租赁过程中承租方存有机会主义行为。所谓机会主义，即在信息不对称条件下用欺骗手段追求自我利益的行为倾向。[②] 承租方作为理性“经济人”，其契约关系受制于自身追求的契约目标，他与出租方签订土地租赁合同的目的在于尽可能以较低的租金价格，获得土地经营权，从而在土地经营过程中获得更多的经济收益，这是承租方作为经济人租赁土地经营权的必然选择。在信息非完全和非对称情形下，加上受机会主义的驱使，在土地经营权租赁契约签订过程中，承租方也会同出租方一样存有隐瞒信息，想方设法签订一个对其有利的契约，这就注定了他们所签土地经营权流转租赁契约与真实情形有一定的偏差，这也决定了契约本身的不完全性，所签契约也就注定是不完全的，这就为契约主体可能的机会主义行为提供了“公共空间”,[③] 致使契约隐藏着一些风险因素，这些风险因素在一定条件下极易生成违约风险。

2. 出租方的有限理性

美国经济学家阿罗认为有限理性就是人的行为，即是有意识的、理性的，但这种理性又是有限的。威廉姆森从人的自身角度寻找理性有限性的原因，认为有限理性的存在是因人的神经生理语言方面的限制，表现为个人准确无误地接受、储存、传递、处理信息的能力在水平和存量上受到限制。

作为土地经营权出租方，在其土地经营权出租过程中，会充分利用市场机

---

① 董正爱，谢忠洲．权能配置与风险回应：农地“三权分置”的制度设计［J］．时代法学，2019（9）：24-33.

② 陈郁．企业制度与市场组织［A］//交易费用经济学文选［M］．北京：上海人民出版社，1996.

③ 李彬．“公司+农户”契约非完全性与违约风险分析［J］．华中科技大学学报，2009（3）：97-101.

会、社会资源和自身条件，根据现有知识等内外因素，选择一个所谓的“最佳方案”，以满足个人效益最大化。然而，土地经营权的出租方，在契约的签订过程中会不同程度地受到内外部因素的限制，难以预料和把握所有信息，因而难以确切判断哪些契约内容是最有利的。理论和实践证明，在土地经营权租赁市场上，租赁双方是理性的，但其理性又是有限的。也正是这种有限理性使违约风险的发生成为可能。

3. 契约本身的非完全性

自20世纪60年代以来，契约理论一直受到经济界的热捧，形成了完全契约理论和非完全契约理论两大流派。所谓完全契约，是指缔约双方都能完全预见契约期内所有可能发生的意外事件。完全契约在事前规定了各种状态下的权利和责任，问题的重点就是事后的监督问题。完全契约理论直接被看成是委托—代理理论或激励理论的代名词。完全契约理论研究的基本问题是：是否存在最优契约？如何设计最优契约？即委托人如何选择或设计最优的契约来解决委托人与代理人目标或动机的冲突（贾明德、李灵燕，2002）。可以这样说，完全契约理论认为，契约不仅是完备的，而且契约的签订和执行几乎是不需要考虑成本的（杨其静，2003）。所谓非完全契约，是指契约无法在事前毫无遗漏地规定当事人在未来所有可能承担的权利和义务，或者不存在一个公正的第三方可以无成本地保证契约得以执行（Hart，Oliver and Holmstrom，1987）。在这个意义上，有关的研究并没有关注非完全契约本身，而是更关注完全契约，关注如何用完全契约替代不完全契约。[①] 由于不可预见性、不可缔约性、不可证实性（Tine，1990），现实中的契约总是非完全的。

根据非完全契约理论，要求土地经营权租赁双方签订完全契约是不可能的，也是不现实的，完全契约只是一种理想状态。契约非完全性的原因既有机会主义行为、有限理性以及外部环境的复杂性和不确定性，又有疏忽大意和契约签约成本的高昂性等。在土地经营权契约签订过程中，契约双方既受自然条件的变化、地理条件的复杂和气候条件的异常等外部环境不确定因素的影响；同时又受自身对未来生产活动、市场波动把握得不准确性等因素的影响，加上契约双方的文化素质、法律意识等方面的差异以及签约成本的高昂性等因素，进一步增加了契约的非完全性，决定了签订一个包含未来可能发生的一切意外事件的土地经营权租赁契约是不可能的，而非完全性契约则成为现实。土地经营权租赁契约的非完全性，为违约风险的形成提供了可能的条件。

① 罗必良．产权强度、土地流转与农民权益保护［M］．北京：经济科学出版社，2013.

4. 合同签订的非规范性

从所签订的土地经营权出租合同来看，普遍存在关系型合约、口头合约，甚至口头合约所占的比重远远大于书面合同。[①]《中华人民共和国农村土地承包法》明确规定，土地经营权流转，当事人双方应当签订书面流转合同，以明确双方的权利和义务，减少纠纷。自 2021 年 3 月 1 日起正式施行的《农村土地经营权流转管理办法》也明确规定了土地经营权流转合同一般包括的内容。虽有明确规定，但调研中发现，相当多的农户在土地经营权出租时，没有签订正式的协议，相当一部分仅仅是一个口头承诺，一旦出现合作分歧，因无解决的参考依据，使问题复杂化。即使选择了书面合约，也由于存在"霸王条款""条款欺诈"现象，致使合同格式不规范、内容不完整、权利不明确，为契约风险的发生开启了方便之门。

5. 违约成本的低廉性

合作博弈，即零和博弈，是相对于非合作博弈而言的。非合作博弈是指合作双方难以达成具有明显约束力的协议博弈。在土地经营权出租过程中，博弈主体通常为土地经营权的出租方和土地经营权的出租方，两者作为两个不同的利益主体，其土地经营权出租和租赁的目的在于获取各自利益，双方行为过程是一个博弈过程。一方违约，必然会给另一方带来损失，因此违约风险随时可能发生。

（1）博弈模型的构建。通过土地经营权出租方和承租方的动态博弈，可以分析他们间的违约行为，发现潜在的违约风险因素。模型的基本假设为：①博弈双方都是理性经济人；②市场价格属于博弈双方的共有信息；③博弈双方的行为有两种选择：违约或不违约；④违约金的执行不需要成本；⑤字母的含义，即合同约定的价格为 P，市场价格为 P+ε 元（ε>0），合同的净盈利为 R，惩罚成本为 A，起诉收益与起诉成本之差为 B，信息成本为 C。

假设土地经营权出租方先行动，他有两种选择［违约，不违约］；当其选择违约时，流入方也有两种选择［沉默，维权］；当其选择不违约时，承租方不会主动违约。图 5-4 为动态博弈过程：

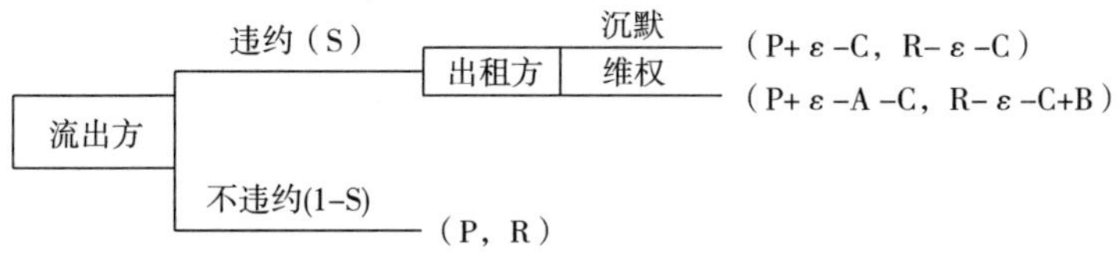

图 5-4　土地经营权出租方与承租方的博弈树

---

① 罗必良，刘茵．农地流转纠纷：基于合约视角的分析——来自广东省的农户问卷［J］．广东社会科学，2013（1）：35-44.

（2）动态博弈分析。通过上述博弈分析可以看出，土地经营权出租方违约的概率是 S，不违约的概率是（1-S），不考虑其他条件，其是否违约依赖于土地经营权流转市场价格是否高于合同约定价格和进入市场再次流转的成本大小，即 ε 与 C 的大小。如果 $\varepsilon>C$，其会选择违约，概率为 Pro（$\varepsilon>C$）；$\varepsilon<C$ 时，其会选择不违约。考虑到出租方违约后，承租方有可能通过法律程序强制流出方履约，假设强制流出方履约的概率为 η（Pro（$\varepsilon>C$）），则出租方违约的概率等于主动违约率减去强制履约率，[①] 即

$$S=Pro(\varepsilon>C)-\eta\cdot Pro(\varepsilon>C) \qquad (5-4)$$

在给定出租方违约的条件下，承租方选择哪种行动取决于 B 值的正负。如果 B 为正，承租方会选择维权，［违约，维权］为纳什均衡；反之，［违约，沉默］为纳什均衡。在给定出租方履约的条件下，承租方的最优行动是沉默，即［不违约，沉默］为纳什均衡，两者的支付水平为（P，R）。

由式（5-1）可以看出，土地经营权流转市场价格与合同规定的价格差越大，出租方违约概率就越大；强制其履约的概率 η 越小，其违约概率就越大。从现实来看，一些因素决定着出租方的违约率将很大。

首先，土地经营权出租方和承租方胜诉的收益小而起诉的成本高，这意味着 $B<0$，从而（$R-\varepsilon-C$）>（$R-\varepsilon+B-C$）。当承租方在出租方违约的情况下，一般不选择起诉，最优行动是沉默，子博弈的纳什均衡是［违约，沉默］；如果出租方能判断承租方会采取这种行动，则会更加确定要违约。其次，非完全契约的存在意味着契约的相关条款、双方的权利和义务规定不明确，以致当双方对契约条款有争议时法院不能裁决，但非完全契约的存在有其客观原因，如契约签订实施过程中会出现各种各样的土地政策、法律等变动以及在农产品生产过程中会出现因自然风险和市场风险影响，带来预期收益的变化，未来土地流转市场难以预测，双方在订立契约时都担心条款对自己产生不利，导致一些模糊条款的出现，为违约提供了可能。再次，目前土地经营权出租方所承包经营的土地具有社会保障功能，土地经营权流出后，农民已无地可种，一旦其他收入来源不稳定或因流入方经营不善使流转费难以获取时，不可避免地会给农民带来生活和生存困难，这就决定了其是风险规避型，重实际收入而轻社会信誉，契约精神欠缺。最后，现实中 η 不会太大，如果法律强制执行的力度大，对违约惩罚的力度越大，双方就越趋于采取合作策略，但增加契约中违约金的数量会增加谈判的成本，从而降低签约的可能性。从现实情况来看，出租方与承租方签订合同时规定的违约金都

① 赵西亮，吴栋，左臣明．农业产业化经营中商品契约稳定性研究［J］．经济问题，2005（3）

普遍较低，而较低的违约金难以对双方形成威慑力，结果他们都会采取违约策略的纳什均衡。可以说，无论土地流转市场行情如何，双方违约都将是一种较为普遍的现象。

土地经营权承租方行为导致的风险，是指土地承租方在经营过程中的收益低于土地租金一定价格水平时，违反合同规定的义务，所引致的风险。假设到期时土地流转市场价为 P-ε（ε>0）（R、A、B、C 的含义同上），这同样是一个动态博弈。

假设土地经营权承租方先行动，出租方在行动前知道承租方的行动。承租方有违约或不违约两种选择；承租方选择违约时，出租方有两种选择［沉默，维权］，承租方不违约时，出租方不会违约。用博弈树表示此动态博弈过程（见图 5-5）。

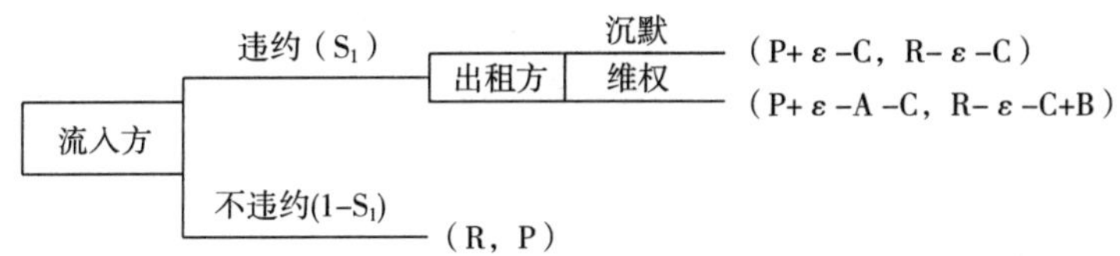

图 5-5　承租方与出租方的博弈树

通过上述博弈分析可以看出，土地经营权承租方违约的概率是 S_1，设承租方主动违约的概率为 Pro（ε>C）′，η′为法律强制履约的概率，S_1 = Pro（ε>C）′-η′。ε 大于 C′的程度越大，其违约的概率越高；法律强制履约的概率 η′越小，S_1 越大。

（3）沉默成本与维权成本分析。在土地经营权承租方违约的情况下，出租方的最优策略取决于起诉的净收益 B 的大小；如果 B>0，出租方会选择起诉，反之选择沉默。实际上，契约农业的特点之一是流出方分散，单笔交易规模小，单个流出方上诉的成本高，收益小，B 常常小于零；同时起诉的收益具有外部性，其他出租方存在“搭便车”行为，单个出租方不愿起诉，因此承租方违约条件下子博弈的纳什均衡是［违约，沉默］。即使出租方打赢了官司，不一定得到全额补偿，即使补偿了，有些损失、耗费也无法用钱折算、补偿。高昂的维权成本与出租方的有限收益相比，势必影响他的维权自觉性和自信心。尤其是对于时间、精力和经济并不富裕的流出方来讲，更不可能会在成本上斤斤计较，常常会选择息事宁人和忍气吞声，对所受侵害保持“沉默”。承租方如果能判断出这个均衡，甚至会利用流出方这一心理，肆意违约，那么，出租方面临的违约风险就会增大。

如图 5-6 所示，MC 是土地经营权出租方在正常情形下的边际成本，MC_1 是他对违约行为保持沉默时的“沉默”成本，MC_2 是他的维权成本，MR 为其边际收益。当 MR=MC 时收益最大，MC_1、MC_2 明显高于 MC，收益变小。当合同没有履行，出租方选择沉默时，$P_0E_0E_1P_1$ 为沉默时边际成本与正常边际成本之差，$P_0E_0E_2P_2$ 为维权时边际成本与正常边际成本之差，阴影面积是他选择维权时维权成本与“沉默”成本之差。由此可以看出，当维权成本高出沉默成本时，流出方宁愿选择沉默而不是维权。

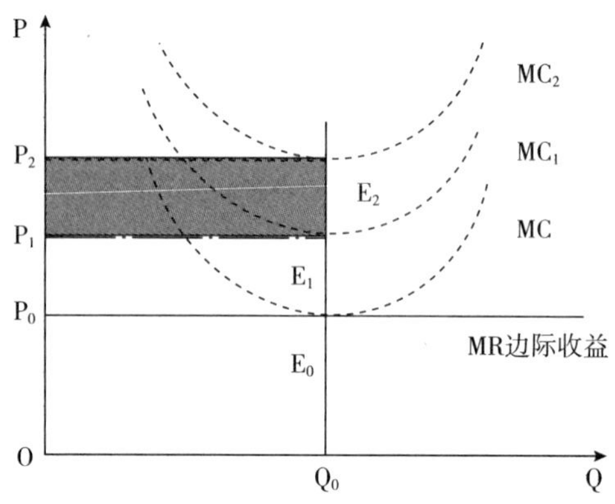

图 5-6 出租方的维权成本和“沉默”成本比较①

另外，这也使得 η′不是很大，对 S_1 影响不大。承租方对信誉的重视程度是影响其违约与否的另一个重要因素。如果他不注重信誉，违约可能性增加；如果他视信誉为生存的根本，则不会轻易违约。

二、土地经营权入股风险识别及其形成机理

（一）土地经营权入股概述

1. 土地经营权入股的含义

《中华人民共和国农村土地承包法》《中华人民共和国物权法》等文件均允许农村土地经营权入股。2018 年 7 月 1 日起实施的《中华人民共和国农民专业合作社法》、2019 年 1 月 1 日起实施的《中华人民共和国农村土地承包法》和

① 张一粱．“企业+农户”主体非对称性所致问题解析［J］．华东经济管理，2005（11）：40-43.

2020 年 5 月 28 日十三届全国人民代表大会表议通过的《中华人民共和国民法典》，三部法律的正式实施和修订，赋予了土地经营权以及土地经营权入股的合法性地位。[①] 土地经营权入股是指在确保农村土地集体所有的前提下，土地承包经营权人以家庭承包的土地经营权，通过量化为股权，入股股份公司、合作社或农场等的行为，是农户按股参与分红的一种土地流转形式。[②] 土地经营权入股主体范围主要包括承包人自己设定的土地经营人入股和第三方流转土地经营权入股两种情况。客体应当为具有用益物权性质的土地经营权。[③④] 入股对象多为大户、家庭农场、合作社和涉农企业等新型农业经营主体。放活经营权的关键一环在于允许土地经营权入股，土地经营权入股是落实“三权分置”的重要内容和放活土地经营权的有效形式。

2. 土地经营权入股的意义

土地经营权入股，回应了“资源变资产、资金变股金、农民变股东”的“三变”改革，具有一定的现实意义。土地经营权入股能有效解决农业兼业化问题。农民有了土地股权，以分红方式获得土地收益，就能完全离开农业，进入城市寻求就业机会，从而加快城乡二元结构的转换。土地经营权入股能有效克服土地细碎化的负面影响，实现农业生产的规模化和产业化，提高农地生产效率，增加农民收入。土地经营权入股能提高土地占有和流转的灵活性，即土地由实物形态的占有转化为价值形态的占有，提高了土地占有的灵活性。[⑤] 土地经营权入股对发展农业产业化经营意义重大，对此，2018 年《农业农村部　国家发展改革委　财政部　中国人民银行　国家税务总局　国家市场监督管理总局关于开展土地经营权入股发展农业产业化经营试点的指导意见》总结了土地经营入股的三大意义：一是用活土地经营权的有效形式；二是促进适度规模经营的重要途径；三是能够增强乡村产业振兴的发展动能。

对农民来说，土地经营权入股最大的意义在于增加了经济收入。据调查，除一些效益较好的企业或非公司制的股份合作项目直接实行按股分红外，大多数公司、合作社都给予农民“保底收益+股份分红”。

---

①③　王琳琳．土地经营权入股法律问题研究［J］．中国政法大学学报，2020（6）：90-102.

②　廖宏斌．农村土地流转风险控制研究［M］．北京：社会科学文献出版社，2015.

④　陈彦晶．“三权分置”改革视阈下的农地经营权入股［J］．甘肃政法学院学报，2018（3）：71-80.

⑤　李周，任常青．农地改革、农民权益与集体经济：中国农业发展中的三大问题［M］．北京：中国社会科学出版社，2015.

3. 土地经营权入股的政策推动

在《关于完善农村土地所有权承包权经营权分置办法的意见》发布后，多省市就推动当地农村土地“三权分置”实施，推进农业现代化，结合当地实际，提出了多项实施意见。例如，《中共湖南省委办公厅　湖南省人民政府办公厅关于完善农村土地所有权承包权经营权分置办法的实施意见》（湘办发〔2017〕48号）；《中共云南省委办公厅、云南省人民政府办公厅印发〈关于推动农村土地所有权承包权经营权分置的实施意见〉的通知》（云办发〔2017〕20号）；山东省委办公厅、省政府办公厅印发《关于完善农村土地所有权承包权经营权分置办法的实施意见》；中共黑龙江省委办公厅、黑龙江省人民政府办公厅印发《关于完善农村土地所有权承包权经营权分置办法的实施意见》；广元市印发《关于完善农村土地所有权承包权经营权分置办法的实施意见》（广委办〔2018〕33号）等多项实施意见。

在地方实践的基础上，2018年12月24日，农业农村部、发展改革委等六部门联合发布《农业农村部　国家发展改革委　财政部　中国人民银行　国家税务总局　国家市场监督管理总局关于开展土地经营权入股发展农业产业化经营试点的指导意见》，特别提出要创新土地经营权入股的实现形式、完善土地股份组织运行机制和探索土地经营权入股风险防范措施等。总之，土地经营权入股在地方实践不断探索的基础上，试点取得了显著的阶段性成效，逐步上升为政府层面的政策文件（见表5-2）。

表5-2　土地经营权入股的相关文件及内容

时间	相关文件及政策内容
2002年	《中华人民共和国农村土地承包法》对土地经营权入股做了明确规定，并明确土地经营入股的目的在发展农业经济；在土地经营入股上可以采取多种形式，只有农民自愿；同时规定，除通过承包的方式获得土地外，还可通过如拍卖、公开协商等方式获得土地，也可通过合法的方式进行流转，还可以用来入股或用来抵押贷款等
2003年	《中华人民共和国农村土地承包经营权证管理办法》里面重要的一条就是第十四条的规定，其内容是对于在承包期内的土地，采取转包、出租等方式进行土地流转时，可以办理农村土地承包经营权证变更
2005年	《农村土地承包经营权流转管理办法》重点规定了土地承包经营权流转时，土地流出方和土地流入方的权利义务；规定了土地对农民将土地经营权入股，但所入股的股份合作社解散时，土地处置问题；这一办法对解决当时土地经营权入股中存在的问题给出一些解决方案，有利于指导土地经营权入股
2007年	《中华人民共和国物权法》对土地经营权入股进行了详细规定，意义重大。规定了土地经营权的内涵、入股方式以及入股原则等关键性的问题

续表

时间	相关文件及政策内容
2009 年	《中华人民共和国农村土地承包法》再次对土地承包经营权入股问题进行了规定，不仅对土地的流转方式进行了规定，而且更为重要的是，在土地流转方式中，又提出了可以采取“其他方式”进行流转土地，为土地承包经营权入股提供了新路径
2013 年	《中共中央关于全面深化改革若干重大问题的决定》提出了土地承包经营权入股的目的和方式，赋予了土地承包经营权的更多功能，对于促进土地承包经营权流转，稳定农村土地承包关系，保护耕地，发展农业产业化经营具有极大的促进作用
2014 年	《关于全面深化农村改革加快推进农业现代化的若干意见》一个重要亮点就是，第一次以正式文件的形式提出了农村土地“三权分置”的改革；并强调要放活土地经营权，促进土地流转
2014 年	《关于引导农村土地经营权有序流转发展农业适度规模经营的意见》提出有条件的地方根据农民意愿，可以统一连片整理耕地，引导农民以承包地入股组建土地股份合作组织。允许农民以承包经营权入股发展农业产业化经营。土地经营权入股是土地流转的一个重要形式，通过土地经营权入股，来实现土地的适度规模经营，发展农业产业化，合理利用土地资源，增加农民的土地财产性收入
2015 年	《中共中央　国务院关于加大改革创新力度加快农业现代化建设的若干意见》提出引导农民以土地经营权入股合作社和龙头企业；鼓励工商资本发展适合企业化经营的现代种养业、农产品加工流通和农业社会化服务
2015 年	《深化农村改革综合性实施方案》强调了要按照依法自愿有偿原则，推进土地承包经营权流转；推进土地流转以入股、托管方式目的在于发展适度规模经营，通过入股、托管实现农民土地的流转，发展农业产业化经营
2015 年	《中共中央　国务院关于落实发展新理念加快农业现代化实现全面小康目标的若干意见》提出鼓励发展股份合作，引导农户自愿以土地经营权等入股龙头企业和农民合作社，采取“保底收益+按股分红”等方式，让农户分享加工销售环节收益，建立健全风险防范机制
2016 年	《关于完善农村土地所有权承包权经营权分置办法的意见》提出承包农户有权通过转让、互换、出租（转包）、入股或其他方式流转承包地并获得收益，任何组织和个人不得强迫或限制其流转土地。积极开展土地承包权有偿退出、土地经营权抵押贷款、土地经营权入股农业产业化经营等试点，总结形成可推广、可复制的做法和经验
2017 年	《中华人民共和国农村土地承包法修正案（草案）》第三十五条规定：土地经营权可以依法采取出租（转包）、入股或者其他方式流转。第三十九条规定：土地经营权采取出租（转包）、入股或者其他方式流转，当事人双方应当签订书面合同，并向发包方备案。第四十一条规定：承包方为发展农业经济，可以自愿联合将土地经营权入股从事农业合作生产和农业产业化经营
2018 年	《中共中央　国务院关于实施乡村振兴战略的意见》提出完善农村土地“三权分置”制度，在依法保护集体土地所有权和农户承包权前提下，平等保护土地经营权。农村承包土地经营权可以依法向金融机构融资担保、入股从事农业产业化经营
2018 年	《农业农村部　国家发展改革委　财政部　中国人民银行　国家税务总局　国家市场监督管理总局关于开展土地经营权入股发展农业产业化经营试点的指导意见》提出为指导各地稳妥开展土地经营权入股发展农业产业化经营试点工作，促进乡村振兴，提出了经营权入股发展农业产业化经营的重要意义、基本原则、重点任务和政策保障

总之，土地经营权入股创新了土地经营权流转方式，开创了农业产业化经营新出路，丰富了“三权分置”的具体实现形式，促进了土地进行规模化经营，开拓了农民增收新渠道，在一定程度上实现了小农户与现代农业的有机衔接，促进了一二三产业的融合发展。

4. 土地经营权入股的试点

2015 年 3 月 20 日，农业部发布，决定在部分具备条件的县（市、区）开展土地经营权入股发展农业产业化经营试点，明确试点的内容，探索入股载体的多种形式、探索股份组织的运行机制、探索政府部门的政策创设。

土地经营权入股试点取得阶段性成果。从土地经营权入股试点的情况来看，2017 年 7 个试点县一共有 13 家土地入股企业、9 家合作社，其中包含 1.4 万多农户、5.1 万多亩土地。初步统计，到 2017 年 6 月底，全国入股承包土地 2419 万亩，比 2012 年增加了 47%。例如，贵州盘州隆运天富生态农业公司注册资本 7500 万元，由盘关镇 5 个村、1 个专业合作社和 1 个国有投资公司三方组成，其中 5 个村以 8070 亩土地经营权入股，折价 1153.5 万元，占公司 15%的股份，用于发展刺梨园及相关种养产业。此外，江苏省常州市武进区积极探索机制创新，推动土地经营权入股，保障农民权益；山东省青州市积极探索通过不同产业化经营模式，保障农民权益；重庆市涪陵区积极探索利益分配、风险防范、政策扶持等多项机制，保障农民权益。土地经营权入股试点，已由 2015 年的 7 省 7 县扩大到 2019 年的 14 省 100 多个县。

5. 土地经营权入股的地方模式

实践中，土地经营权入股呈现出多种地方特色模式，从 20 世纪广东省佛山市南海区开始，到今天在全国大部分省进行的土地经营权入股合作社、公司的实践，形成了土地经营权入股的多种模式。

（1）广东南海实践。土地承包经营权入股改革最初由广东省佛山市南海区于 20 世纪 90 年代初发起，后被总结为“南海模式”。1992 年，广东省南海市抓住本地和外地资本在当地投资设厂的机遇，在不改变集体土地性质的前提下，将农户分散的土地承包经营权、集体土地和财产作价入股，让农民以土地权利参与工业化发展，开创集体土地入股先河。[①] 1993 年，南海在总结试点经验的基础上，制定了《关于推行农村股份合作制的意见》，全面开展农村股份合作制。按照南海模式的做法，土地承包经营权入股不但免交公粮，还有村委会承诺的年终分红，所以改革一开始很受农民欢迎。

① 蒙柳．“三权分置”背景下土地经营权流转法律问题研究［M］．武汉：武汉工业大学出版社，2018.

其改革模式为：将农民承包的集体土地以承包权入股，组建社区股份合作经济组织，将土地统一发包给专业队或少数中标农户规模化经营，或由集体统一开发和使用；农民依据土地股份分享经营收益。[①] 初期证明，这是一个富有成效的改革。该模式提供了土地权利向股权转化的制度参考，使农民从土地经营权的转让中获益，但其行政化色彩较浓，股权流转具有封闭性、限制性，导致农民的基本权利难以保障，退股退社现象严重。

（2）江浙实践。江浙地区走在了我国改革开放的前列，劳动力流动较大，土地的市场需要较大，土地股份制合作改革的探索也较早。江浙地区的土地经营权入股改革实践可以分为两种模式。

其一，单一型模式，即单纯以土地经营权或者集体建设用地使用权入股。由于江浙地区城镇化推进较快，大量农民投身第二、第三产业，导致农村土地粗放耕种、撂荒严重。土地经营权迫切需要流转到集体经济组织成员以外的单位或个人。同时，农村土地细碎化的现实与规模经营的矛盾也推动了土地经营权入股的发展。由于城市建设用地供需矛盾紧张，一些地方将集体建设用地入股企业，以股权化的形式实现集体建设用地的市场化；也有一些地方直接将农用地转化为建设用地以满足工业化和城镇化的土地需求。这在一定程度上让农民分享了土地增值带来的收益。

其二，综合型。为确保公平分配和集体资产的进一步增值，出现了以量化资产、优化配置和实现资产规模经营的社区股份合作制。社区股份合作社以现代企业模式进行经营管理，设立“三会”，将集体所有的资金、资产等入股，确定股东资格，明确收益分配机制，实现集体资产的现代化经营，确保集体成员公平分享土地增值收益。[②]

（3）川渝实践。成都与重庆的实践做法是将土地经营权入股合作社，实行保底分红。每亩土地按照一定的价格作价入股合作社，并根据合作社的经营状况实行分红。在入股合作社时，农民分红最终会受到合作社经营效益的影响。虽然土地作价入股并有保底分红，但是金额都较小，无法满足农民对土地利益最大化的追求。受利益的驱动，土地入股出现了新的形式，即入股公司。

重庆市的实践是“股田公司”，即农村土地资本入股与城市工商资本入股结

---

① 宋宏，黄艳莉．集体土地作价入股农业特色小镇合作模式研究［J］．农业经济，2018（10）：99-101.

② 蒙柳．“三权分置”背景下土地经营权流转法律问题研究［M］．武汉：武汉工业大学出版社，2018.

合形成农业股份公司，如长寿区麒麟村成立的重庆宗胜果品有限公司、涪陵区的东江养殖公司等，农民均以土地经营权作价入股，由公司对土地进行统一规模经营，农民按股分红。政府派“财务总监”进行监管，入股失败的风险则最终由政府承担。为此，重庆市出台了一系列通知、意见，对土地入股进行规范，但是由于该做法对现有制度突破较大而被叫停。随着改革的深入和政策的放宽，近年来成都市又出现了类似的做法。

（4）黑龙江实践。黑龙江从 2003 年起发展现代农机合作社。农机合作社的运营模式是以“保底价带地入社、农户变股东、享受二次分红”等一系列优惠政策，鼓励农民带地带资入社，增加现代农机合作社的自主经营土地面积，实行土地保底分红。国家财政直接补助和他人捐赠资金形成的财产平均量化到每个成员，每年量化一次，产生的效益平均分配。合作社入社成员地位平等，实行一人一票；建立完整的财务账目，年终进行财务决算，决算结果向所有成员公开。[①]在这种模式下，农民的经营权从农村土地权利中分离出来，土地交由合作社统一经营，农民按照股权的大小分红，享有收益权。

根据不同区域的不同需求，地方探索出了多种土地经营权入股类型，如农民直接入股公司、农民与原公司成立新公司、农民直接入股合作社、农民与原公司入股合作社、农民先入股合作社再入股公司、农民与公司开展非法人形式的股份合作等类型，不同的类型又具有不同的运行机制（见表 5-3）。

表 5-3　土地经营权入股的模式类型及运行机制

模式类型	运行机制
“农民+土地股份合作社”直营模式	农民以土地经营权作价入股，成立土地股份种植专业合作社，进行农业产业化经营，获得入股分红
“土地股份合作社+企业”社企合作模式	农民以土地经营权先入股成立土地股份合作社，合作社再入股企业开展农业产业化经营，获得入股分红
“农户+农业企业”土地股份公司模式	农民以土地经营权直接入股企业，采取租金保底、股金分红、薪金创收“三金合一”
“农民+合作社+公司”建立新公司模式	农户以农村土地经营权入股组建土地股份合作社，土地股份合作社再以农村土地经营权作价入股，农业产业化龙头企业以技术和资金等要素作价入股，组建新的农业公司。公司采取“优先股+分红”分配方式

① 蒙柳．“三权分置”背景下土地经营权流转法律问题研究［M］．武汉：武汉工业大学出版社，2018.

续表

模式类型	运行机制
“农民+公司”建立新合作社模式	企业以技术、资金等要素入股土地股份合作社，成为土地股份合作社的社员，土地股份合作社以土地经营权作为优先股，合作社财务统一管理、统一核算，纯收益优先保证土地经营权基本收益
“土地股份合作社+农业职业经理人”模式	村委会引导农民以土地经营权入股成立合作社，合作社理事会聘请农业职业经理人负责生产经营，合作社盈余用于支付职业经理人佣金和土地经营权分红

（二）土地经营权入股风险表现形式

土地经营权入股风险是指农户将土地经营权作价入股投资到企业或者合作社等经济组织，这些经济组织在土地规模化经营过程中因生产经营和管理不善而引发的各类风险的总和。① 土地经营权入股存在经济、法律和政策等诸多风险，这些风险既有来自系统外的外部风险，又有来自系统内的内部风险；既有宏观层面的风险，又有微观层面的风险。这些风险既各自独立，又相互传导，除具有其他风险的一般特征外，也有不同于其他风险的显著特征。对此，廖宏斌（2015）在《农村土地流转风险控制研究》中认为入股风险具有复杂性和多样性、控制难度较大、影响范围广的特征，把握不好，将会给土地经营权入股带来极大的危害，对农民的权益、耕地红线、国家粮食安全带来侵害，甚至可能危及农村社会和谐稳定。②

本部分主要从微观层面，根据土地经营权入股给股民带来的影响程度和范围，对风险进行分类，并归纳总结出农民股东权益受损风险、农民经济收益受损风险和土地经营权丧失风险。

1. 农民股东权益受损风险

股权大小直接影响入股农户土地财产性收益。目前，大多数土地股份制企业都制定了相应的公司章程与管理制度，成立了理事会、监事会和股东大会等组织机构，③ 但是由于农民股东与非农民股东根本利益不一致，非农民股东纯粹是以投资盈利为目的，而农民股东将土地经营权入股，是为了能够保障基本生活。④因此，对于土地经营权入股方式、土地经营权定价以及股权股息分配等重大事项，作为人数众多的农民股东因各自在公司中的股份比重较低，农民无法参与到

①② 廖宏斌．农村土地流转风险控制研究［M］．北京：社会科学文献出版社，2015.

③ 杨桂云．规范与完善农村土地股份合作制流转模式研究［D］．长沙：中南大学，2012.

④ 张赛，吴九兴．农民以土地入股的风险类型及其防范机制［J］．江西农业学报，2019（5）：132-137.

企业的经营管理决策中，导致公司内部的大部分股份实际上由少数非农民股东掌握，农民股东权益受到不同程度的侵害。此外，非农民股东为追求自身利益最大化，在土地经营权出资评估作价上可能压低作价。结果，农民持有的股权实际上是一种虚拟的权利，与股份相对应的知情权、话语权、监督权与决策权没有被真正赋予，致使农民股东权益遭受损害。①

2. 农民股东经济收益受损风险

土地经营权入股中的经济收益权主要体现在土地经营权入股量化、股权收益、股份分红等其他经济权益方面。经济收益权受损风险是指土地经营权在入股农业公司或合作社中，因其土地经营权入股评估、入股价格以及入股分红等原因致使土地经营权主体（农民股民）所受到经济损失的可能性。

农民股东经济收益权受损风险主要来源于三个方面：一是权益被低估。土地经营权作为一种特殊的生产要素，至于如何量化确定作价标准，从各地实践看，一般都以当地土地流转价格为参考，结合土地位置、质量以及承包经营的年限等因素来确定。例如，山东青州王坟有机农业公司以年租金或者前几年土地平均年收益乘以入股年限，折算为出资金额。按照每亩土地 1067 元的租金，乘以 9 年的期限，假设 200 亩土地总折价应为 192 万元，占公司资产的 20%。调研中发现，处于弱势地位的农民股东在经营权入股量化中极易遭受损害。如果土地经营权的入股评价方法不当、评估标准不合理就会给农民股东带来一定的经济损失，这是入股操作中必须破解的一个问题。二是“保底+分红”中的分红受损。为保障农民股东的收益，土地经营权入股时，一般都采取了“保底+分红”模式。农民以土地经营权入股股份制公司或合作社，农民股东的收益来源于参与该组织的务工收入和“保底+分红”。调研中发现，“保底收益+分红”模式看似合理，但实际运行效果并不理想，农民股东最主要的收益是保底收益，“名为入股，实为出租”，加上有些股份公司对分红并没有一个确定的方式，分红往往是象征性的，分享到的农业产业化增值收益可能很有限，在一定程度上损害了入股农户的权益。三是入股公司经营亏损致使利益受损。土地经营权入股后，公司或合作社在经营过程中面临着自然风险、市场风险、技术风险、政策风险和经营管理等多种风险，一旦入股的股份制公司或合作社因风险管控不当，就有可能经营失败，公司或合作社经营失败，意味着农民经济就会受到损失，权益必然受到侵害。

---

① 杨仕兵，魏雪．土地承包经营权“三权分置”下的农民股东权保护［J］．中国石油大学学报（社会科学版），2016（6）：45-50.

3. 土地经营权丧失风险

土地经营权丧失风险主要表现为农民股东因企业解散或破产，极易失去其赖以就业和生存的承包土地经营权可能性。土地经营权入股涉及土地、社会保障、户籍和产权制度等一系列的制度和法律法规，其入股农业公司或合作社等的经营主体的生产经营好坏与农民就业、生存和社会稳定密切相关。农民股东所入股的农业公司或合作社一旦经营不善或破产倒闭，农民将会承受失去土地经营权的风险。

根据《中华人民共和国公司法》相关规定，当公司因经营不善解散、资不抵债，宣布破产时，应进行清算，相应的资产应用于偿还公司债务。一旦公司宣布解散或破产，那么土地经营权作为公司的破产财产，就应用来清偿公司债权。这样，以土地经营权入股的农民股东可能因此丧失其承包土地的经营权。一旦农民失去了其赖以就业和生存的土地，一时又难以找到就业岗位，极有可能使其失地又失业，其生活和生存也难以保障。

（三）土地经营权入股风险形成原因

土地经营入股风险原因形成较为复杂，且入股风险具有系统性、传导性和耦合性。因此，研究土地经营权入股风险的形成原因，可以从外部风险因素和内部风险因素进行分析。

1. 由入股企业原因，引致的入股风险

（1）入股企业内部组织治理机制不健全。组织结构不健全主要是指土地经营权入股的组织体系及其运行机制存在重大缺陷。从理论上讲，农户只是以土地经营权作价入股，土地经营权人负责实施入股土地的规模化经营和生产管理；中介服务机构负责提供信息服务和技术支持；基层政府及相关的职能部门通过发挥监督、管理、调节等作用，保障土地入股经营的顺利实施。然而，实践表明，我国土地经营权入股的组织体系及运行机制存在的最大缺陷为内部治理机制不健全。例如，基层政府部门“重管理，轻服务”，对农村土地经营权入股的法律宣传和政策引导不足；中介组织不发达，无法提供有效的技术支持和信息服务；土地股份制内部组织治理结构存在严重缺陷等，[①] 上述不足，为土地经营权入股埋下了风险隐患。

（2）入股企业生产经营管理经验缺乏。股份制合作组织中农业生产经营管理者可能对工商企业的经营和管理积累了丰富的经验，但农业经营管理不同于工商企业的管理，农业生产经营活动有其自身独特的规律性。这就使股份制合作组

---

① 廖宏斌．农村土地流转风险控制研究［M］．北京：社会科学文献出版社，2017.

织在农业生产经营过程中，可能缺乏管理经验和管理能力，特别是对农业生产经营管理的规律认识不足。农业生产经营管理经验的缺乏，成为影响土地经营权入股和股份制企业正常运行的内部主要风险因素。入股的企业或专业合作社等经济组织作为生产主体，如果出现投资决策失误、组织生产不力、管理方法不当等情形（钟笑寒、阙里，2001），不仅会危及企业发展和生存，而且会给入股农民的权益带来极大的侵害。

（3）入股企业利益协调机制不完善。土地经营权入股是把农户的土地经营权以入股的方式交给股份合作制企业、专业合作社或农业公司等经济组织进行规模化经营。在入股土地作价、股权分配、经营管理和利润分配等多个环节涉及多方主体和多种利益。土地经营权人拥有资金、信息、人才优势，在农地作价入股、股权分配、土地管理和权益保障等多个环节往往处于优势地位。事实表明，因土地入股缺乏必要和完善的利益沟通机制和利益协调机制，导致风险发生的概率越来越大，矛盾和纠纷越来越多。

2. 由农民股东风险认知不足，引致的入股风险

因风险本身具有高度的不确定性，当人们面对土地入股风险时，对事情的预判、分析和决策通常依靠自身主观感受，这种依靠自身主观意识对事情做判断的过程，称为“风险认知”。[①] 风险认知不足是指农民因对入股中可能出现的风险认知与应对不力而带来的风险。由于农民知识水平较低、观念陈旧和市场经济意识淡薄等自身原因，对土地经营权入股风险认知不足，从而给自身利益造成损失。在基于榆次区576份农户问卷调查统计数据显示，在321户支持土地入股的家庭中，有49.8%的家庭表示愿意与合作社其他成员共担风险，42.7%持中立态度，但对于在土地经营权入股中具体存在何种风险及如何应对这些风险，大部分农户对此认识不足，且并未采取相应风险应对策略。[②]

3. 由法律制度不健全，引致的入股风险

制度因素主要是指土地经营权入股过程中因土地制度、相关法律制度等的不完善和制度的变迁所带来的风险因素。构成农地入股的法律制度性因素主要有：一是入股立法的滞后。《中华人民共和国宪法》《中华人民共和国土地管理法》《中华人民共和国物权法》《中华人民共和国农村土地承包法》等法律法规虽然

---

① 张赛，吴九兴.农民以土地入股的风险类型及其防范机制［J］.江西农业学报，2019（5）：132-137.

② 杨晶，王文昌.农户视角的土地股份合作潜在风险及其防范研究［J］.江西农业学报，2019（4）：145-150.

对土地经营权入股作出一些规定，但现有法律缺乏对“土地入股”后具体制度设计的规定，导致各地的做法不同。不同的股权对应的都是最终的分红权，如何合理配置各种类型的股权及其分红比例需要法律规定，但目前缺乏专门规范农村土地入股的法律法规。二是入股市场机制的缺失。一方面缺乏成熟的市场中介组织和入股经营中信息不对称现象极其严重；另一方面缺乏科学合理的土地折价入股定价机制，土地折价分歧多，农村土地入股障碍多、风险大。三是分配制度的不合理。入股后不分红、少分红或分红不合理导致农民对“土地入股”制度产生怀疑，从而引发一些风险。确立一个合理的分配制度，不仅有利于保证农民平等享有土地增值带来的收益，更能达到政策设计的土地经营权入股的初衷。四是社会保障体系的不健全。目前，我国农村最低生活保障、基本医疗保障、养老保障标准较低，基本社会保障制度不完善，社会保障体系也不健全。农村社会保障基础薄弱，强制推行农村土地入股,[①] 入股后农民因其自身劳动素质和能力的限制，无法找到合意的工作，无疑会面临巨大的风险。

4. 由政府行为不当，引致的入股风险

政府在土地经营权入股过程中的不作为或乱作为，会带来一定的入股风险。具体表现为政府从自身利益出发，在土地经营权入股问题上，采取一些强制性政策措施，强迫或阻碍农民入股。另外，实践中，地方政府过度干预，曲解、变通或扭曲中央政府的政策决策，不仅影响土地经营权人的生产经营决策，还会给土地经营权人入股带来一定的负面影响，损害农民土地权益，因此存在一定风险。

三、土地经营权抵押风险识别及其形成机理

（一）土地经营权抵押概述

“三权分置”下土地经营权抵押贷款的主体是土地的承包人和土地经营权的受让人，抵押贷款的客体是经营权而不是承包权。农民将承包地一定年限的经营权抵押给金融机构，不影响农民和集体承包方的承包关系。赋予土地经营权抵押融资功能是实现“三权分置”改革的重要途径之一。变“资产”为“资源”，激活土地流转市场，赋予承包户和新型农业经营主体更多的土地权益，其中土地经营权抵押贷款改革就是重要的一环。

1. 土地经营权抵押主体

土地经营权抵押主体分为两大类：一类是土地承包户，另一类是土地经营权户。当土地由承包户自己经营时，承包土地的经营权属于农户，此时，融资主体

① 廖宏斌. 农村土地流转风险控制研究［M］. 北京：社会科学文献出版社，2017.

中的抵押人身份只能是农户自己，权利表现形式仍然是土地承包经营权，无须进一步区分为土地承包权和土地经营权，而抵押权的标的只能是土地承包经营权。抵押的期限为土地承包户承包期内的剩余期限的经营权①，并以此期限作为抵押物向金融机构抵押贷款。当承包土地由其他农业经营主体经营时，权利表现形式是该农业经营者的土地经营权，此时，融资主体中的抵押人只能是其他土地经营权人，而这些经营者一般表现为在农业生产领域里比较有竞争力的专业大户、家庭农场、农民合作社、农业企业等。

在土地经营权抵押尚处于初级探索阶段，如果一般自然人和普通企业法人成为抵押权人，可能引发高利贷或可能引发以抵押担保为名的私下土地买卖。② 因此，在规范抵押权人时仍要谨慎，现阶段将抵押权人限定为银行等金融机构有其历史合理性。

2. 土地经营权抵押的国家政策演进

土地经营权抵押贷款政策早在 2008 年 12 月的相关文件中就有提及，在地方实际和地方文件的基础上，经过多项文件加以规定，陆续实施开来，这一政策演进过程如表 5-4 所示。

表 5-4　农村土地经营权抵押贷款的相关政策

时间	相关文件及政策内容
2008 年 12 月	《中共中央　国务院关于 2009 年促进农业稳定发展农民持续增收的若干意见》提出了抵押贷款的有关规定，并将可以作为抵押贷款物的范围作了明确的规定。在此基础上，还特别强调了从事这一义务必须具备产权清晰、风险可控，且加强监督管理
2009 年 12 月	《中共中央　国务院关于加大统筹城乡发展力度进一步夯实农业农村发展基础的若干意见》提出加大政策性金融对农村改革发展重点领域和薄弱环节支持力度，拓展农业发展银行支农领域；强调开展农村承包经营权和农民住房财产权抵押贷款试点应关注的风险问题
2013 年 11 月	《中共中央关于全面深化改革若干重大问题的决定》进一步明确提出，赋予农民对承包地占有、使用、收益、流转及承包经营抵押权能，首次明确了土地承包经营权的抵押权
2014 年 1 月	《关于全面深化农村改革加快推进农业现代化的若干意见》提出在落实农村土地集体所有权的基础上，稳定农户承包权、放活土地经营权，允许承包土地的经营权向金融机构抵押融资

① 我国大部分地区都是在 1998 年进行的二轮承包，承包期为 30 年，二轮承包期限截至 2028 年。

② 陈锡文．农村土地制度改革，底线不能突破［N］．人民日报，2013-12-05.

续表

时间	相关文件及政策内容
2015 年 8 月	《国务院关于开展农村承包土地的经营权和农民住房财产权抵押贷款试点的指导意见》的核心内容是：一是赋予“两权”抵押融资功能；二是维护农民土地权益；三是对开展这项业务要做好的风险防控工作，并就如何释放土地价值活力，处理好抵押物等问题，也做了较为细致的安排。这份文件也是开展“两权”抵押贷款的核心要义，是农村土地制度改革中的又一新内容
2015 年 11 月	《深化农村改革综合性实施方案》再次强调了开展“两权”的重要性，并就如何开展试点工作，如何防范抵押贷款中的风险问题，如何创新和完善林权抵押贷款机制问题等进行了规定
2016 年 3 月	《农村承包土地的经营权抵押贷款试点暂行办法》主要规定了开展土地经营权抵押贷款的主体，抵押贷款款项使用范围，抵押贷款的额度以及抵押贷款人的权益等
2016 年 8 月	《关于完善农村土地所有权承包权经营权分置办法的意见》主要提出了土地承包权的退出、土地经营权抵押贷款以及入股农业产业化经营等问题。要求通过上述试点，总结经验，并就完善相关法律法规制度，特别是有关土地承包权有偿退出等问题做了详细的规定
2016 年 12 月	《中共中央　国务院关于深入推进农业供给侧结构性改革　加快培育农业农村发展新动能的若干意见》提出支持金融机构开展适合新型农业经营主体的订单融资和应收账款融资业务。深入推进承包土地的经营权和农民住房财产权抵押贷款试点，探索开展大型农机具、农业生产设施抵押贷款业务
2018 年 1 月	《中共中央　国务院关于实施乡村振兴战略的意见》提出农村承包土地经营权可以依法向金融机构融资担保、入股从事农业产业化经营
2018 年 9 月	《乡村振兴战略规划（2018-2022 年）》提出稳妥有序推进农村承包土地经营权、农民住房财产权、集体经营性建设用地使用权抵押贷款试点。探索县级土地储备公司参与农村承包土地经营权和农民住房财产权“两权”抵押试点工作
2018 年 12 月	《中华人民共和国农村土地承包法》规定：承包方可以用承包地的土地经营权向金融机构融资担保，并向发包方备案。受让方通过流转取得的土地经营权，经承包方书面同意并向发包方备案，可以向金融机构融资担保
2019 年 2 月	《中共中央　国务院关于坚持农业农村优先发展做好“三农”工作的若干意见》指出健全土地流转规范管理制度，发展多种形式农业适度规模经营，允许承包土地的经营权担保融资
2019 年 4 月	《中国农业银行农村土地承包经营权抵押贷款管理办法》规定“农村土地承包经营权抵押贷款是指借款人在不改变土地所有权、承包权性质，不改变农村土地农业用途的条件下，将农村土地承包经营权及地上附着物作为抵押担保向农业银行申请办理的借款业务”。

由此可见，中央政策将农村土地产权由“两权分离”过渡到“三权分置”，并逐渐许可了土地经营的抵押。

3. 经营权抵押贷款的地方政策推动

农村土地抵押贷款的地方尝试从 2006 年就已经开始了，各地方因地制宜制定了农村土地经营权抵押贷款政策，推动了土地经营权抵押贷款业务的开展（见表 5-5）。

表 5-5 土地经营权抵押贷款地方实践

时间、资料来源	实践内容	实践地方
2007 年，《农村土地经营权抵押贷款管理办法（试行）》	出台政策允许农民以“基金担保和土地经营权抵押”的模式，向银行进行抵押贷款。成立了福建省内首家县级土地流转服务中心	福建省明溪县
2008 年，土地经营权质押“第一单”。重庆日报，2008-07-02	以农地流转经营权为质押，重庆开县支行给一位种植大户发放 20 万元贷款。其后该支行又陆续向 100 多位种植专业户发放了 800 多万元贷款	重庆市开县
2009 年，武汉农村土地经营权抵押贷款“破冰”。中华工商时报，2009-11-04	武汉市三家企业以农地经营权和地上附着物为抵押，从武汉农村商业银行获得 1400 万元贷款。武汉市尝试在全国率先设立农村综合产权交易所，此举标志着以农村土地经营权为抵押的贷款模式在武汉开始启动	武汉市
2010 年，《成都市农村土地承包经营权抵押贷款工作方案》	要求抵押人参加农业保险的，县区财政部门和农业行政主管部门要给予政策扶持，并在保险条款中明确金融机构为该项保险的受益人。抵押期内，抵押人不得以任何理由中断或撤销保险	成都市
2011 年《重庆市黔江区农村土地承包经营权抵押贷款管理办法》	抵押人与抵押权人达成抵押贷款意向后，由抵押人向抵押融资机构提出初始登记，对抵押物的权属、面积、地界、抵押时间等登记事项进行登记确认	重庆市黔江区
2012 年，《铜陵市农村土地承包经营权抵押融资管理办法》	成立了农村综合产权交易中心，为农村及涉农各类产权流转交易提供场所设施、发布信息、组织交易、开展投融资等配套服务，履行产权交易鉴证职能	安徽省铜陵市
2012 年，《平昌县农村土地承包经营权抵押融资实施细则（试行）》	贷款对象为经工商行政管理部门或相关主管部门核准登记的企事业法人、农民合作社、家庭农场或其他经济组织，以及其他具有完全民事行为能力的自然人	四川省平昌县
2014 年，《襄阳市农村土地经营权抵押贷款管理办法（试行）》	试点县（市）要探索建立科学有效的评估体系，出台评估管理、技术规范等业务准则，对土地流转价值作出科学评估，形成标准化的评估流程和框架	湖北省襄阳市
2014 年，《湖南省农村土地承包经营权抵押贷款试点方案》	建立完善抵押贷款风险补偿机制，采取设立风险补偿基金方式，对金融机构开展试点工作的贷款损失予以补偿，解除金融机构忧虑，全力支持涉农经营主体快速发展	湖南省
2015 年，《许昌市农村承包土地经营权抵押贷款试点方案》	农业生产经营者在不改变土地所有权性质、承包关系和农业用途的条件下，在保证承包方经营权流转收益的前提下，农村土地经营权作为抵押物，可以向金融机构申请贷款	河南省许昌市

续表

时间、资料来源	实践内容	实践地方
2015年，《上海市农村土地经营权抵押贷款试点实施办法》	积极引导有贷款意向的农户或农业生产经营主体向金融机构申请农村土地承包经营权抵押贷款。金融机构切实做好贷后管理工作，防范贷款风险	上海市
2016年，《沈阳市农村土地承包经营权抵押贷款试点工作实施方案》	提出形成以农村合作金融机构、农村商业银行、农业银行、邮储银行、农业发展银行等涉农金融机构为主体，其他金融机构积极参与的农村承包土地的经营权抵押贷款试点工作金融服务组织体系	沈阳市
2016年，《运城市农村承包土地经营权抵押贷款试点工作实施方案》	推进农村承包土地确权登记颁证工作；完善农村承包土地经营权价值评估体系；完善农村承包土地经营权抵押登记制度；完善农村产权流转交易平台体系；建立风险缓释及补偿机制	山西省运城市
2017年，《农村承包土地的经营权抵押贷款试点暂行办法》	贷款人应当统筹考虑借款人信用状况、借款需求与偿还能力、承包土地经营权价值及流转方式等因素，合理自主确定承包土地的经营权抵押贷款抵押率和实际贷款额度	海南省琼海市
2017年，《荣县农村产权抵押融资试点实施方案》	经办银行按照风险补助金的10倍承诺安排贷款额度。首次安排300万元风险补偿金所放大的信贷额度在一年内全部实现放贷后，可根据试点工作推进情况和财政状况，在次年适当补充风险补偿金	四川省容县
2018年，《沭阳县农村承包土地的经营权抵押贷款试点工作实施方案》	贷款（或授信）额度原则上不超过农村土地经营权抵押确认价值的70%。对借款人在申请贷款时已支付流转合同2年以上土地租金的，或参加农业保险、借款人人身意外伤害险的，可适当增加贷款额度	江苏省沭阳县
2018年，《2018年深化沙县农村承包土地的经营权抵押贷款试点工作实施方案》	将农村“两权”抵押贷款试点作为落实乡村振兴战略、发展普惠金融、满足农村多样化金融需求的重点工作。推动试点取得更大成效，提高金融服务乡村振兴的能力和水平	福建省沙县
2019年，《高台县关于开展农村承包土地的经营权抵押贷款试点工作实施意见》	从健全完善农村产权交易服务体系、明确贷款对象和用途、明确贷款发放条件、规范制定抵押贷款管理办法、规范农村承包土地的经营权抵押价值评估、完善抵押贷款风险防控机六个方面制定了工作重点	甘肃省高台县

与此同时，在有关政策的推动下，各地开展了土地经营权抵押贷款实践探索。例如，吉林延边光东村农民刘某某以20多公顷土地的经营权作抵押，从当地农业银行获得了69万元贷款。[①] 2015年，温州市有10家金融机构开展农地抵押贷款业务，有27.99亿元的贷款来自农村合作金融机构，占全市农地抵押贷款额的30%；2016年，陕西省杨凌示范区发生了6笔农地抵押贷款业务，来自杨凌

① 参见《我就是想种地——吉林农村土地经营权抵押贷款见闻》，新华网客户端，2018-10-08。

农商银行，金额为4215万元；2018年，武汉市农村综合产权交易所创新流转模式，新增土地流转面积5.36万亩，同时安排专项资金对农业规模经营主体进行政策性补贴。截至2018年末，全国支农、支小再贷款余额分别为2870亿元、2172亿元，向国家开发银行、农业发展银行、进出口银行提供抵押补充贷款33795亿元。①

（二）土地经营权抵押贷款案例

重庆全市有耕地面积3400万亩，如果按耕地农业产业价值1100元/亩计算（全国水平），全市一半的耕地用于抵押贷款，可获得金融支持近187亿元。② 如果能够创造条件，将这些沉睡的资产盘活，增强其抵押融资能力，将给农村经济主体发展带来巨大的红利，在很大程度上缓解农业农村融资难的问题。

1. 重庆市农村土地经营权抵押贷款需求状况

从农户信贷需求与借贷行为来看，张卫国等在对重庆305户有效样本农户的调查中发现，有借贷需求的农户共228户，占比74.75%，无借贷需求的农户只有77户，占比25.25%。这说明重庆市农户对信贷具有普遍性的需求。实际发生借贷行为的农户仅有128户，占比56.14%，表明大量有信贷需求的农户面临着融资困境。通过民间借贷的农户为74户，占比57.81%。通过向正规金融机构贷款的农户有54户，占比42.19%，占所有被调查农户的比例为17.70%。③ 可见，向亲戚、朋友、邻居等借贷的民间借贷是绝大多数农户融资的首要选择，农户从正规金融机构获得贷款的比例较低（见表5-6）。

表5-6 农户信贷需求与借贷行为状况

农户信贷需求状况		
选项	户数（户）	所占比例（%）
有资金需求	228	74.75
无资金需求	77	25.25
农户借贷行为状况		
选项	户数（户）	所占比例（%）
有借贷行为	128	56.14
无借贷行为	100	43.86

① 参见《央行：积极稳妥推广农村承包土地经营权抵押贷款业务》，《中国农村金融服务报告（2018）》，中新经纬，2019-09-20。

②③ 张卫国，王定祥，严晓光，等．重庆农村产权抵押融资问题研究［M］．重庆：西南师范大学出版社，2017.

续表

农户借贷渠道状况			
借贷渠道	选项	户数（户）	所占比例（%）
	民间或非正规借贷	74	57.81
	正规金融机构借贷	54	42.19

资料来源：重庆市金融办、人民银行重庆营业管理部。

从新型农业经营主体信贷需求与信贷行为特征来看，在113家新型农业经营主体有效样本中，有107家有信贷需求，占样本总数的94.69%；无信贷需求的有6家，占比达到5.31%，可见，重庆市新型农业经营主体普遍都有信贷需求。在有信贷需求的107家样本主体中，仅有82家经营主体实际发生了借贷行为，借贷行为的发生率为76.64%，另有25家主体有借贷需求但是并没有发生借贷行为。这清楚地表明，重庆市新型农业经营主体的融资难度较大，其借贷需求不是通过正规金融机构来满足的，而是通过民间或非正规信贷渠道来满足。实际发生借贷行为的82家新型农业经营主体中，有57家在借贷渠道上选择了银行贷款，占所有被调查主体的69.51%①（见表5-7）。

表5-7　新型农业经营主体信贷需求与借贷行为状况

新型农业经营主体信贷需求状况			
选项	个数	所占比例（%）	
有资金需求	107	94.69	
无资金需求	6	5.31	
借贷行为状况			
选项	个数	所占比例（%）	
有借贷行为	82	76.64	
无借贷行为	25	23.36	
借贷渠道状况			
借贷渠道	选项	个数	所占比例（%）
	民间或非正规借款	62	75.60
	正规金融机构借款	57	69.51

资料来源：重庆市金融办、人民银行重庆营业管理部。

① 张卫国，王定祥，严晓光，等．重庆农村产权抵押融资问题研究［M］．重庆：西南师范大学出版社，2017.

2. 重庆市农村土地经营权抵押贷款供给状况

从农村土地承包经营权抵押贷款供给情况来看，新增发放贷款从2010年的0.34亿元增长到2015年的53.10亿元，年均增长174.6%，2015年出现上升势头。同时，农村土地承包经营权抵押贷款增长率波动幅度也非常大。农村土地承包经营权抵押贷款从2010年的0.34亿元增长到2015年的167.20亿元，比重从2010年的0.85%增长到2015年的29.09%①（见表5-8）。

表5-8 2010~2015年重庆土地承包经营权抵押融资状况

年份	抵押融资供给结构与增长率		抵押贷款累计发放结构与比重	
	新增贷款（亿元）	增长率（%）	发放总额（%）	比重（%）
2010	0.34	—	0.34	0.85
2011	5.96	1652.94	6.30	5.53
2012	20.60	245.64	26.90	13.65
2013	48.30	134.47	75.20	22.41
2014	38.90	-19.46	114.10	24.26
2015	53.10	36.50	167.20	29.09
合计	167.20	—		

资料来源：重庆市金融办、人民银行重庆营业管理部。

3. 重庆市农村土地经营权抵押贷款主要障碍

（1）操作层面的障碍。一是土地经营权资产价值评估难。由于土地受地域、地貌、地形、土壤等自然条件甚至地上附着物与农作物种类的不同，其价值差异很大，很难做出比较合理公正的价值评估。同时，缺乏科学规范的价值评估标准、缺乏专业的评估机构和人员，导致土地经营权的资产价值评估止步不前，成为制约抵押融资的主要因素之一。二是土地经营权资产抵押政策操作难。虽然土地经营权抵押贷款在一些地方进行了试点，取得了一定的经验，但是土地经营权抵押贷款的业务开展并不顺利，其中一个重要原因就是土地经营权资产抵押政策执行起来难度较大。最为突出的是土地经营权变现难、土地经营权价值评估难。导致"两难"的根本原因在于相关具体制度不配套、不健全，土地经营权抵押贷款操作起来困难多，金融机构不愿开展这一业务，最终形成土地经营权抵押贷

① 张卫国，王定祥，等．重庆农村产权抵押融资问题研究［M］．重庆：西南师范大学出版社，2017.

款政策落实陷入困境，制约政策效应。三是土地经营权资产价值处置变现难。土地经营权作为一项用益物权，当它作为抵押标的物时，并不具备通俗抵押物的特征，权利人对其并不享有完整的处分权，土地经营权的变现或者再次流转都涉及权利人与承包户的关系。一旦经营户出现贷款违约的情况，银行在变现时必须花费大量的时间、人力和物力去寻找流转对象，处置抵押物的成本很高，导致土地经营权变现难。

（2）风险分担层面的障碍。一是土地经营权抵押贷款风险管控难。土地经营权抵押贷款的主体较为复杂，既有承包户，更有通过土地流转获得土地经营权的其他土地经营权人，如种植大户、家庭农场、股份合作社、涉农企业等。他们自身的经济基础、经营种类也差别较大，有从事农业种植的、有从事畜牧渔养殖的、有从事农产品加工的，也有从事产品销售的。但他们的生产经营活动易受农业内外部多种因素的影响，因此在土地经营权抵押贷款时，遇到的风险差别也很大，风险形成的机理也各不相同，这就为风险的防控带来了一定的难度。二是土地经营权抵押贷款风险识别难。土地经营权抵押贷款风险可能因借款人信息不完全导致存在风险。借款人贷前为了获得金融机构的借贷支持，只向金融机构提供部分个人信息而保留关键私人信息，增加了金融机构的借贷风险。土地经营权抵押贷款风险可能因变现难导致存在风险。在借款人违约的情形下，金融机构难以将农村土地经营权进行变现来弥补自己的损失，这大大增加了金融机构对土地经营权抵押融资的风险。此外，土地经营权抵押贷款风险还可能因相关法律与政策相冲突导致存在风险。当前在我国土地经营权交易制度尚未完全建立起来的条件下，土地经营抵押贷款存在着法律与制度滞后的问题，抵押融资行为缺乏统一的法律依据，是法律风险形成的一个重要原因。三是土地经营权抵押贷款风险分担机制建立难。土地经营权抵押融资的每一个环节都蕴藏着风险，每一个参与主体都是风险的可能承担者，但是目前健全的风险分担机制尚未建立起来。为了平衡各方参与主体的利益，应在农业经营主体、银行金融机构和政府各部门之间按照合理的比例，分担抵押融资风险。

（3）法律层面的障碍。目前《中华人民共和国农村土地承包法》《中华人民共和国物权法》《中华人民共和国担保法》等法律主要注重的是农用地的社会保障功能。尽管我国从政策层面上对农村土地承包经营权抵押的行为作出了认可，但是由于相关的法律条款还未做修改，沿用的还是过去的法条，当当事人之间产生有关土地经营权抵押纠纷时，仍然存在着抵押权无法实现的法律障碍。

4. 推进重庆市农村土地经营权抵押贷款建议

（1）提升农户和新型农业经营主体对抵押贷款的认知。政府加大宣传力度，使经营者充分全面了解农村土地经营权抵押融资业务，让经营者对其有更深刻的认识，这样不但可以提高经营者对土地抵押融资的积极性，还能提高经营者对土地抵押融资的风险意识。建立专门的机构对经营者进行现代化农业生产技术培训，通过提高生产经营水平与能力，稳定增加收入。

（2）健全土地经营权抵押贷款体制机制。完善流转合同与流转程序的监督机制，使土地经营权抵押贷款体制机制常葆活力。建立精准高效、途径广阔的资产评估机制，提高评估农村土地经营权价值的水平。充分考虑土地的区位因素、风险因素、地上农作物和附着物、基础设施的价值，综合评定土地经营权的整体价值。政府要建立评估费用管理制度，采取适当的措施防止评估机构过高收费，必要时通过财政进行补贴，减小土地经营权评估费用对农户带来的融资压力。

（3）建立风险补偿机制。政府应积极推动风险补偿机制的建设，将土地经营权抵押融资业务的风险降到最小。政府在风险分担这方面要体现出强烈的社会责任感，组织建立抵押融资业务风险补偿基金，当风险发生时，能够起到良好的分担作用。建立完善并充分发挥金融机构的信贷准入检测体制，减少信贷双方因信息不对称带来的风险。

（4）完善社会保障体系。逐步建立健全农村社会保障体系，将农村社会的发展纳入国家公共财政支持体系，以期弱化土地对农户的保障功能，使农户对土地的依赖性大大减小，解决农户因土地经营权抵押后的基本生活问题。逐渐完善农业保险制度，增加农业保险险种，减小自然灾害带给农户的经济损失。

（5）完善土地经营权抵押贷款的相关法律。修订并完善相关法律法规和政策，从法律上允许农民将土地经营权视为一种抵押物进行抵押融资，为土地经营权的流转和担保排除法律方面的障碍。另外，要明确法律责任，对于土地经营权已经做了流转和担保的土地，如果因借款人的原因而出现合同违约的行为，将土地私自挪作他用，要通过法律途径来加以制裁，有效维护土地流转、交易和担保抵押的市场秩序。

（三）土地经营权抵押贷款风险表现形式

农村土地“三权分置”下土地经营权进行抵押贷款，一方面有效盘活了农村“沉睡”土地资产，另一方面也加快了农村城镇化进程，促进了一二三产业融合。但是，在土地经营权抵押贷款过程中又存在着各种风险，如自然风险、法律风险、信用风险、金融风险、道德风险、经营权评估风险、抵押物处置风险以及社会风险等。抵押贷款风险是指在土地经营权抵押贷款中由于外部环境的变化、信息的非对称和行为主体的机会主义行为等内外部因素的影响，致使违反抵

押贷款合同，给当事人带来损失的可能性。

在土地经营权抵押贷款中，无论是借款人（土地承包户或种植大户等新型农业经营主体），还是贷款人（金融机构）都会面临一定的风险。在这一贷款关系中贷款人相对借款人来说，面临更多、更大风险，值得深入研究。本书将重点从不同的贷款模式和不同的贷款主体对土地经营权贷款风险的表现进行分析。

1. 抵押贷款不同模式的风险表现

土地经营权抵押贷款一般情况下要经过几个节点：提供贷款资料—申请抵押贷款—审查贷款资料—评估抵押物价值—审批抵押贷款资料—签订贷款合同—办理贷款手续—发放抵押贷款—检查抵押贷款—回收贷款本息（见图 5-7）。土地经营权贷款人可以是土地的承包方，也可以是土地经营权的受让方，但需在村集体进行抵押贷款备案。无论是土地经营权的承包方还是土地经营权的受让方向银行等金融机构申请贷款时，都需要提供规范有效的土地承包合同、地上（含地下）附着物情况说明资料、申请者身份证明资料（申请人为法人还需要提供营业执照副本及加盖公章的复印件）、土地承包经营权人同意抵押的意见书和贷款银行要求的其他材料。

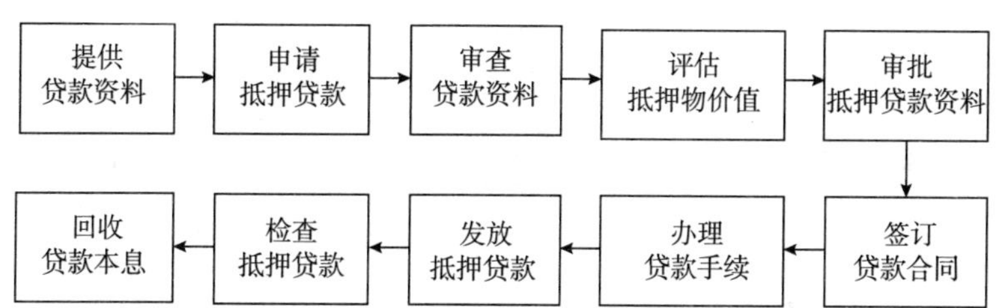

图 5-7　农村土地经营权抵押贷款流程

在土地经营权抵押贷款实践中出现了多种抵押贷款模式，不同的模式有不同的特征和地方特色。与此同时，不同的贷款模式也潜伏着不同的贷款风险因素。分析这些贷款模式，识别这些风险点，对于有效防范土地经营权抵押贷款风险具有一定借鉴价值。为此，这里将重点分析三种抵押贷款模式风险。

（1）直接抵押贷款模式风险。在该模式下，农业经营主体持土地经营权流转合同去申请土地经营权证，然后到贷款银行办理抵押登记手续；贷款银行与地方农业委员会建立信用评级体系，按照信用等级发放相应贷款（见图 5-8）。

直接抵押贷款模式权责关系较分明，办理程序简单。由于土地经营权抵押贷款有着较大的市场需求，金融机构又能分担和把控风险，因此较多银行相继加入

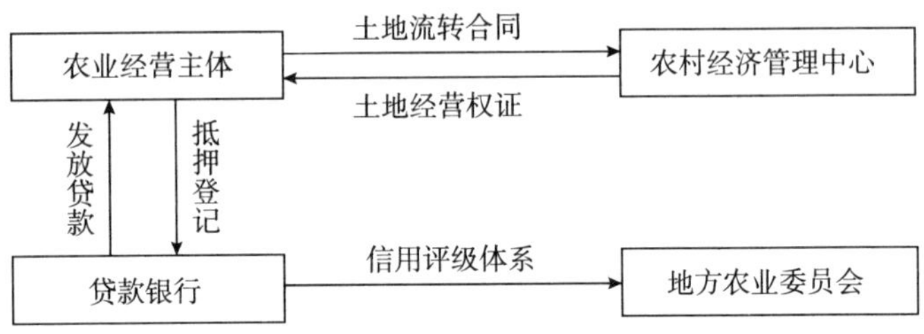

图 5-8 直接抵押贷款模式

农村土地抵押贷款行列。资金供需双方意愿较为强烈，农业经营主体融资难融资贵难题在一定程度上得以缓解。在直接抵押贷款模式下，风险主要表现为：违约风险、抵押品评估、处置风险等（见表 5-9）。

表 5-9 直接抵押模式的风险及成因

风险类型	具体表现	成因
违约风险	农户违约风险	农户无法偿还贷款时，若土地处置面积过大，基本生计得不到保障，执行困难
违约风险	使用权经营主体违约风险	土地经营主体获得农村土地贷款后不用于生产农业，而是用作其他用途，风险得不到监控
抵押品评估、处置风险	土地处置困难，金融机构风险积聚	由于目前相关工作体制并不完善，对于抵押品价值评估困难，且一旦经营者违约，风险困难对土地的处置

（2）第三方担保抵押贷款模式风险。在该模式下，土地经营权人以土地经营权申请贷款时，先确定第三方担保人，担保人可以是本村村民，也可以是新型农业经营主体，还可以是农业协会等组织。贷款人与担保人签订担保协议，第三方担保人向金融机构提供抵押担保。第三方担保人与金融机构签订总担保协议后，金融机构给农户发放贷款（见图 5-9）。

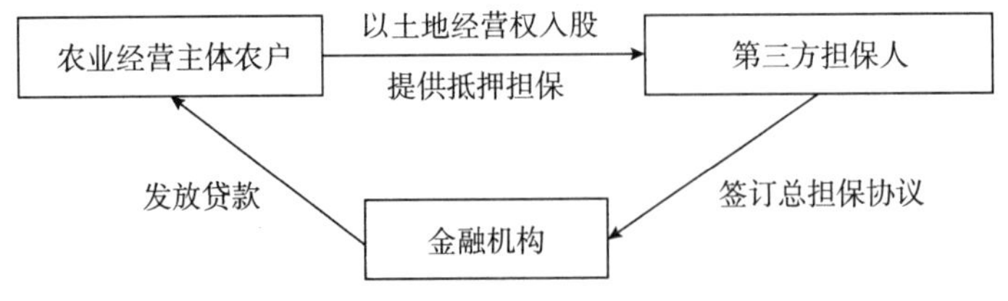

图 5-9 第三方担保抵押贷款模式

如果贷款人到期未能按时还款，那么，第三方担保人有义务替贷款人偿还贷款，但第三方担保人代替贷款人偿还贷款后，将获得贷款人的土地经营权。这样，土地经营权抵押第三方担保人在贷款人和金融机构间起着中介作用，能较好地对贷款人的经营情况进行监督管理，对土地抵押有一定约束作用，能有效降低金融机构的贷款风险和交易执行成本。

第三方担保抵押贷款模式在一定程度上维护了农户的利益，分散了一部分银行的贷款风险。但是该模式存在的最大问题就是法律风险。贷款人与第三方担保人签订的经营权抵押合同不具有法律效力，结果第三方担保人会承担一定的风险，贷款人在生产经营中出现违约或者遭遇不可抗力风险无法按时还款，第三方担保人需要承担这部分损失。另外，因为金融机构与第三方担保人签订的总担保合同，实际上金融机构难以避免第三方担保人出现系统性的信用风险，若土地不用来进行农业生产经营，那么所签订的担保协议是不能得到法律保障的。

（3）联合抵押模式风险。在该模式下，土地承包户或新型农业经营主体以土地经营权入股，组建股份专业合作社。然后，专业合作社以入股的土地经营权为抵押物向金融机构进行抵押贷款，金融机构通过评估后，向专业合作社发放贷款。这种模式将土地经营权与承包权相分离，专业合作社用农村土地的经营权去作抵押，金融机构不直接贷款给农户，而是直接放款给专业合作社（见图 5-10）。

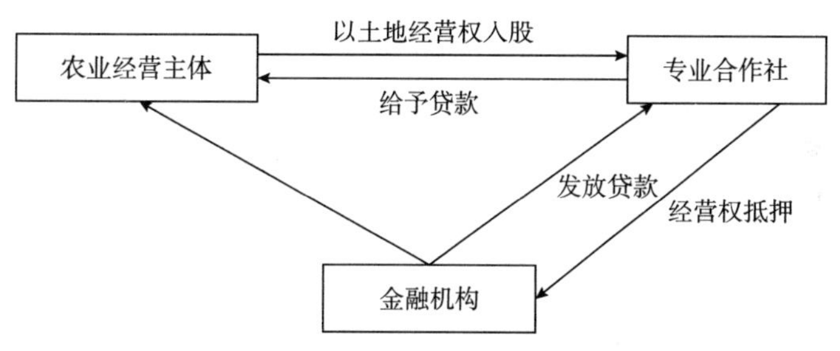

图 5-10　联合抵押贷款

例如，辽宁省法库县在实施该模式时规定，农民不可将全部土地用作抵押融资，需自留一部分以抵抗不可抗力风险所导致的农户温饱之难，农民不用担心失去基本生活保障。另外，即使农户未按时偿还贷款，金融机构处置土地时，具有承包权的农户是可以优先取得土地使用权的。此外，专业合作社抵押融资的模式能够有效地激发土地的潜能。以这种合作社的形式，可以集中土地资源，方便统一管理，进行规模化生产。闲散的土地不利于金融机构放款，有了专业合作社进行集中经营，且农户入股，风险也得到了有效的控制。在联合抵押贷款模式下，风险主要表现为：经营管理风险和确权风险等（见表5-10）。

表5-10 联合抵押模式的风险及成因

风险类型	具体表现	形成原因
经营管理风险	信息不对称、道德风险和不可抗力风险	村集体管理又运营合作社，很多农户入股但不具有话语权，多重委托代理容易造成权责不明
确权风险	由村集体所管理的专业合作社来进行经营权抵押贷款，经营权抵押贷款，经营权归村集体所有	村集体有所有权，将土地承包给农户，又集中进行经营权贷款，存在自主经营与利益共享的矛盾

这种土地抵押贷款模式在很大程度上分散了金融机构的风险，但是这种复杂的多重代理关系使农户与村集体容易发生信息不对称的问题。农户入股合作社，土地被合作社经营管理，农户的权利实际上不能被较好地维护，显得较被动。

总之，通过比较分析可知，各地应因地制宜，推行符合当地特色的农村土地经营权抵押融资模式。无论哪种土地经营权抵押贷款模式都存在一定风险因素，在模式的设计和运行中应管控好风险点，维护好农民权益。

2. 土地经营权抵押不同主体的风险表现

"三权分置"下有权行使土地经营权抵押的主要有两类主体：一是承包户，即传统农户；二是土地经营权人，即通过合法途径流转获得土地经营权的人，主要包括家庭农场、合作社、农业企业和种植大户等新型农业经营主体。这两类主体均在土地经营权抵押贷款中面临一定的风险，而相关金融机构面临更多的风险。

（1）农户丧失承包地经营权风险。土地经营权抵押贷款涉及农户的切身利益。农户直接用承包土地的经营权进行抵押时，面临的最大风险是丧失承包地经营权风险。

在当前农村社会保障制度尚不完备的情况下，农户的土地仍具有社会保障的功能，是农户最基本的生活保障来源。如果农户以土地经营权抵押实施了贷款，但由于种种原因，会发生农户无法按期偿还贷款或者发生贷款合同约定的其他情形，依据贷款合同约定，金融机构可以对抵押的土地经营权进行转让、变更、仲裁以及诉讼，通过处置抵押物以获得资金补偿，无论以何种方式处置抵押物，均会导致农户土地承包经营权丧失。农户事实上丧失了该期限内的土地经营权，失去了在土地上从事农业生产活动的权利。失去土地经营权的农户，最基本的生存保障将面临严重的威胁，给社会带来潜在的不稳定因素。

（2）土地经营权人丧失经营权风险。土地经营权抵押的另一主体为土地经营权人，即通过土地流转获得土地经营权的人或经济组织。他们在获得土地经营权后，经承包户同意，并向村集体经济组织备案后，以土地经营权向金融机构申请抵押贷款。由于新型农业经营主体经营土地的规模相对较大，在生产经营过程中面临的自然风险、市场风险、技术风险等风险因素也较多，特别是在目前我国农业政策性保险不到位、风险补偿基金不足、救灾补助缺乏的情况下，一旦遇到上述风险的发生，且风险防控不利，极易给农业生产经营主体带来严重的危害，致使贷款人难以偿还银行贷款，产生违约行为。这时金融机构可以与土地经营权人商议，以土地经营权折价，或者协议拍卖、变卖该土地经营权并以变卖价款优先受偿。如果双方不能达成协议，金融机构可以申请人民法院强制拍卖、变卖土地经营权。由此而见，作为抵押物的土地经营权将面临被处置，一旦土地经营权被处置，其结果就可能导致经营权人丧失土地经营权风险。

这并不影响“农户的承包权”，因为土地承包权仍由农户享有，执行中的经营权人仅仅是取得土地承包经营权之上的土地经营权，而且是土地承包期剩余期限内的土地经营权。

（3）农户或土地经营权人的经营权价值被低估风险。土地经营权价值低估风险是指农户或土地经营权人在土地经营权抵押贷款过程中，对土地经营权价值的评估可能低于经营权本身的真实价值，进而给抵押人带来经济损失的可能性。土地经营权作为贷款时的抵押权，其价几何，需要进行科学合理评估，但是由于土地经营权的特殊性，土地经营权价值评估机构的非专业性，极易给抵押人带来土地经营权价值低估风险。如果对土地经营权的价值评估过低，就会使抵押人的权益受到侵害。

（4）农户或土地经营权人的还本付息风险。当以土地经营权进行抵押时，无论是农户还是土地经营权人都会面临还本付息风险。我们知道，农业作为一个弱质产业，农业生产在很大程度上“靠天吃饭”的特性依然没有得到彻底的改变，农业生产活动具有周期长、投资大、见效慢等特点，且暴露在多变的自然环境中，抵御自然灾害的能力差，具有高风险特征。农业生产效益极易受到自然灾害及极端天气的影响，农民的收益常会出现不稳定状态。与此同时，农业生产收益还受市场需求的影响，农产品市场价格的波动，直接影响到农民的收益，而土地经营权抵押贷款的偿还是以农业生产收益为主要还款来源，这就使土地经营权抵押贷款容易出现难以按时、足额还款的问题，[①] 使农户或土地经营权人面临还本付息的风险。

（5）银行机构面临的风险。一是信用风险。当银行与农户签订土地经营权贷款合同后，农户可能会有两种违约情形：一种是主观违约，一些不诚信的农业经营者可能借助信息不对称，主动逃避债务，而由于不完善的信用体系，银行可能难以对其进行惩戒；另一种是客观违约，由于农业生产十分脆弱，受自然环境影响巨大，且农产品的市场环境也容易受到波动，导致农户的收益受到影响，进而影响其偿债能力。[②] 二是抵押物处置风险。在土地经营权抵押贷款时，金融机构面临的一个重要风险是抵押物处置风险。在农户不能偿还贷款，金融机构处置抵押物时，在现行法律和政策框架下，土地经营权可能难以变现，带来抵押物处置风险，这也是金融机构为什么从事土地经营权抵押贷款的热情不高的原因。

（四）土地经营权抵押风险形成的原因

借款人可能因经营管理不善等原因，出现经营风险。农业经营的失败，导致严重亏损，贷款农户（或新型农业经营主体）就会出现还款难的现象，极易产生违约，导致违约风险的发生。一旦贷款人不能按时偿还贷款，造成违约，就会给金融机构造成经济损失。金融机构为了防范和降低贷款人的违约风险，就会要求贷款人以地上作物、其他财产、农地经营权等进行抵押，或者是由第三方担保公司进行担保或由其他联保方提供联合担保。这样，违约风险就传导至担保公司或联保方，形成担保风险。如果农地经营权抵押贷款的面积比较大，农民的参与度又比较高，一旦发生大量违约事件，就会引发局部金融风险。这时，金融机构很有可能对贷款抵押物——土地经营权进行变现处置，变现抵押物的结果会使农民面临失去土地的风险，一旦农民失去了赖以生存的土地，在目前农村社会保障体系不健全的情况下，失地农民就会成为社会不稳定因素，极易导致社会风险（见图 5-11）。

1. 抵押风险形成的博弈分析

下面从博弈论的视角，对土地经营权抵押贷款风险的形成进行分析，揭示出风险的形成机理。

---

① 李泉，余珊．农村土地经营权抵押贷款的风险防范刍议［J］．社科纵横，2019（4）：42-48.

② 林璐．农村土地经营权抵押贷款风险控制研究［J］．科技与金融，2020（10）：53-57.

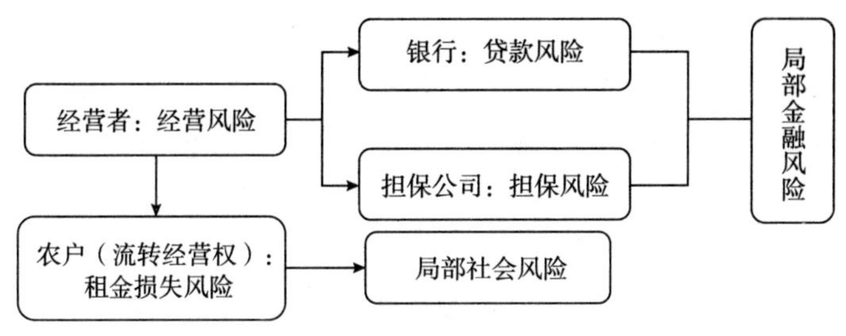

图 5-11 农地经营权抵押的风险

假设博弈参与者为两个，即贷款人和借款人，双方均为经济学意义上的理性人，即在给定情况下都会实现自身效用最大化。其中贷款人主要是指包括银行在内的金融机构；借款人主要是指土地承包户或土地经营权人（种植大户、家庭农场、农民专业合作社和涉农企业等）。在博弈过程中，贷款人有两个选择，即贷款或不贷款。贷款人无论怎样选择都体现了贷款人为获取利润与防范风险所作出的理性选择。借款人同样也有两个选择，即借款或不借款。借款人无论怎样选择都体现了借款人为获取自身利益所作出的理性选择。同时，假定信贷市场是完全竞争的，存在许多金融机构向借款人发放贷款，借款人可以自由选择合适的金融机构，从而使两者之间的博弈是完全信息博弈。在此基础上，设贷款人贷给借款人的本金为 L，贷款利率为 r，贷款期限为 t，贷款人贷款所获得的利润为 Le^{rt}，本利和为 $L+Le^{rt}$。

（1）无限次重复博弈。重复博弈是一种特殊的博弈。无限次重复博弈是指同一个博弈被无限次重复多次。在无限次重复博弈中，对于任何一个参与者的欺骗和违约行为，其他参与者总会有机会给予报复。假设贷款人将采取“冷酷战略”，这个战略意味着任何参与人的一次不合作将会导致双方永远不合作，即如果在第 N 次博弈中，借款人采取不还款的行为，将导致贷款人因无法收获贷款而蒙受损失时，贷款人将会采取永不贷款的策略来惩罚借款人。如此，借款人的一次不还款将会导致以后每轮博弈中的收益为零。借贷双方各博弈阶段的矩阵如表 5-11 所示。

从表 5-11 可以看出，当贷款人放贷后，借款人如果能还款，则贷款人获得的利润为 Le^{rt}；当贷款人放贷后，借款人如果不还款，则贷款人的损失为 L。当贷款人选择不贷款，且借款人选择不还款时，双方支付为零。但当贷款人不贷款，而借款人有还款意愿时，贷款人支付为零，借款人的支付为 C_0，这是因为借款人为了获得贷款会付出相应的努力。在无限次重复博弈中，令 d 为贴现因子，如果借款人在每一轮的博弈中选择不还款，那么他在这一轮中的收益为 R_0+L。但他的这个机会主义行为将会导致贷款人不再选择贷款，而借款人在往后几期的收益都将是 $-C_0$。因此，如果满足下列条件，假设借款人不会选择不还款，贷款人将不会选择不贷款，则有：

表 5-11 农村信用贷款中借款人与贷款人的博弈

		借款人	
		还款	不还款
贷款人	贷款	Le^{rt}, R_0-Le^{rt}	$-L, R_0+L$
	不贷款	$0,\ -C_0$	$0,\ 0$

$$R_0+L+\&(-C_0)+\&^2(-C_0)+\cdots \leqslant R_0-Le^{rt}+\&(R_0-C_0)+\&^2(R_0-C_0) \qquad (5-5)$$

解上述条件得：

$$\& \geqslant (R_0-Le^{rt}+C_0)/(R_0+L) \qquad (5-6)$$

即如借款人和贷款人有足够的耐心，冷酷战略将是无限次重复博弈的一个子博弈精炼纳什均衡。双方的最优选择是（贷款，还款），这是每一个阶段的均衡结果。说明借款人和贷款人的长期合作，可以在一定程度上缓解借款人的违约行为，降低抵押贷款风险的发生。

（2）有抵押担保制约的博弈。在土地经营权抵押贷款过程中，借款人用土地经营权作为抵押物进行担保，假定借款人的抵押物资产为 M，且 $M-C_1\geqslant 0$，$M-L\geqslant Le^{rt}$。那么，当借款人到期未还款时，贷款人有两个行为选择，即变现抵押物，或者不变现抵押物。假设贷款人变现抵押物所获得的收入为 M，变现抵押物所耗费的成本为 C_1。在这个博弈中，由贷款人进行行动选择是否发放贷款，若其发放贷款，借款人再选择是否还款，若借款人选择不还款，再由贷款人选择变现抵押物。具体的博弈过程及各方收益如图 5-12 所示。

博弈树是由树的结点和枝组成的图，树的结点来表示博弈过程中的每一步。由图 5-12 可知，在第三阶段博弈中，贷款方通过选择抵押物的变现获得的收益为 $M-C_1$，而对抵押物选择不变现的收益为 $-L$。因此，作为理性的贷款人，变现抵押物是他的最优策略选择。当借款人意识到贷款人会在第三阶段博弈中选择变现抵押物时，则借款人会在第二阶段的博弈中选择还款。此时，借款人还款的收益为 R_0-Le^{n}，反之，不还款的收益为 R_0+L-M，由于 $M-L\geqslant Le^{n}$，则借款人选择还款的收益会大于不还款的收益。由于第二阶段借款人选择了还款，因此，

贷款人会在第一阶段选择贷款，从而（贷款，还款）是博弈双方的子博弈借贷均衡。

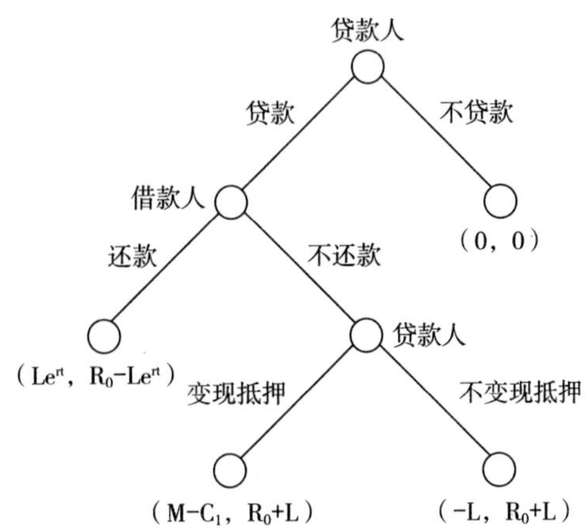

图 5-12　土地经营权抵押贷款中有抵押担保约束的博弈树

(3) 有声誉惩罚制约的博弈。当贷款人在第一阶段博弈中选择给予借款人贷款，假如贷款到期后借款人选择不还款，那么，贷款人将会披露借款人的个人信用。在这种情况下，假定借款人将会受到惩罚，且惩罚成本相当高，受惩罚的成本为 C_2，有 $C \geqslant Le^{rt}+L$，而贷款人实施惩罚的成本为 C_1，且通过惩罚会得到一种心理上的满足，假定这种满足为收益 R_1，$R_1 \geqslant C_1$。如果借款人最终选择了不还款，那么贷款人将有两种行动选择，即进行声誉惩罚与不进行声誉惩罚。具体的博弈过程与各方收益由图 5-14 的博弈树来表示。

由图 5-13 可知，在第三阶段的博弈当中，假如借款人选择不还款，那么，贷款人选择对其进行声誉惩罚的收益为 R_1-L-C_1，而选择不进行声誉惩罚的收益为$-L$，因此贷款人的理性最优选择策略是对借款人进行声誉惩罚。当借款人意识到贷款人会在第三阶段采取声誉惩罚时，借款人在第二阶段的博弈中就会选择还款。因此，还款的收益为 R_0-Le^{rt}，不还款的收益为 R_0+L-C_2，由于 $C_2 \geqslant Le^{rt}+L$，所以借款人还款的收益大于不还款的收益。当借款人在第二阶段选择还款时，贷款人则会在第一阶段选择贷款。基于此，（贷款，还款）则是博弈双方的子博弈均衡。

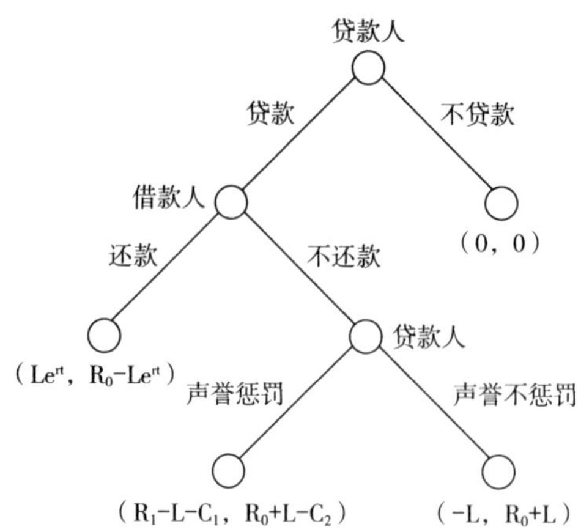

图 5-13　土地经营权抵押贷款中有声誉

通过对土地经营权抵押贷款主体双方行为的三种博弈行为，即无限次重复博弈、有抵押担保制约的博弈、有声誉惩罚制约的博弈行为分析，不难发现，首先，在长期合作的激励机制、灵活的抵押担保机制以及严厉的惩罚机制下，可以实现土地经营权抵押贷款双方博弈的纳什均衡。现实中，新型农业经营主体为了农业生产经营活动的需要，有较大且较长期的资金需求。对于金融机构而言，只要借款人能够履约，那么金融机构与新型农业经营主体的合作就是有利可图的。无限次重复博弈也表明借款双方需要长期合作，而通过这种长期合作，新型农业经营主体可以获得稳定的资金来源，从而激励其履约。其次，在信贷过程中，农村金融机构用于抵押的抵押物（土地经营权）是农业生产活动中的重要资产，如果借款人不按期偿还贷款，金融机构则会选择变现抵押物以弥补自身的资金损失。一旦失去这些抵押物，借款人的农业生产将会受到巨大的影响，从而起到约束借款人的机会主义行为，保证借款人能按期履约。最后，声誉对于新型农业经营主体而言尤为重要。声誉可以反映新型农业经营主体的行为记录，是在日常生活中对其信贷行为以及道德品性的直接表现。同时，也是与其他经济主体之间能否签订合约的一项重要影响因素。因此，声誉惩罚机制可以通过激励和约束作用，确保农村借款主体在信贷过程中能够履约。借款人一旦出现违约行为，其合作方将会立即选择终止长期合作，并且违约方将会受到其他农村群体的谴责，而且违约信息会随着在关系共同体中的迅速传播，导致借款人失去与潜在合作者间的合作机会，致使其失去在未来持续获利的机会。如此，声誉惩罚机制便约束了借款人的机会主义行为，发挥了防范违法风险的功能，从而保证了借贷合约的履行。

2. 还本付息风险形成原因

还本付息风险主要来自贷款人从事的农业生产经营状况。如果贷款人的农业

生产经营状况良好，能够获得较好的经营收入，贷款人一般都能按时偿还贷款。农业生产和经营过程中各种风险因素复杂多样，导致农业风险也具有广泛性、复杂性和多样性。风险的大量存在直接影响到农民的收益，土地经营权抵押贷款的偿还是以农业生产收益为主要还款来源，这就使土地经营权抵押贷款容易出现难以按时、足额还款的问题,[①] 农民面临着还本付息的风险。

3. 经营权价值被低估风险形成原因

农户或土地经营权人在土地经营权抵押贷款过程中，其土地经营权价值可能被低估，致使土地经营权的实际价值远低于经营权本身的真实价值，进而给抵押人带来经济损失的可能性。土地经营权作为贷款时的抵押权，其价值究竟应该是多少，需要专业评估机构进行科学合理的评估。由于土地经营权的特殊性，目前土地经营权评估市场不完善，专业性强或具有权威性的土地经营权价值评估机构缺乏，具有专业资质的评估人员更是匮乏，导致土地经营权价值评估不规范，极易使土地经营权价值被低估，形成经营权价值被低估风险。因此，建立专业的土地经营权价值评估机构、培养专业评估人员、完善评估程序，对于防范土地经营权价值被低估，维护农民权益至关重要。

4. 抵押物处置风险形成原因

土地经营权抵押物的特殊性决定了它不同于一般的抵押物，具有一定的特殊性。金融机构对土地经营权再流转变现也存在潜在的处置风险。①当发生贷款违约时，金融机构能否及时把土地经营权再流转出去存在较高风险。在我国当前农地流转交易平台不健全、农地信息不对称的情况下，金融机构把土地经营权再流转出去的难度较高，并且可能存在再流转价格过低的现象。②金融机构获取的是一定期限的土地经营权，而不是土地的长久经营权，一旦土地的流转期限到期后，土地经营权作为抵押物将会失效。在抵押期限内金融机构能否获得足够的清偿金额存在较高风险。[②] ③由于目前我国的土地经营权交易市场还没有真正建立起来，土地经营权流转还不畅，制约了土地经营权抵押物的变现。一旦抵押物被处置，承包户或土地经营人将面临失去土地经营权的风险。④在目前土地还承担着重要的社会保障功能的条件下，如果土地经营权人贷款后违约，金融机构对土地经营权抵押物的处理困难重重，很难在短时间内变现，给土地经营权抵押物处置带来一定的风险。

---

① 李泉，余珊．农村土地经营权抵押贷款的风险防范刍议［J］．社科纵横，2019（4）：42-48.

② 黄雷．土地流转与“三权分置”你问我答［M］．北京：中国科学技术出版社，2018.

第三节　农村土地经营权再流转风险

一、土地经营权再流转概述

（一）土地经营权再流转的概念

“三权分置”改革前，学术界关注重点在于土地承包经营权的流转问题，“三权分置”改革的实施，促使学者更多地关注从承包经营权中分离出来的经营权问题，关注的重点在于承包权与经营权初次分离后的农民权益问题以及经营权的内涵和权能等，至于土地经营权从农业经营主体手中再次流转问题的研究较少。

关于土地经营权再流转的概念，目前我国法律和政策层面没有给出明确的界定，理论界也无统一解释。致使一些学者甚至将土地经营权再流转的方式混淆于土地经营权初次流转或土地承包经营权整体流转的方式。姚晓丽指出，土地经营权再流转是指土地经营权人从承包户手中合法获得土地经营权后，将经营权再次流转给新的经营主体或新的经营主体将既受的经营权进一步流转给其他受让方的一种行为。① 本书根据《中华人民共和国农村土地承包法》和《农村土地承包经营流转管理办法》等相关规定，把土地经营权再流转界定为：农户在继续享有土地承包权的前提下，将土地经营权流转给土地经营人（初次流转），土地经营权人在获得承包方同意后，再次将土地经营权流转给新的土地经营权人的一种行为，即土地经营权人从承包户手里获得土地经营权后，再次将土地经营权流转给他人的行为。

土地经营权再流转与土地经营权初次流转有共同之处，两者都是土地经营权人依法处置经营权的一种行为，流转的对象均为土地的经营权，流转行为均受到法律保护，都是在自愿的基础上发生的一种土地经营权流转行为，但两者也有明显的不同，土地经营权初次流转的主体是承包方。在承包期内，承包户有权依法自主决定承包地是否流转、流转对象、流转期限、流转方式和流转价格等，任何组织和个人不得强迫承包户流转土地，也不得阻碍承包户依法自愿流转土地。土

① 姚晓丽．“三权分置”下土地经营权再流转的方式与风险防范研究［J］．社科纵横，2019（4）：147-150.

地经营权再流转的主体是土地经营权的获取方，即从承包户手里获得土地经营权的人，在征得土地承包户的同意并向发包方备案后，有权依法将土地经营再次流转给村集体内部成员或村集体以外的人员。

（二）土地经营权再流转的法律依据

农村土地“三权分置”下土地经营权再流转是一种合法行为，其行为受到法律的保护。对此《中华人民共和国农村土地承包法》明确规定：“经承包方书面同意，并向本集体经济组织备案，受让方可以再流转土地经营权”。《农村土地承包经营流转管理办法》就土地经营权再流转条件作了说明：受让方将承包方以转包、出租方式流转的土地实行再流转，应当取得原承包方的同意。可见，在一定条件下，土地经营权受让方有权向第三方（新型农业经营主体等）再次流转土地经营权，但前提是需经承包方同意，并向发包方备案，且不得改变土地用途。由此可见，土地经营权再流转是受到法律许可和保护的。

（三）土地经营权再流转的方式

只有明确土地经营权再流转方式，才能更好地识别土地经营权再流转风险，并针对性地加以防范。根据《中华人民共和国农村土地承包法》规定，“三权分置”下土地承包经营权整体流转方式有“互换”和“转让”两种方式；土地经营权初次流转方式有“出租（转包）、入股或其他”，但“其他”具体包括什么，立法却并未予以明确说明。对此，温世扬和吴昊认为土地经营权的流转方式具体还应包括转让、抵押，① 齐恩平认为土地经营权的流转方式也应包括转让、抵押、继承以及赠予等。② 至于土地经营权再流转方式无论是在法律上、文件上，还是在理论界均鲜有涉及，致使土地经营权再流转方式混同于土地经营权整体流转或土地经营权初次流转，而没有加以区分，毕竟土地经营权流转中的三种方式并非能完全割裂开来。但是，基于流转过程中流转主体的特性和流转风险的考量，为防范可能发生的风险等，土地经营权再流转方式应有严格的要求。

首先，土地经营权再流转与土地经营权整体流转相比，因不涉及承包关系的变动，所以土地经营再流转不包括“互换”和“转让”这两种流转方式。其次，土地经营权再流转与土地经营权初次流转相比，因不受土地经营权流出方和流入方均应为本集体经济组织成员的限制，所以“转包”应排除在外。③ 那么，在土

① 温世扬，吴昊．集体土地“三权分置”的法律意蕴与制度供给［J］．华东政法大学学报，2017（3）：74-82.

② 齐恩平．“农地经营权”权能界定及体系化构造［J］．甘肃社会科学，2018（2）：176-181.

③ 姚晓丽．“三权分置”下土地经营权再流转的方式与风险防范研究［J］．社科纵横，2019（4）：147-150.

地经营权的再流转过程中，经承包户同意，并向集体经济组织备案，其再流转方式应包括出租、入股、抵押、质押等，这也符合“三权分置”放活土地经营权改革的初衷。考虑到土地经营权再流转的方式及其风险防范的特殊性，在今后的农村土地流转相关法律修订中，建议加以补全。

二、土地经营权再流转风险表现形式

基于上述分析，土地经营权初次流转和再流转各有其独特的方式及风险，会带来不同的问题和不同的风险，也会给农民权益带来不同的侵害，理应引起高度重视。因此，两者不能等同相待，应加以区别，方能更好地规范土地经营权再流转，在不断提高农地经济价值的同时，保护好农民的土地权益，防范经营权再流转风险。

（一）土地经营权私下再流转风险

在土地经营权再流转实践中，由于种种原因，经常出现私下再流转土地经营权的行为，给承包方带来一定的风险，侵害了承包方的土地权益，理应引起高度重视。

土地经营权私下再流转是指土地经营权人在从土地承包方获得土地经营权后，在承包方不知情的情况下，私下将土地经营权再次流转给新的土地经营权人的行为。这种行为一旦发生，就会侵害承包人的土地承包经营权，由此而产生的风险为土地经营权私下再流转风险。在土地经营权再流转中，由于经营主体准入制度不健全、风险防范措施不到位、法律规定的矛盾与滞后等多重因素，这类风险将更加突出。根据土地经营权再次流转的有相关规定，土地经营权再流转不得改变土地农业用途、不得超过承包剩余期限、应取得原承包人的同意。在实践中，从发生的一些土地经营权再流转行为来看，并未执行上述规定。例如，在山东菏泽成武县刘庄调研发现，承包户王某以每亩地租金为 600 元/年的价格流转给本集体经济组织张某某，签订了土地流转协议，土地流转期限为五年。土地流转后王某便和家人一起外出打工，等过年打工回家后发现，张某某在自己不知情的情况下，私下将自己的承包地再次流转给了新的经营权人，且由原来种植的粮食变成了蔬菜大棚。再如，江苏省苏州市宿州市埇桥区某乡镇的赵某某，2017 年在村干部的协调下，把家里 30 多亩承包地流转给了一位当地的种粮大户，合同约定租金为 950 元/亩/年，租期为二轮承包期结束，种植农作物为小麦和玉米。由于全家一直都在外地打工，未能关注土地的具体经营状况，2019 年回家后发现自己流转的土地种植的并不是粮食作物，而是被人种

上了葡萄、花木，且在本人不知情的情况下将土地私下流转给他人了。赵某某既生气又担心，生气没有经过自己同意，担心土地被种上葡萄和花木后，会影响到土地再次耕种。

上述情况的发生，究其原因：一方面，近年来粮食价格一直偏低，农资成本居高不下，使许多种粮大户种粮严重亏本，不得转行从事其他事业，对流转来的土地擅自处理；另一方面，对土地承包法等相关规定不太了解，或者即使了解也不遵守，认为土地流出之后和自己无关，自己也无权过问，只要有人代替交租金就行。从另一个方面也可以看出，村集体经济组织对本村所流转的土地进行监督管理还不到位。

（二）农户权益被挤压风险

“三权分置”改革的目的是实现适度规模化、集约化经营。但是，如果对农地流转规模不加以控制，可能导致土地经营权经过多次流转，将大量农地流转给同一农地经营权人，[①] 导致农地资源过度集中在大专业户、家庭农场、农民合作社、农业企业等不同经营权人手中，形成农地经营规模过大。

土地经营规模过大是一把“双刃剑”。一方面，对于土地流入的经营权人而言，流入的农地形成规模，能使其获得更高的农地经济增值空间，但对农户来说，存在农地权益被挤压、受损等风险。另一方面，由于资本与生俱来的逐利性，追求利益最大化，经营权人一旦因土地规模超出其经营能力和风险防范能力时，会陷入长期亏损或破产的困境，则可能无力支付流转租金，甚至会违反农地流转合同，出现“跑路”现象，进而引发违约风险。

（三）农地过度资本化风险

由于土地经营权再流转目前没有严格的限制，缺乏对再流转主体的有效规制，可能导致大量工商资本涌入农地市场。对工商资本来说，其成为农地经营者的主要目的倾向于将农地置于市场之中进行资本化运作，然后通过进一步流转从而获取其中的市场溢价，把农地由实体经济转化到虚拟经济中去，通过不断转手操作，将农地陷入无限的流转之中，炮制一轮又一轮的“土地流转热潮”，这将导致农地处于无限流转状态，农业生产处于不稳定的环境中。

如果允许农地无限流转，可以预见未来的农地市场便会炮制“农地经营权证券化”，届时农地市价攀升，一些人借机囤积地源，利用各种媒体宣传农地会继续上涨，怂恿大家流转农地，增大供应，进一步提升农地经营权流转价格，然后

---

① 孙宪忠．推进农村土地“三权分置”需要解决的法律认识问题［J］．党政视野，2016（3）：66-68.

转手获利，将其作为一种特殊的投资行为，从而加剧农地过度资本化的风险。①当农民在城市中无法生存想要回到农村从事农业生产时，因土地经营权期限未到且本集体经济组织不再分配农地，导致农民处于两难境地。

三、土地经营权再流转风险形成原因

“三权分置”下，按照《中华人民共和国农村土地承包法》等有关规定，土地经营权人获得土地经营权后可以按照一定的条件再次进行流转。土地经营权再流转是经营主体一种合法的行为。土地经营权再流转与土地经营权初次流转有着不同的特征，因此会带来不同的问题和风险，会给农民权益带来不同的侵害。“三权分置”下，土地经营权再流转风险主要表现为土地经营权私下再流转风险、农户权益被挤压风险和农地过度资本化风险，应对这些风险高度重视。

土地经营权私下再流转是指土地经营权人在从土地承包方获得土地经营权后，在承包方不知情的情况下，私下将土地经营权再次流转给新的土地经营权人的行为。土地承包经营权私下再流转风险来源于法律法规执行得不到位，虽然《中华人民共和国农村土地承包法》等都明文规定土地经营权再流转应经过承包人同意，经过村集体备案，而相当部分土地经营权再流转行为却没有经过相关人员的同意，也没有经过相关程序，而是私下交易的。从客观上来讲，土地经营权私下再流转风险的发生，与农业生产经营困难有关。近年来粮食价格一直偏低，农资成本居高不下，使许多种粮大户种粮严重亏本，不得转行从事其他行业，对流转来的土地擅自处理。此外，土地经营权私下再流转风险的发生，也与承包户对自己流转出去的土地认知不足有关，调研中发现，相对一些承包户认为土地流出之后和自己无关，自己也无权过问，只要有人代替交租金就行。从另一个方面也可以看出，村集体经济组织对本村所流转的土地进行监督管理不到位也是导致私下再流转风险发生的一个重要原因。

“三权分置”下，强化了土地经营权的流转，使得土地经营权可能长期处于不稳定状态，土地经营权会经历流转和再次流转的过程，此过程中农户依法享有的土地权益极易在多次流转中被挤压、缩减，甚至处于失控状态，导致权益流失、经济受损、土地资源受害等。土地经营权再流转过程中，由于缺乏对再受让主体的有效规则，可能导致大量工商资本涌入农村土地流转领域，凭借雄厚的工商资本获取更多的农地资源。工商企业的本质决定其资本转移过程，即流转更多

① 姚晓丽．“三权分置”下土地经营权再流转的方式与风险防范研究［J］．社科纵横，2019（4）：147-150.

的土地，其仍以盈利为目的，“资本下乡”虽然对于土地经营权再流转意义重大，但改变不了工商企业利用资本在农业领域寻找新的增长点创造利益最大化的主要目的，最终会导致土地经营权无限期流转，将土地作为一种特殊的投资产品，进而加剧农地过度资本化风险，导致农民土地权益严重受损。

本章小结

农村土地经营权风险具体体现在土地经营权出租、土地经营权入股、土地经营抵押和土地经营权再流转上。识别出土地经营权出租过程中契约风险、毁约退地风险、改变农地用途风险、拖欠或拒付租金风险和吞噬承包权风险。识别出土地经营权入股过程中权益受侵害风险、经济收益受损风险和经营权丧失风险。识别出土地经营权抵押贷款过程中丧失土地经营权风险、经营权价值被低估风险、还本付息风险以及银行的信用风险和抵押物处置风险。识别出土地经营权再流转过程中私下再流转风险、权益被挤压风险和农地过度资本化风险。土地经营权出租风险主要是由违约导致，违约风险的形成主要和土地经营权的出租方和承租方的机会主义行为、有限理性、契约的非完全性、契约的非规范性以及违约成本的低廉性有关。土地经营权入股风险形成主要是由入股企业内部治理、农民股东的风险认知、法律制度的不健全和政府行为的不当引起的。土地经营权抵押贷款风险主要和贷款人的生产经营状况、抵押市场的不完善以及风险分担机制不合理有关。土地经营权再流转风险的发生客观上与农业生产经营困难有关，主观上与工商资本的逐利性有关，同时村集体经济组织监管不到位也是导致风险发生的重要原因。

第六章　微观的农村土地经营权风险防范

农村土地经营权流转潜伏着诸多风险，风险的形成又各不相同。经营权的出租风险、抵押风险、入股风险和土地经营权再流转风险交叠传导，构成了风险系统，这些风险不同程度地侵害着农民权益。因此，防范农村土地经营权风险不仅要针对不同的风险类型采取不同的防范对策，而且也要有系统性的思维方式，从宏观层面提出风险管理策略。

本章将依据农村土地经营权风险的表现形式及形成原因，从微观层面，即承包户、通过土地流转获得的经营权人以及通过土地再流转获得的新的经营权人的视角，从土地经营权出租、抵押、入股等微观层面，提出风险防范对策建议，以保障农民权益。

第一节　土地经营权出租、入股和抵押风险防范

一、土地经营权出租风险防范

如前文所述，“三权分置”下土地经营权出租中的核心风险为契约风险，因此防范经营权出租中的违约行为，加强对土地租赁行为的监管，成为防范出租风险的重点。除此之外，应加强出租地的用途管理，增强农业生产经营的盈利能力，降低租金收回风险等，最大限度地保证农民权益。

（一）规范契约设计，提高违约成本

1. 优化契约设计，完善契约内容

针对“三权分置”实践中契约风险频发的现状，应在规范合同的基础上，

优化契约设计，加强合同监管。在土地经营权出租过程中，经常出现没有签订书面出租合同或者出租合同存在内容简单、约定不明、内容不详等一些问题。基层政府应根据当地具体情况，结合土地出租实践的需要，加强土地租赁合同文本监管，提供规范的地方性土地租赁合同范本，明确规定土地租赁的基本内容、权利义务、附着物的处置、租赁期限及违约责任等，以供农地租赁当事人参考。对于工商资本一方提供的明显不利于农户权益的、带有格式条款性质的租赁合同文本，应予以协调规范。土地租赁合同的签订，需经合同主管机构审查、备案或者公证机构公证。①

这就要求在租赁合同设计时，契约双方应尽可能地充分估计各种可能出现的情况，多渠道收集相关信息，避免合同中出现模糊条款。同时，更要考虑合同实施过程中可能出现的风险问题和事后处置问题，力图签订一个公平公正、内容翔实、格式规范、程序合法的合同，以保证合同的有效实施。此外，对于较大规模租赁土地的合同，除要求当地政府参与外，还应经公证机关公证，以法律形式确定双方权利义务边界，使双方真正结成风险共担、利益共享的经济共同体。

2. 加强过程监管，提高违约成本

加强契约管理、提高违约成本、降低违约收益是防范契约风险发生的重要措施。目前，在土地经营权租赁关系中，违约成本低，成为“毁约退地”发生的一个重要原因。因此，对于“毁约退地”的行为，除强化利益保障外，有关部门还要加强“事前、事中和事后”的合同监管，采用事前行政监察的方式进行风险防范，对取得土地经营权的关键主体，如种植大户、农业合作社、农业公司等的经营行为，加强事前监管，同时应完善土地经营权租赁监管机制。② 例如，对失信“毁约退地”的承租方，可以停发农业支持保护补贴，并督促恢复耕种；对失信“毁约退耕”的承租方，可通过企业信用信息公示系统向社会公示；对部分造成恶劣影响的“毁约退耕”的承租方，应进行严厉处罚，严防损害农民利益事件的发生。③ 对失信“毁约退地”的承租方，应提高“失信”者的信誉观念，以舆论为导向，让“失信”者承受舆论成本，提高违约的信誉成本。

（二）优化政策设计，防范契约风险

“三权分置”下，契约风险是土地经营权租赁关系中最大的风险，也是侵害

---

① 卢代富．农村土地“三权分置”法治保障研究［M］．北京：法律出版社，2018.

② 董正爱，谢忠洲．权能配置与风险回应：农地“三权分置”的制度设计［J］．时代法学，2019（9）：24-33.

③ 参见《北戴河区工商资本租赁农地监管和风险防范办法（试行）》，2016 年 11 月。

农民权益最为严重的风险。契约风险发生的一个重要原因和新型农业经营主体的盈利有关，农业经营主体的盈利能力不足，种地不挣钱，甚至亏本是导致契约风险发生的主要原因。因此，应通过“三权分置”下的相关制度完善，不断增强农业经营主体的盈利能力，为契约的履行提供经济保证，以防范契约风险的发生，维护农民权益。

1. 优化种粮补贴政策，改变“种粮不赚钱”现状

建议国家有关部门可先测定一个能让新型农业经营主体，如种粮大户等，保本微利（小麦和玉米）的“目标价格”，当市场粮价低于“目标价格”时，启动种粮补贴政策。具体补贴金额计算办法：补贴金额=（目标价格-市场价格）×种粮亩数；当市场粮价高于“目标价格”时，则不启动种粮补贴政策。这一创新“挂钩型”补贴机制，既尊重了市场规律，又保护了种粮农民的利益；既激发了农业经营主体种粮积极性，又增强了其盈利能力，降低了违约行为的发生。

2. 优化农业保险政策，增强抗风险能力

农业保险弱化，也是导致规模化租赁方违约风险的重要原因之一。如上文所述，土地经营者承租方在生产经营过程中会面临诸多风险，特别是在自然风险和市场对农业生产影响较大的情况下，农业保险成了化解风险的最后一道屏障，但现实中各类农业保险公司并没有发挥应有的功能。为此建议：一是政府应根据不同区域农业生产的实际情况，优化或扩大农业保险保费补贴品种与补贴比例，尤其是对农业规模化经营者生产密切相关的农产品补贴品种。二是保险公司应适当增加农业保险种类，因地制宜开发具有地区特色的农业保险险种，并依据市场规律与政府扶持力度，更好地发挥农业保险保障作用。三是宣传农业保险政策及业务，提升风险意识以及对农业保险的认知度，合理引导参保。[①]

（三）优化制度设计，防范租金收回风险

1. 探索“先租金，后种地”租金预付制度，降低租金收回风险

如何使出让方按时获得租金，防范租金收回难风险，一些地方做了有益的探索，值得借鉴。例如，《合肥市工商资本租赁农地监管和风险防范办法（试行）》规定：土地经营权的承租方自土地租赁合同签订生效10日内，向乡镇（街道）三资委托代理中心预付全年土地流转租金，在足额缴纳本年度土地流转租金的同时，合同明确自第二年起，每年初缴纳全年土地流转租金。[②] 山西运城

① 郭佳楠．基于自然风险与农业保险供需视角的农地流转障碍研究——基于山东省日照市的实证［D］．曲阜：曲阜师范大学，2017.

② 参见《合肥市工商资本租赁农地监管和风险防范办法（试行）》。

市规定工商资本租赁农地实行先付租金、后用地。[①] 此外，北戴河区也有关于向出租土地农户或村集体经济组织缴纳全年土地流转预付租金[②]的详细规定。

规定土地租赁预付租金缴纳，能够很好地规范承租方的行为，很好地避免租地不交租金或拖欠租金等行为，很好地保护农民的土地权益，促进土地租金市场健康发展。但是，从另一个方面来看，“先租金，后种地”的租金预付制度，也会增加承租方的经营成本或负担，在一定程度上阻碍了土地租赁市场的发展。因此，在“先租金，后种地”的租金预付制度的基础上，各地还应根据本地区的具体情况，需进行制度和机制的优化，以更好地协调出租方和承租方双方的利益关系。

2. 探索风险保障金预付制度，确保租金支付能力

建立土地租赁风险保障金制度，能保证在承租方出现特殊情况下，也能支付土地租金，从而起到降低租金收回难风险。至于风险保障金的组成、交纳的数额、用途以及管理等，可以借鉴不同地方实践经验，结合本地实际状况来抉择。一是在风险保险金的组成上，可规定风险保障金由市、县两级财政风险储备金和租地企业（组织或个人）土地流转保障金组成；[③] 以农地承租方缴纳为主、政府适当出资补助为辅；[④⑤⑥] 可以按一定时限和一定比例缴纳风险保障金。有条件的区县（自治县）可安排一定的财政资金建立农村土地经营权风险保障金。[⑦] 二是在风险保障金交纳的数额上，可规定市、县两级财政每年从土地出让金中分别列支 500 万~200 万元不等的风险储备基金。租地企业（组织或个人）缴纳的土地流转保障金，原则上不得低于一个年度的土地流转租金；[⑧⑨] 按年租金总额或一定比例缴纳风险保障金；[⑩] 按照租地企业（组织或者个人）年付租金的 50%，计算

①③⑧ 参见《运城市人民政府转发市农委市国土资源局市工商局关于运城市工商资本租赁农地监管和风险防范试点办法的通知》（运政发〔2016〕47 号）。

② 参见《北戴河区工商资本租赁农地监管和风险防范办法（试行）》。

④⑩ 参见《衡水市人民政府办公室关于加强工商资本租赁农地监管的实施意见》（衡政办字〔2016〕20 号）。

⑤ 参见《青岛市农业委员会、青岛市国土资源和房屋管理局、青岛市工商行政管理局关于加强对工商资本租赁农地监管和风险防范的指导意见》（青农发〔2016〕22 号）。

⑥ 参见原市农委、市国土房管局、市工商局《关于加强对工商资本租赁农地监管和风险防范的指导意见》（渝农发〔2015〕283 号）。

⑦ 参见《农业部 中央农办 国土资源部 国家工商总局关于加强对工商资本租赁农地监管和风险防范的意见》。

⑨ 参见《合肥市工商资本租赁农地监管和风险防范办法（试行）》。

租赁农地风险保障金。[①] 三是在风险保障金的用途上，规定风险保障金用于支付企业（组织或个人）因中途退出拖欠农户的租金、对土地从事掠夺性经营损坏地质的补偿等；[②] 当承租方出现依法宣告破产、死亡、丧失劳动能力或遭受重大自然灾害或被追究刑事责任等情况时，可启用风险保障金。[③] 四是在风险保障金的管理上，规定风险保障金实行缴纳企业（组织）专户存储管理，未足额缴纳风险保障金的，不得租赁农地；[④] 各区（市）要指定专业的金融机构，对风险保障金进行托管，加强监督管理。[⑤]

（四）加强农地监管，防范用途改变风险

为防止工商资本大规模租赁农地，甚至擅自改变农地的农业用途，进而引发“非农化”“非粮化”风险。应建立农业经营主体资格审查、项目审核制度，从源头上控制风险。设置“高门槛”，加强对土地用途监管，对擅自改变农地用途的行为，责令其整改，并依法追究相应责任。

一要明确审核主体。县级土地流转管理部门牵头，农工、国土等部门参加，乡镇土地流转管理部门（或乡镇政府）、农村集体经济组织代表、农民代表、农业专家等参与审查监督。[⑥] 二要确定审核内容。重点审查审核农业经营主体资质资格、经营能力、租地规模、租地用途、租地期限、租金支付方式、违约赔付能力和风险防范措施等；重点审核经营主体的经营项目是否符合国家法律政策、是否符合当地产业布局和现代农业发展规划等事项。[⑦] 三是建立资格认证制度。借鉴日本农业者资格认定制度经验，建立“新型农业经营主体”资格认定制度，对工商资本制定严格的准入机制。对工商资本进入农业的门槛，实行准入限制，[⑧]从源头上控制擅自改变土地用途风险。

（五）严控租赁期限，维护农民承包权

农业的特性决定，短期内难以见效。如果土地经营权流转期限较短，会严重

---

① 参见辽宁省农委与省国土资源厅、省工商局联合出台《关于加强工商资本租赁农地监管和风险防范的实施意见》，2016 年 8 月。

② 参见《运城市人民政府转发市农委市国土资源局市工商局关于运城市工商资本租赁农地监管和风险防范试点办法的通知》（运政发〔2016〕47 号）。

③ 参见《青龙满族自治县人民政府办公室关于转发青龙满族自治县工商资本租赁农地监管和风险防范五项制度的通知》（青政办字〔2016〕87 号）。

④ 参见《合肥市工商资本租赁农地监管和风险防范办法（试行）》。

⑤⑧ 参见《青岛市农业委员会、青岛市国土资源和房屋管理局、青岛市工商行政管理局关于加强对工商资本租赁农地监管和风险防范的指导意见》（青农发〔2016〕22 号）。

⑥⑦ 参见《衡水市人民政府办公室关于加强工商资本租赁农地监管的实施意见》（衡政办字〔2016〕20 号）。

影响承租方对土地生产能力投入的积极性。但是，如果土地经营权从出租方分离出来期限过长，甚至允许农地长期流转并一性交付租金，则又无异于变相出售农民的经营权，农民手中剩余的承包权将形同虚设。为此，2015 年 4 月，《农业部　中央农办　国土资源部　国家工商总局关于加强对工商资本租赁农地监管和风险防范的指导意见》规定：要明确工商资本长时间、大面积租赁农户承包地上限的控制标准。因此，应在保护承租方经营权的前提下，合理制定土地经营权流转期限，严格管控长时间、大面积租赁农地，保障农民的承包权。

1. 确定租赁土地控制规模和上限标准

为控制工商资本租赁农户承包土地面积，许多地方制定了指导意见，规定不得超过控制规模上限。对于首次租赁农地的面积数额各地有所差异，如有的地方规定应控制在 1000 亩以内（河南、北戴河、河北青龙满族自治县）、1600 亩以内（山西运城）、10000 亩以内（青岛）等。重庆市相关文件规定，各区县（自治县）应综合考虑人均耕地状况、城镇化进程和农村劳动力转移规模、农业科技进步和生产手段改进程度、农业社会化服务水平和不同产业特点等因素，合理确定当地的上限控制标准。[①] 青龙满族自治县则规定，对一些确有良好经营业绩的，经乡镇政府同意、县土地流转管理部门批准可进一步扩大租赁规模。[②] 有鉴于此，我们认为，应综合考虑农业生产特点和农村土地产权的基本情况，参考《物权法》中用益物权的期限以及农民承包经营权本身的实际存续期限，确定合理的租赁期限。土地出租的最低期限可考虑设置为 3~5 年为宜。至于最长流转期限，不能超过农村土地的承包期限。

2. 确定租赁农地审查审核和备案制度

为加强对工商资本租赁农地的监管和风险防范，许多地方按照租地面积的多少，实行对工商资本租赁审查审核和备案制度。安徽、河北、辽宁、河南、重庆、四川、山西、上海等地相继颁布了不同级别的地方规范性文件，强化或细化了工商资本租赁农地的监管与风险防范措施，值得学习借鉴。

例如，安徽合肥规定土地经营权出租年限应由县（市）区预审后，报市农村土地承包经营权管理机构审查审核；并分级在农村土地承包经营权管理机构进行备案。[③] 山西省运城市规定：租赁面积 50 亩及以下的，在乡（镇）人民政府、

① 参见原市农委、市国土房管局、市工商局《关于加强对工商资本租赁农地监管和风险防范的指导意见》（渝农发〔2015〕283 号）。

② 参见《青龙满族自治县人民政府办公室关于转发青龙满族自治县工商资本租赁农地监管和风险防范五项制度的通知》（青政办字〔2016〕87 号）。

③ 参见《合肥市工商资本租赁农地监管和风险防范办法（试行）》，2015 年 11 月。

【专栏6-1】

重庆市彭水县棣棠乡“大红袍”花椒种植“保底收益+按股分红”

重庆市彭水县是国家级重点贫困县、武陵山连片特困片区重要板块，贫困发生率较高、贫困面较广、贫困程度较深。彭水县棣棠乡位于彭水、丰都、石柱三县交界之地，地理位置优势明显，面积90.79平方千米，总人口11192人，其中非农业人口198人，辖4个村民委员会。棣棠辖区内大部分属中山地带，地势东西均为高山，中间为丘陵、槽谷。山地槽谷差距较大，海拔在400~1453米，年平均气温15.4℃，年降水量中1300毫米，气候宜人。该乡“乡村振兴战略”实施的关键在于处理好产业发展与生态环境保护的关系，通过大力发展特色效益农业，推进精准扶贫，助推乡村振兴。为此，结合本地自然资源、生态环境和国家退耕还林政策，棣棠乡与重庆市子梓万农业开发有限责任公司签署了“大红袍”花椒种植合同，合同约定按照“保底收益+按股分红”模式进行利益分配。

近年来，花椒市场需求不断扩大，市场前景广阔，而且目前无论国际市场还是国内云南、贵州、四川和重庆等地花椒市场均是总需求大于总供给。我国人口众多，市场庞大，随着人民生活水平不断提高，对各类花椒产品需求不断增加，加之近年来花椒新的利用途径的开发，市场对花椒的需求量快速增长，花椒缺口迅速扩大。此外，干花椒、花椒油、快餐面作料对花椒的消耗量日渐增加，拉动国内市场对花椒的需求快速增长。

目前重庆的主要品种为青花椒，重庆食品市场消费的大红袍花椒主要以西北供货，因为没有基地生产大红袍。由于全球天气变暖的原因，以前生长于海拔1500米以下，现在2000米以下的山地都能栽培花椒。大红袍花椒除了有市场需求，还有良好的生态、社会、经济效益。产业的发展离不开农民的积极参与。调动好农民参与农业产业化经营的积极性关键在于合理安排农民利益分配机制，让农民通过土地经营权入股，真正实现农民变股民，真正获得实惠。

为调整单一品种发展带来的市场风险，提升花椒产业档次，增加农民种植经济作物的选择面及种植效益，该公司根据重庆农村多以山地为主的地理条件，从甘肃、陕西选择引进市场价值更高的大红袍花椒进行引种栽培。引种大红袍10万棵，种植规模1000亩，引种的大红袍花椒具有速生早实、管理较简单、经济

效益高等特点。以村为单位，由村委会召集村民代表大会，经村民代表投票表决，同意租赁土地后，项目单位与村委签订合同“长期租赁荒岗坡地协议”，与村民签订“入股协议”，为种植户提供产前、产中技术支持和产后销售等服务，探索出“保底收益+按股分红”的利益联结机制，与种植户结成利益共同体。大红袍花板的种植和采收均雇用当地劳动力。生产管理期间由项目单位将基地50亩划分为一个管理小区，每小区聘请1名当地群众和一名公司员工共同常年负责种植和管理，做到统一规划、统一种苗、统一栽植、统一管理、统一服务、统一技术指导、统一防虫灭病“七统一”，按合同收购花椒，切实保护农民利益。把公司建成带领当地花椒种植的产业化骨干龙头企业，探索“小农户融入现代农业”的发展模式。

调研时，当地一位农民告诉我们：本乡曾发展了许多产业都没有成功，没有成功的原因主要有：规模不够大，没有掌握技术，政府重视程度不够。这次种植花椒的气势和来头大，过去还没有今天这样的场合，几位公司老总亲临现场进行技术指导。虽然我们以前出去考察过，也发展过许多产业，但是都没有成功。几位领导跟大家讲了许多道理，但是我们都是农民，年纪都比较大，思想比较保守，相对来说比较落后。我们这里比较出名，刁民多，俗称“小台湾”，不太好治理，其实我们是最讲道理的，最耿直的，只要你做对了，说到人民的心里去了，为大家做了实事，大家都很拥护你。如果你只想要从农民手里占到便宜，那是不行的。所以我觉得，进行思想开导很有必要，大家都不懂，不知道这个项目的内容。如果项目多次失败了，大家心里会有芥蒂，一朝被蛇咬，十年怕井绳，因为失败过几次了，大家心里有些畏惧了。如果大家往地里种一些树，到时候失败了很难把它挖出来，也不会有效果。我个人的看法是，第一要保证工作质量，一千亩的花椒种植面积已经算比较大了。我比较担心的是技术方面，因为我们都是农民，对种植花椒一窍不通，要进行技术指导。第二是相关的手续要完善，不然大家心里有一种怀疑，怕公司搞了一半就走了，既然你们和政府签了合同，那么公司就得督导政府履行合约内容，不然农民的心是悬着的。第三是利益分配问题，签的合同期是多长，怎么分红，怎么管理要先处理好。

资料来源：根据课题组实地调研整理而来，2019年3月25日。

（二）完善“优先股”制度，防范失地风险

创新和完善“优先股”的制度安排，有利于确保农民股东的土地安全，维护农民股东的权益。在具体操作中，假如公司破产清算中仍存有剩余财产，那么在剩余的财产中将优先用于返还农民入股的土地经营权。

1. 合理确立土地经营权入股年限

“优先股”的实现首先涉及的是土地经营权入股年限。合理确定入股年限，能有效维护入股农民的土地权益。那么，土地经营权入股究竟以多少年为宜，没有一个固定的标准，但有上限的限制。按照《中华人民共和国土地承包法》的规定，土地经营权入股年限应在土地承包经营期限内，不得超过土地承包期剩余年限。目前各地对土地经营权入股的期限不尽相同。但总的原则是，土地经营权入股应严格控制在土地承包权剩余期限内，不得侵害农民的土地权益。

2. 明确规定“土地赎回权”

“优先股”的制度安排也可以通过“声明或约定”的方式实现。当土地经营权出资入股公司或合作社时，为保护农民土地权益与有关政策、法律衔接，降低公司或合作社运行成本，可在相关章程中规定“声明或约定”，声明公司资本不包括该部分出资，该部分出资只是对内有效力，不具有债权担保功能，不作为清算的资产。① 股民可以按照有关法律法规或公司或合作社章程规定，允许农民享有“土地赎回权”。如果农民股东无力或者不愿意收回时，可以由集体组织或者集体组织其他成员赎买，② 以确保土地承包经营权因公司解散或破产而不外流，③ 也可以采取政府回购或建立风险保障金的办法，政府先把土地经营权回购给农户，但是要求农户仍须以入股时的土地经营权作价对公司或合作社的债务承担责任。④

例如，山东青州南小王晟土地股份合作社，在章程中将农民以土地经营权入股的股份定位为有特定拒绝权的优先股权。⑤ 黑龙江桦南圣杰农业公司章程中有一条明确规定：“企业在破产、清算时，农民入股的土地经营权不计入偿还债务环节。”在公司或合作社破产清算时，依声明或约定行使收回土地经营权，以土地经营权出资的作价作为合作社债务清偿的担保。⑥

（三）完善“多元化监管”制度，维护农民股东权益

土地经营权入股的监督主体或责任应主要由村民委员会或集体经济组织承担，这就意味着村民委员会或集体经济组织负有对农户入股的土地经营权进行监督管理的责任。村民委员会或集体经济组织监督管理权的行使，一方面应对承包

---

①④ 王乐君，禤燕庆，康志华．探索土地经营权入股实现小农户与现代农业手拉手［J］．农村工作通讯，2018（13）：27-30.

② 徐小丽．农村土地入股公司后农民的生存保障制度研究［J］．法制博览，2017（6）：66-67.

③ 张询书．农村土地承包经营权入股的风险问题分析［J］．乡镇经济，2008（1）：36-41.

⑤ 佚名．规范农村土地经营权入股［J］．农村工作通讯，2017（6）：1.

⑥ 任大鹏．土地经营权入股合作社的法律问题［J］．农业经济与管理，2015（5）：31-38.

农户土地经营权入股进行书面备案，对土地经营权入股的股份制公司、股份合作社用地进行监督管理。另一方面要提高股民素质，鼓励他们积极主动参与到公司或合作社的经营管理事务中，把公司或合作社的生产经营活动与自己紧密联系起来，进行民主管理，这样才能真正形成“土地变股权、农户变股东、有地不种地、收益靠分红”的长效机制。①

在土地经营权折股量化的过程中，建议政府应加强对农民土地入股的公司或企业的监管。重点监管土地经营权的权利范围和权力大小以及农民股东所持公司股权比例的多少等。具体而言，可以参考国土资源部制定的农用地评价体系，②在股权量化上，对土地经营权的量化采用收益法，即以该土地前三年的农业收益作为基准价格进行量化，参考通货膨胀率和居民消费指数等系数定期（每年）上调。确定的农业收益，即可作为农民股东固定保底分红的数额。③

（四）完善法律制度，补齐农民入股短板

其一，修改《中华人民共和国物权法》。由于《中华人民共和国物权法》并没有允许土地承包经营权入股，因此实践中地方土地经营权入股并没有全国统一性的法律进行规制、指导，从而产生了一些问题。例如，集体经济组织忽视农民的意愿、强制农民入股，引发一系列社会问题；土地入股后，改变原有的农业用途，导致国家耕地总量减少；对土地经营权作价入股的价格估计过分低于市场价格，严重侵害农民的土地权益等。因此，需修改《中华人民共和国物权法》，赋予“入股”这一流转方式以法律地位，增加条款，明确土地经营权可以入股，并强调入股条件：第一，农民自愿，这是维护农民的自主意志和土地权益必须坚持的原则；第二，不改变土地用途，必须从事农业生产经营；第三，土地经营权应经具备资格的机构进行资产评估；第四，政府支持是顺利推进土地经营权入股改革的重要手段。

其二，修改《中华人民共和国企业破产法》。将土地经营权排除在破产财产的范围之外，对于传统经营权入股公司之后又破产的情况，应当首先保护原承包户的利益，不把土地经营权纳入破产财产，将土地经营权的保护放在首位，在公司破产后农民可以回购土地经营权。

---

① 王洋，朱云．农村土地股份合作社的实证研究——基于灌云县农村土地股份合作社实证分析［J］．乡村科技，2018（2）：50-54.

② 潘俊．农村土地承包权和经营权分离的实现路径［J］．南京农业大学学报（社会科学版），2015（4）：98-105.

③ 杨晶，王文昌．农户视角的土地股份合作潜在风险及其防范研究［J］．江西农业学报，2019（4）：145-150.

其三，完善《中华人民共和国农民专业合作社法》。合作社的经营范围仅在于为农业生产提供技术性服务、信息等，根据我国法律的规定不包括从事农业生产经营。在土地承包经营权入股合作社后，需要对合社的经营范围拓宽，修改《中华人民共和国农民专业合作社法》第二条，将“从事农业生产经营”纳入合作社的经营范围。

其四，出台《中华人民共和国公司法司法解释》。《中华人民共和国公司法》第二十七条中“土地使用权”特指国有建设用地使用权，而不包括农村土地承包经营权等集体土地使用权。因此，应当尽快将《中华人民共和国公司法》第二十七条中的“土地使用权”作扩大解释，将农村土地经营权纳入可以入股方式出资设立法人的范围之内。

三、土地经营权抵押风险防范

在农村土地经营权抵押贷款中，抵押的期限不得超过农村土地承包期的剩余期限。经营权抵押贷款对象为从事农业生产经营的组织或个人。土地使用权抵押在许多国家是一个司空见惯的事情，如英国和美国土地使用权抵押已形成常态，法国民法典规定不动产用益权、地役权和土地使用权，需设立抵押。在我国以土地经营权作为抵押物已基本得到认可，但在“三权分置”下土地经营权抵押出现了或隐藏着诸多风险，需加强防范。

（一）科学评估土地经营权价值，降低经营权处置风险

在农村土地经营权抵押贷款中，土地经营权价值被低估，是导致农民在土地经营权抵押贷款中权益受损的一个重要风险点。各试点实践也说明，要顺利开展土地经营权抵押贷款业务，科学合理评估土地经营权价值至关重要，其不仅关系到贷款人，也关系到借款人或抵押人，即关系到相关方的利益均衡问题。① 因此，各地政府应依据本地实际，设立土地经营权评估机构。地方政府设立的土地经营权评估机构是不以盈利为目的的专门服务机构，对土地信息收集，评估土地经营权价值，平衡土地经营权抵押贷款双方的利益，引导社会力量参与土地经营权的评估。②

土地经营权价值评估，可采用专业机构评估、贷款人自行评估或者通过借贷双方协商等方式对土地经营权抵押物价值进行认定评估。目前土地经营权抵押贷款中常用的价值评估方法主要有两种：一种是“流转租金×亩数×抵押期限”的

①② 李泉，余珊. 农村土地经营权抵押贷款的风险防范刍议［J］. 社科纵横，2019（4）：42-48.

价值评估法，这种评估方法是以租金为基础的土地经营权价值评估方法。这种评估法简单，易于操作，在一些土地经营权抵押贷款试点区域经常使用，并在使用时，把土地上的附着物的价值考虑进去，但这种评估方法也存有明显的不足，如在评估过程中没有把风险因素考虑其中，只是将租金与期限简单相乘，故其科学性、合理性值得商榷。另一种是采取“平均净收益×亩数×抵押期限”的评估方法，这种评估方法是以平均净收益为基础的土地经营权价值评估方法，但这种方法和以租金为基准的价值评估方法一样，也没有把风险因素考虑进去，只是平均净收益与期限的简单相乘，故其科学性、合理性也同样值得商榷。① 我们认为“收益还原法”更适合用在土地经营权价值的评估中，因为这一方法最能体现土地经营权的真实价值，适用性也较强，可以作为上述评估方法的补充。“收益还原法”是通过估算被评估资产的未来预期收益并折成现值，借以确定被评估资产价值的一种资产评估方法。方法没有优劣之分，只有适合自己的场域。在土地流转市场较为完善、统计信息平台相对较为完善的地区，可考虑采取“收益还原法”，② 而在配套设施相对完善的地区，可采用“流转租金×亩数×抵押期限”的土地经营权价值评估方法。

此外，为科学合理地评估土地经营权抵押物价值，建议地方政府尽快构建和完善土地经营权价值评估体系标准，构建抵押融资配套服务体系；尽快制定和完善《县农村土地经营权抵押物价值认定评估办法》，明确抵押物价值评估应当遵循的原则、评估机构、评估条件和评估方式等，以及相应配套措施，如《农村经营权抵押贷款担保基金实施方案》《农村土地经营权抵押贷款贴息资金管理办法》等，降低土地经营权价值被低估风险。

（二）稳定经营收益，降低抵押权人还款风险

稳定的土地经营权人的经营收益是保障土地经营权抵押贷款按时返还的关键所在，因为土地经营权人的经营收益是还本付息的重要来源。稳定的经营收益，不仅要求土地经营权人把主要精力放在农业生产经营上，还要求金融机构加强对抵押贷款人的生产经营监测，并附之农业保险的参与。

1. 土地经营权人应将主要精力用在生产经营上

农业生产经营活动风险大，效益低。土地经营权人在进行土地规模化经营过程中，不仅面临着外部经营活动的复杂性和不确定性，还面临着自身经营能力和经营水平的考验。这就需要土地经营权人在经营中，不仅要依靠国家优惠政策或

①② 杨兆廷，尹达明．农村土地经营权抵押贷款中土地估值和处置的问题研究［J］．农村金融研究，2019（9）：53-58.

财政补贴，更应把主要精力用在农业生产经营上。土地经营权人应精心经营，不断提高生产经营水平与经营能力，积累经营经验，从而稳定增加经营收入，降低风险损失。稳定的收入，持续的经营，是降低还本付息风险，提高偿还能力的根本途径。

2. 金融机构应加强对抵押贷款人的生产经营监测

由于受农业生产经营外部环境的影响以及抵押贷款人自身素质和风险认知的限制，金融机构应对土地经营权抵押期间，抵押土地经营情况进行适度的监测，及时了解土地经营管理情况、农产品的销售情况等信息。当发现生产经营过程中可能会发生的风险点时，金融机构应及时告知或采取相应的补救及控制措施，从而最大限度地降低风险为抵押贷款人的生产经营带来的危害，尽量保持农业生产的正常进行，稳定土地经营权人的经营收益。

（三）建立回购机制，化解经营权被处置风险

土地承包人以土地经营权抵押贷款，当无法偿还到期贷款时，村集体经济组织可以通过建立担保回购经营权机制，来回购土地经营权，以化解土地经营权被处置风险。

具体操作流程为：首先，由村集体经济组织担保回购土地经营权，进行变更登记；其次，村集体经济组织把从金融机构回购的土地经营权再次租赁给原农村土地承包权人，由其进行经营；最后，从村集体经济组织再次租赁来的土地承包经营权人，按照金融机构贷款利率一定的比例缴纳土地经营权租赁租金，这时，可以按照租赁合同规定，对土地进行农业生产或从事企业允许的经营活动。这样，以租金的形式体现了土地权利的转移，既解决了因土地抵押可能出现的抛荒现象，避免了土地资源的浪费，又规避了土地承包人抵押贷款的风险。

（四）金融机构加强风险防范，维护自身权益

在农村土地经营权抵押贷款风险防范中，无论是土地经营权人遇到的风险，还是金融机构面临的风险都应加强防范。金融机构抵押贷款风险的降低在一定程度上能提高土地经营权人的贷款率，解决目前金融机构对土地经营权抵押贷款积极性不高的问题，同时也可以降低金融机构抵押贷款风险对土地经营权人的间接影响。

1. 综合评估抵押贷款人，防范好第一道防线

农村土地经营权抵押贷款人主要有土地承包经营权人和通过土地流转获得土地经营权的人或组织，贷款人主要是银行等金融机构。贷款前做好土地经营权抵押贷款风险评估，防范好第一道防线。

金融机构在对土地经营权抵押贷款时，应建立抵押贷款前的风险评估机制，

对土地经营权抵押贷款人进行综合评估。主要评估抵押贷款人的偿债能力、风险认知、契约精神、历史信用以及所抵押的经营权的处置变现能力等。这就要求金融机构对土地经营权抵押人的土地经营权状况、生产经营状况、以往借贷状况、风险的认知状况、历史信用状况以及借贷用途等进行详细了解，准确把握抵押人的偿债能力，防范可能产生的违约风险、经济风险和法律风险等。选择那些经营实力较强、农业种养经验丰富的抵押人发放贷款。具体而言，可以从土地经营规模、种养经验和经营期限，作为贷款准入的重要条件设置准入条件。土地经营权人的经营规模可以通过耕种的土地面积来体现，种养经验可以通过借款人从事农业生产的期限来体现。

2. 构建风险预警机制，做到“早发现、早预警、早处置”

金融机构应建立土地经营权抵押贷款风险预警机制，建立“红、黄、蓝色”三级风险预警标准，及时发布风险预告，做到“早发现、早预警、早处置”。采取定量和定性分析方法，及时识别风险的类型、发生的概率、生成原因、危害程度以及发展趋势等，并按照预警方案，采取针对性的处理措施，防范、控制、化解抵押贷款风险。

3. 设立奖补专项资金，降低金融机构风险

调研中发现，由于土地经营权抵押贷款不确定性因素多，潜在风险大，多数商业银行对土地经营权抵押参与度不高，热情不够，而一些国有商业银行更是有意无意退出农村金融市场，目前农村信用社和小额贷款公司成为参与土地经营权抵押贷款业务的主力军。担保公司更是不愿意提供担保服务，导致土地经营权“抵押难”，严重制约了土地经营权抵押款业务的开展。为此，应设立县级土地经营权抵押贷款奖补专项资金，用于奖补金融金融机构，降低金融机构开展土地经营权抵押贷款业务的风险。

可以借鉴山东省沂南县的做法。沂南县为充分调研金融机构在土地经营权抵押贷款方面的主动性和积极性，县政府设立了1000万元的奖补专项资金池，依据担保公司和银行在土地经营权抵押贷款中业务开展情况，给予一定的奖补。据统计，截至2019年，县政府已累计发放3864余笔，资金总额达到19.67亿元的土地经营权抵押贷款资金，有力地调动了银行和担保公司等金融机构承担土地经营权抵押贷款的积极性，在很大程度上降低了土地经营权抵押贷款业务的风险。目前省、市级设立的土地经营权抵押贷款风险基金，没有明确给县分配贷款配额，仅靠县的实力还远远不够，这在一定程度上制约了县政府奖补业务的开展。[①]

① 阎庆民，张晓朴．农村土地产权抵质押创新的实现路径［M］．北京：中国经济出版社，2015.

农地用途；同时为激发经营业主种粮的积极性，国家应出台相应的补偿激励政策。[①] 三是建立风险的动态监督机制，政府部门要及时监督土地的利用情况、合同履行情况，避免土地用途演化为非农化。四是建立流出方与流入方之间的流转风险保障金制度，防范承包地农户因流入方违约或经营不善而损害农户的利益。

三、控制农地再流转规模，防范过度资本化风险

控制土地持有规模，严格土地数额上线管控，目的在于防止农地过度集中，防止将农地进行资本化运作，从中获利。通过对农地持有规模的控制，保障农地资源的合理利用，杜绝工商资本借土地无限流转的可能性，防范他们通过不断转手操作，将其作为一种特殊的投资行为，把农地由实体经济转换到虚拟经济中，不断推升农地价格，从中获利，从而实现防范土地过度资本化风险。

① 郭明瑞．土地承包经营权流转的根据、障碍与对策［J］．山东大学学报（哲学社会科学版），2014（4）：1-9.

第七章　宏观的土地经营权风险防范

强化风险管理，其目的在于防止这些风险的发生对“三权分置”的影响和农民权益的侵害。从前面的讨论可以看出，部分风险因素是依赖于“三权分置”而存在的，即外生性风险因素，更多的是属于风险圈层结构中的外层风险因素和中间圈层风险因素，而这些风险因素又直接或间接地传导至核心风险圈层。因此，对这类风险因素的防范与内生性风险因素的防范应分别处置。

有效弱化土地经营权出租中的契约风险，提高履约率，还需政府发挥对契约监督管理的职能，加强信用体系建设，提高违约的经济成本和信誉成本。风险的发生具有不确定性，但对风险的发生是可以预测的，人们可以根据环境条件的变化，对未来风险进行预警，做到“早发现、早预防、早阻断”。但是，一旦风险发生，必然会给当事人带来一定的损失，科学合理的风险分担机制，能够降低风险带来的损失，从分散风险中获得收益。在“三权分置”下土地经营权出租和入股中风险分担机制如不合理，带来的危害和影响将极大，所以应建立风险分担机制，分散风险。“三权分置”下土地权益纠纷和风险频发，侵害了农民的土地权益，而遭受侵害的权益又没有得到及时、有效的救济。为解决纠纷和防范风险，维护农民的合法权益，需建立农民权益多元化救济与协调机制，同时更需要发挥农村集体经济组织“三权分置”中的引导、监管和服务作用。基于此，本章拟从宏观层面，探讨“三权分置”风险防范和农民权益保护对策。

第一节　加强契约监管和信用体系建设

一、加强契约监督管理

（一）加强履约意识的宣传教育

农村土地“三权分置”下，土地发包方与承包方、承包方与受让方依法签订的土地合同具有法律效力，合同当事人应按照合同规定的权利义务履行。一旦合同得不到履行，产生违约，权益必然受到侵害。因此，在合同签订过程中，由于农户自身的法律知识有限，要加强履约意识和法律意识教育，维护合同的严肃性，提高签约双方的法律意识和契约精神，保证合同的切实履行。同时，要加强对合同参与主体的法律知识培训，增强其法律意识，树立法制观念，逐步培养契约精神，并运用法律武器维护自己的合法权益不受侵害。同时，政府可以成立专门机构为其提供法律政策咨询服务，宣讲法律法规知识，特别是《中华人民共和国合同法》《中华人民共和国农村土地承包法》等相关专业知识，增强其法律意识。

（二）加强合同服务和管理

政府在“三权分置”实施过程中应发挥指导作用，遵循自愿原则，而不能依靠行政力量强迫农户流转土地。政府要加强合同服务，为当事人提供合同样本，使合同规范、合法，便于实际操作。政府要加强土地经营权流转合同的监督管理，监督主体由政府或者第三方独立机构担当，定期跟踪履约情况，防范违约事件的发生。

督促签订书面合同。针对土地经营流转中存在大量口头协议，产生大量土地纠纷的现实，在土地经营权流转中，当事人应严格按照《中华人民共和国农村土地承包法》规定，签订书面流转合同，以明确双方的权利义务，避免合同中出现模糊条款，减少纠纷。所签订的合同应经公证机关公证，以法律形式明确界定双方的权利和义务，使双方真正结成风险共担、利益均沾的经济利益共同体。同时，明确规定承包方不得单方解除土地经营权流转合同，除非受让方出现擅自改变土地的农业用途，弃耕抛荒连续两年以上，给土地造成严重损害或者严重破坏土地生态环境等。

签订尽可能完全的书面合同。在合同设计时，土地经营权承包方和受让方应充分估计各种可能出现的情况，广泛搜索多方信息和建议，力图使合同内容翔实公正、格式规范、程序合法、主体平等。还应着重考虑事后执行机制可能出现的问题，增加相关的约束条款，从而保证契约的有效实施。例如，在土地经营权出租的博弈分析中，得出的其中一个重要结论就是维持契约关系长期存在的关键在于合同的违约成本，而违约成本低成为违约的重要根源。为此，应通过在合同中详细制定一方违约时应支付另一方一定数额的违约金的规定。这里特别强调的是，违约金一定要达到一定数额，至少要超过违约收益，否则，这样的条款就不具有约束力。同时在合同中也应约定违约产生损失的赔偿额的计算方法。总之，无论选择怎样的违约条款，在不违背法律有关规定的前提下，合同约定应尽可能详细明确，尽可能签订较为完全的合约，以免违约事件发生时当事人因合同条款的不同解释而发生争议。

二、提高违约信誉成本

（一）建立信任沟通机制

信任沟通机制包含信任机制和沟通机制，其被认为是防范机会主义倾向最有效的机制。没有信任的合作，交易成本会大大增加；基于信任的合作能使合作各方以更积极、主动的态度进行合作。信任的建立是一个要经过多次博弈的艰难过程。沟通可以定义为合作双方正式和非正式的及时有效的知识和信息共享。合作双方及时、有效的沟通可以在合作过程中不断明确合作细节；相反，沟通不畅将会使合作过程举步维艰，最终导致合作项目的失败。充分有效的沟通能使合作双方及时有效地解决问题，消除误解和分歧，它是长期导向契约维系的重要一环。

土地经营权流转契约的维系取决于合作中对“机会主义倾向”的有效防范。对机会主义行为的控制有契约和信任两种途径。契约不可能对参与合作行为做出详细规定，而只能对可预测的部分实施监控。契约无疑是不完备的，难以观测的行为无法阻止。把信任沟通机制纳入契约机制治理之中，并通过契约形式提供多样、有效、人性化的沟通渠道，就契约运行过程中出现的特殊问题进行协商沟通，从而减少决策错误，提高履约率，使合作双方获取更大的收益。

（二）提高违约信誉成本

“三权分置”中违约成本低是导致违约率高的主要原因之一。这里违约成本也包括违约的信誉成本，因此保证合约的有效履行，必须提高合同当事人违约的信誉成本。一旦发生违约时，违约方不仅要受到违约行为的经济处罚，而且更要受到违约行为的信誉和精神惩罚。通过提高信誉违约成本，降低违约收益，形成诚实守信的良好氛围。在美国的契约经济中违约现象很少，其中一个重要原因就是契约双方的法律意识较高，都比较重视自身的形象和声誉，一旦违约，其违约机会成本太高，甚至会因信誉降低或赔付额过高而发生破产倒闭现象，因此契约双方都很重视履约，在履约中实现双赢。为此，我们建议：一是建立“三权分置”下土地承包方与受让方的信誉评价体系，使参与土地经营权流转主体能够在相互了解的基础上签订合同；二是要加大执法力度，惩罚违约行为，维护土地流转市场秩序。

第二节　构建土地经营权风险预警机制

风险预警是指根据外部环境与内部条件的变化，对未来风险进行预测和报警，目的是做到“早发现、早预防、早阻断”。农村土地经营权风险预警是指对相关风险进行综合识别、分析、评估、推断、预测，以最小的成本使风险损失达到最低限度的管理活动。农村土地经营权风险中多种风险因素交织在一起，导致风险形成原因错综复杂。建立农村土地经营权风险预警机制，既有利于维护土地所有人、承包权人和经营权人的权益，又有利于促进“三权分置”政策的实施和农民权益的保护。

一、建立风险预警管理机构

地方政府通过建立系统的农村土地经营权风险预警管理机构，研究建立迅速、准确的信息检测系统和农村土地经营权风险指标体系，完善反馈体制。根据风险可能存在的程度，利用各基层单位风险监测收集上来的信息，综合专家提供的意见，对风险进行综合分析、评价。事先发出警报信息，警示相关主体各方警惕各种可能发生的风险，指导各地风险防控工作。

二、构建风险预警系统

风险预警系统通常是由一组或几组风险指标组成指标体系，先设定不同指标在预警系统中所占的比重，并按照一定的计算方法，把测量出的各个指标值加以计算，设定一条预警线，当超过警戒线时预警系统就会发出警报，提示人们采取

措施，预防风险的发生。[①] 建立动态的农村土地经营权风险监控系统，跟踪了解土地承包经营、土地经营权流转和再流转中各权益主体的流转和生产经营行为，搜寻、监测和预警可能发生的风险点，分析研究以往类似风险产生的原因、频率以及发展趋势等，力求在风险潜伏期能及时发现并采取相应措施，使部分风险被遏制在萌芽状态，把风险可能引致的负面效应降至最低。

三、建立风险因素排查联动机制

要深入农户调查，收集与农村土地经营权风险相关的信息，分析风险产生的可能性，及时掌握风险源和风险产生的特点和规律。排查土地经营权流转是否符合农民的意愿、是否满足相关规定、业主是否经营顺利、是否造成环境污染、是否提高农民生活水平、是否有利于建设和谐社会等与土地流转有利害关系的问题，[②] 提前预测，超前防范。可在县、乡镇及社区建立风险排查工作协调小组，同时在乡与乡、村与村、县与乡、乡与村之间建立上下贯通、纵横交织的风险排查网络。当风险引致流转纠纷时，及时采取相关措施，提前预警。

第三节　建立风险分担机制

现代信息经济学证明，现实有效的合约必然要求风险承担和激励之间合理搭配，人们选择不同的合约安排，是为了在交易成本的约束条件下，从分散风险中获得最大收益。[③] 风险分担机制不合理是农村土地经营权风险产生的根本原因之一。根据土地经营权流转方式的不同和流转内容的特性等因素，在契约治理中应选择不同的风险分担机制。

一、风险分担的含义与原则

（一）风险分担的含义

风险分担是指因可能出现的风险而造成的损失，在风险相关利益者之间按照

---

① 孟荣芳．农村社会风险及其风险管理体系的建立［J］．经济研究导刊，2008（17）：54-55.

② 金丽馥，冉双全．农村土地流转的风险及防范机制研究［J］．理论与改革，2001（11）：69-70.

③ 严玲，赵华．项目所有权配置下代建项目风险分担机制研究［J］．武汉理工大学学报（信管版），2009（1）：121-125.

风险与收益对等原则，对风险分配做出的一种制度安排。

风险相关利益者，即风险分担主体，是风险发生时所要承担损失或收益受影响的参与者，是在风险评估的基础上，根据风险评估结果所确定的。准确识别各个风险分担主体是风险得到客观合理分担的一个重要前提。这种分担机制应该贯穿于农村土地经营权风险防范的全过程，以合理分散或降低各环节风险。

（二）风险分担的原则

合理分担风险的目的在于更好地控制和化解风险，但合理的风险分担需要各市场主体按照一定市场规则去履行，才能降低各风险承担主体的风险总量，如大户、家庭农场、农民专业合作社、农业公司等新型农业经营主体因风险而带来的经济损失，及时、公正、有效地保障各个市场主体的权益。构建公平、合理、有效的风险分担机制，应遵循以下原则：

1. 公平原则

公平原则，即公平的契约自由原则。它是指为保证公平地分担风险，平衡合同中规定的权利和义务，应均衡承担契约履行过程中所发生的风险。既要关注因承担风险可能获得的风险收益，也要关注因承担风险致使契约主体可能遭受的损失。

2. 对等原则

对等原则，即风险与收益相对称原则。它是指契约双方或多方对于风险的承担能力与其获得的回报应该是对等的，即应按照其承担风险的大小进行合理的利益分配。契约的预期收益取决于盈利与风险状态，如果承担的风险过大，必然要求具有较大的预期盈利增长能力，由于信息不对称和道德风险等原因，高风险并不一定带来高收益，简单地由某一方承担风险损失，会削弱风险的约束效应和激励效应，降低其控制风险与规避风险的积极性。

3. 控制原则

控制原则，即有效控制原则。它是指将风险分担给花费最小成本并能最有效控制风险的参与者，以达到群体效益最优。承担的风险要和参与方的能力相适应，要有上限。如果一方承担了其无法承担的风险，就会缺乏控制能力。因此，应按照风险承担能力分担风险，按照承担风险的大小进行利益分配。例如，在“三权分置”下农业经营中参与主体都有各自的优势与能力，但是他们对各个环节所控制的风险能力却有所不同。在一般情况下，对某一风险最具控制力的一方应承担该风险，若双方均无控制能力则由双方共同承担。这样一方面可以降低总风险水平，另一方面可以发挥各自的积极性，从而使风险分担具有科学性和操作性。

4. 协调原则

协调原则，即风险分担与各方参与度相协调原则。从农村土地经营权风险来看，要最大限度地发挥各方履约积极性，就应公平合理。如果一方承担的风险过大，就会严重影响其积极性。所以在风险分担时，不仅要考虑各方责、权、利之间的平衡，还要考虑风险责任与权利间的平衡，风险责任与机会相对称。

二、构建多主体参与的风险分担机制

农村土地经营权风险的防范，既要用“看得见手”，也要用“看不见的手”，以“两只手”为合力，将风险阻隔于系统之外。“看得见的手”以政府为主导，“看不见的手”以市场为主体，以银行、担保、保险公司为载体，在“三权分置”风险防范中嵌入新元素，构建“政府+企业+土地经营权人”的风险分担机制。与相关主体建立起“风险共担、利益共享”的共同体，目标是防范和对冲风险。

（一）设立担保机构

1. 设立政府性担保公司

由地方政府出资设立政府性担保公司，为抵押贷款人提供政策性担保。这样不仅能够降低金融机构的放贷风险，还能利用信用担保的杠杆，撬动银行数倍（一般5~10倍）于担保金额的贷款，如甘肃地方政府出资设立担保公司为农户贷款提供担保，带动农业银行发放100多亿元的农户贷款，惠及60多万农户。

2. 设立政策性融资担保机构

除成立政府性担保公司外，还可以通过设立专门的担保机构，来增强金融风险的防范能力。根据国际经验，通过发展政策性融资担保机构可有效转移融资风险。例如，重庆设立的重庆兴农担保集团和重庆市农业担保有限公司，主要从事农村产权抵押担保融资业务。实施结果证明，这样做有效地分散了金融机构的风险。其中，重庆兴农担保集团注册资本金达30亿元正式建成2家全资子公司、1家控股子公司、1家参股子公司和24家区（县）子公司，累计实现担保总额近245亿元，在担保项目中农村产权项目占64.58%。

3. 构建担保服务组合

担保组合一方面通过增加担保方式分散了风险，另一方面也为担保清偿提供了更丰富的处置手段，如在土地经营权抵押的同时，可引入相同农业生产者的多户联保，这样在担保链中的部分农业生产者经营出现问题后，既可以由联保户代为清偿，也可以协商由联保户收购抵押的土地经营权，将收购价款用于偿还贷款本息。①

4. 创新担保服务模式

可借鉴仙游县的经验，构建“农地+农户+合作社+征信”自助式担保融资模式。福建省莆田市仙游县农信社，向菜溪乡石峰村建峰农业专业合作社综合授信770万元，用于合作社77户村民股东生产经营，以入股农民合作社的农村承包土地的经营权和可预期经营效果作为担保基金，积极营造了“农村承包土地经营权+”模式，取得了较好的效益。也可以构建“政府+银行+担保公司（保险公司）”三方联动模式，针对不同的农户分门别类推出不同的金融担保服务业务。具体操作为：针对一般农户，可推出“普惠性”金融产品。农户以土地经营权抵押贷款，政府购买担保服务，农户可获得贷款额度（10万元）。对于贫困户可以开发“富民农户贷”，无须担保，财政全额贴息，贫困户可获得贷款额度（5万元）。对于农业新型经营主体，可推出“惠农贷”金融产品，按照政府、银行和金融公司“三方合作、风险可控、协作共赢”的原则，农业新型经营主体以土地经营权作抵押可获得贷款额度（20万~300万元）。② 这样，通过政府、银行、担保公司（保险公司）三方联动，弥补农村金融市场贷款资金供给不足的困境。

（二）设立政府性风险补偿基金

在农村土地“三权分置”下，随着农地流转规模的扩大，自然风险和市场风险为农业生产活动带来的风险也越来越大。因此，风险的事前预防必不可少，但风险的事后管理更是重中之重。为此，要设立农村土地经营权风险补偿基金，完善风险补偿机制。

政府性风险补偿基金，是政府设立风险补偿的专项基金，是政府从财政中拨出的，用于土地经营权人贷款利息补贴，引导金融机构发放贷款和弥补金融机构贷款损失的专项资金。目的在于当抵押人发生违约风险时，实施抵押物收购或进行贷款风险补偿，弥补金融机构可能出现的处置亏损和不良贷款，从而分散土地经营权人抵押贷款风险。

当农村土地经营权抵押贷款出现风险后，首先使用风险补偿基金进行代偿，而金融机构按风险补偿基金的一定倍数（5~10倍）发放贷款。例如，重庆市巴

① 阎庆民，张晓朴．农村土地产权抵质押创新的实现路径［M］．北京：中国经济出版社，2015.

② 黄雷．土地流转与“三权分置”你问我答［M］．北京：中国科学技术出版社，2018.

南区由市、区两级财政共同设立土地经营权抵押贷款风险补偿资金。抵押贷款一旦发生损失，按照市级承担20%，巴南区承担15%的比例，给予商业银行本息损失补偿，风险共担。[①] 目前已设立8000万元财政风险补偿基金。

三、引入多元化的农业保险业务

农业保险是分散土地经营权出租风险，减少农业生产经营损失，提高农民在特定情况下贷款偿还能力的主要手段。应推动农业保险加快发展，建立多元化农业保险。

（一）建立新的农业保险服务体系

总的来看，我国的农业保险与农户风险保障需求相比，还有很大差距，应参照发达国家农业保险的施行办法，借鉴其经验，结合农村土地经营权风险特征，建立和健全农业保险服务体系，利用农业保险机制有效转移和减少“三权分置”风险，特别是土地经营权出租风险。

新的农业保险服务体系应由国家经办的农业保险机构和保险公司及各种农民互助合作保险等多种形式相结合。政府经办的保险机构除直接承办保险业务外，还要对私人保险公司进行政策保险补贴。大力推行“农业互助保险”模式，它是农业保险组织体系的基石，很适应我国土地规模化发展现状和土地经营权人的保险意愿，应给予充分的扶持。

（二）拓展政策性农业保险业务

政策性农业保险具有转移和分散风险，减少灾害，分担损失的功能。2007年，中央财政选择吉林、内蒙古、新疆等6个省份对玉米、水稻、大豆、棉花、小麦等品种开展农业保险保费补贴试点，拉开了政策性农业保险的序幕。

目前，我国政策性农业保险业务主要是由商业性保险公司经营，不适应农业发展的需要。政府应组建政策性农业保险机构，专门从事政策性农业保险业务。同时，由于土地经营权入股风险高，对于丧失了土地经营权，也没有其他生活保障的农民股东来说，就需要分散投资的风险，而政策性农业保险正是一个很好的选择。例如，浙江桐庐要求土地股份组织必须参加政策性农业保险；再如重庆市涪陵区，要求在加强对农民风险提示的前提下，明确要求土地经营权入股的公司或合作社通过购买农业保险，对农民实施财务公开等途径，降低企业经营风险。对这种设立强制农业保险的做法，有些学者持不同的意见，认为强制公司购买农

① 参见重庆市巴南区人民政府门户网站：区财政局 . www. cqbn. gov. cn. 2017年4月13日。

业保险这一规定不甚合理，土地经营权入股的这类公司，本身就存在着资金上的困难，公司的运作水平也十分低下，强制农业保险只会让公司的资金和经营管理变得更加困难，并且保险遵循自愿原则，强制保险违背了自愿原则，剥夺了公司的自愿选择权。所以，这种方式不能合理有效地解决土地经营权入股后农民的生存保障问题。①

为此，我们建议：一是在推进政策性农业保险改革试点工作的基础上，总结经验，全面推广。二是拓展农业政策性保险的内涵和外延，探索“农业保险+”，推进农业保险与信贷、担保等金融工具联动，满足土地经营权人对农业保险的需求。经营机构应根据土地经营权抵押贷款人生产经营的风险情况，以及当地农业保险的普及情况，协商投保合适的险种。② 三是建议以政策性农业保险对巨大自然灾害进行承保，并以补贴形式降低农户保费。对于土地经营权人自身能力风险保险，可采取人身意外险与土地经营权抵押贷款相结合。③

四、健全农村社会保障制度

健全农村社会保障制度，防范失地失业风险。“三权分置”下无论是土地承包方，还是土地受让方在以土地经营权抵押贷款时，都可能因经营不善或自然灾害等原因致使其无法按期偿还金融机构贷款，土地经营权就可能被处置，如果相应的制度和补救机制没有建立起来，极易导致失地失业风险。因此，需建立和完善农村社会保障制度，特别是目前我国农村社会保障制度不健全的情形下，健全农村社会保障制度意义更大。

建议如下：一是地方政府规定承包户进行抵押贷款时必须按一定比例保有自留地，以防止农户失地所造成的社会问题的出现；二是多方筹措资金，建立健全失地农民社会保障机制；三是失地意味着失业，再就业是出路，为此政府要做好失地农户的再就业工作，把就业培训作为重点去抓，通过再就业解决其生活和生存问题，减小因失地所带来的冲击。

---

① 杨仕兵，魏雪．土地承包经营权“三权分置”下的农民股东权保护［J］．中国石油大学学报（社会科学版），2016（6）：45-50.

② 阎庆民，张晓朴．农村土地产权抵质押创新的实现路径［M］．北京：中国经济出版社，2015.

③ 李泉，余珊．农村土地经营权抵押贷款的风险防范刍议［J］．社科纵横，2019（4）：42-48.

第四节　建立农民权益多元化救济与协调机制

“三权分置”下土地权益纠纷和风险频发，侵害了农民的土地权益，而遭受侵害的权益又没有得到及时、有效的救济。为解决上述纠纷和防范风险，根据《中华人民共和国农村土地承包法》，发生纠纷时，可以协商解决，也可以调解解决；当事人不愿协商、调解或者协商、调解不成的，可以向仲裁机构申请仲裁，也可以向人民法院起诉。但是在实际操作中并不理想，出现许多问题。防范农民土地权益风险，化解纠纷，保护农民土地权益，应立足国情，借鉴发达国家多元化的救济理念与救济制度，探索建立符合我国国情的“三权分置”下农民土地权益救济与协调机制。

一、建立民间救济机制

在农民土地权益发生纠纷后，能够协商达成协议，是快捷低廉的解决办法，其既节省时间，又节省人力物力。民间救济以利益为中心，以谈判为基础，可以自由设计其权利救济程序和利用谈判技巧达成双赢，具有程序灵活简便、互利性强、对抗性弱、交易成本低和运转高效等特点。

在民间救济机制的设计上，一是应充分尊重农民的主体地位，如土地发包方与土地承包方发生纠纷时，应尽量通过协商解决。当事人不愿协商解决的，或者协商解决不了的，可通过调解、仲裁、诉讼等途径解决。这就要求畅通农民利益诉求表达渠道，及时解决焦点集中、矛盾突出的纠纷问题。二是借鉴国外经验，建立互助性农民土地权益救济机制。例如，德国政府非常重视公民自组织通过协商的方式来维护自己的权利。在土地利用规划设计中，针对土地所有者与其他社会群体经常处于利益对立的情形，德国政府在制定中央开发和联邦规划法时便明确规定，土地利用规划制定的每个阶段必须要经过公众参与、集中协调和公共讨论，并在取得一致意见后才能最终生效。再如，日本农协核心功能之一就是在农地权力遭受不法侵害时，出面与政府展开平等对话，以争取和保障农民地权。因此，我国应积极鼓励农民以自治方式维护自身权利，发挥农民合作社或行业协会等组织的作用，协商解决农民土地权益纠纷问题。

二、建立人民调节救济机制

人民调解程序简便、方法灵活、成本较低，是农民土地权益保护的重要途径。对于村民小组或村内的集体经济组织发包的土地，发生纠纷后，可以请求村民委员会调解；对于村集体经济组织或村民委员会发包的土地，发生纠纷后，可以请求乡（镇）人民政府调解。当事人不愿协商或者协商不成的，可以将纠纷提交所在乡（镇）的农村合作经济经营管理部门调解。

针对农民土地权益纠纷，国家专门制定了《农村土地承包经营纠纷调解仲裁法》，最高人民法院也出台了《最高人民法院关于审理涉及农村土地承包纠纷案件适用法律问题的解释》。现有规定对于调解的范围、程序、工作期限和与司法调解程序衔接等问题的规定过于原则和抽象，导致农民土地权利纠纷调解的效力低下。为此建议：一是着力构建专业性、行业性、地域性和跨区域性农民土地权益纠纷调解机构；二是设置农民土地权益纠纷调解前置程序，尽可能通过调解方式化纷止诉，最大化减少救济成本，提升权利救济效率；三是健全人民调解、行政调解与司法调解的程序衔接机制，强化人民调节对农民土地权益权利纠纷的保障。

三、建立仲裁救济机制

当事人不愿协商、调解，或者协商、调解不成的，可以向农村土地承包仲裁机构申请仲裁。尽管我国已在《中华人民共和国仲裁法》立法和实践的基础上，针对农村土地经营权流转问题专门制定了《农村土地承包经营纠纷调解仲裁法》《农村土地承包经营纠纷仲裁规则》《农村土地承包仲裁委员会示范章程》等，但从实践总体情况来看，其所设定的仲裁机制在农村土地权利救济中的重要性并没有很好地体现。为此建议：一是优化农民土地权益仲裁立法，取消人民法院对农地权利仲裁结果的实体审查规定，只进行程序性审查；二是撤销法院“一裁终局”的做法，赋予农民及其他当事人必要的救济途径；三是赋予并尊重仲裁机构对农民土地权保全申请进行裁定的权利；四是结合仲裁的民间性、自治性和专业性特点，建立多种形态的农民土地权益仲裁机构，推动仲裁机构向自主管理、自主监督，向专业化、独立化和社会化方向发展。①

四、建立诉讼救济机制

土地权益司法救济是指当事人因土地经营权流转引发纠纷时，运用司法权以

① 廖宏斌．农村土地流转风险控制研究［M］．北京：社会科学文献出版社，2015.

诉讼方式加以解决的一种权利救济方式。它是土地权益救济中最正式、最权威、最规范的救济方式。为了让公民在权利遭受侵害时能得到及时、有效和充分的救济，美国政府对本国民事诉讼制度进行了大规模改革，并在此基础上建立起了替代性纠纷解决机制，进而为调解地权纠纷和产权争议提供了便捷、高效和公正的解决途径。我国在实际操作过程中，受当事人法治意识薄弱、救济成本高和司法地方化等诸多因素的影响，农民土地权益司法救济的效力较低。为此建议：一是要充分借助司法力量，加大法治宣传和法律援助力度，提高农民的法律救济意识；二是降低司法诉讼成本，简化诉讼程序，做到司法公正，保证农民有条件、有能力实现土地权益的司法救济。

五、构建契约冲突协调机制

契约内部治理机制之一就是要对契约参与各方的冲突明确规定尽可能详尽有效的冲突管理协调机制，使矛盾或冲突得到及时有效的解决。否则，会因为缺少解决冲突的机制和方法而导致矛盾升级，演变为冲突和对抗，甚至使契约难以维持。

冲突协调机制需要一定的制度安排，而制度安排是冲突协调最主要和最有效的方式。冲突协调机制就是当冲突发生时按照已建立的一个程序和步骤来有效协调冲突的程序。契约冲突协调机制应包括一套系统的冲突处理程序，并写入契约之中。当冲突爆发时，首先应当找出冲突的根源，判断冲突的激烈程度及冲突的级别，并按一定程序协调解决冲突。对每次冲突和最终解决方案，应由专人负责书面记录。在对冲突进行处理的过程中，应“随机应变”，根据不同的情况和条件，不同的冲突具有不同的成因、性质和特征，随着具体冲突问题的性质、特征、所在环境的不同采取相应的措施。①

第五节　发挥农村集体经济组织作用

集体经济组织是保护农民权益的第一道防线，故需加强集体经济组织对农村土地“三权分置”风险的防范，保护农民权益。

① 李彬．订单农业契约内部治理机制与风险防范［J］．农村经济，2013（2）：46-50.

一、发挥集体经济组织的主导作用

作为农村集体所有权的行使主体，农村集体经济组织不应该也不可能只是农村土地“三权分置”的旁观者，而应当是参与者和监督者，在农村土地“三权”主体关系中扮演着重要的角色，并在农村土地“三权”主体关系中扮演着主导角色。其一方面，应积极参与协调承包农户与农业经营主体之间的土地流转交易，降低交易费用，有效化解交易双方的不信任和土地纠纷；另一方面当好监督者，代表村集体对农地流转行使监督权，确保“农地农用”，合理使用，守住农村土地集体所有权的底线。① 这也是“落实集体所有权”“逐步完善三权关系”的应有之义。维护好农民集体对承包地发包、调整、监督、收回等各项权能，筛选、管理适合农地生产的经营主体，坚持农户家庭经营的主体地位不动摇。②

二、发挥集体经济组织的服务作用

完善集体经济组织成员资格认定标准，积极鼓励农民进行土地流转或进行农地适度规模化经营，落实农地流转中农民最低生活保障。集体经济组织应当健全分配规则，将补贴公平分给农民，禁止截留或不公平分配。如果农民进城务工不适应返回农村，当遇到农地流转期限未到，且又无法及时获得农地流转收益时，应给予一定的经济补偿，确保其正常生活。集体经济组织可为农民建立失地保险，从集体资产收益中截留部分作为失地保险金。③

集体经济组织应创新服务方式，完善土地经营权流转机制。例如，可借鉴和推广目前在实践的“土地托管模式”。集体经济组织可将全村土地统一调整，根据“就近、整块、成片，且不得插花”的原则“互换”，再将土地重新“分配”给家庭农场、种植大户等，提高经营效率。同时，在镇村两级建立土地流转服务中心，通过广泛宣传，让有托管意愿的农户自主到中心咨询，形成“托管”意向，然后双方签订土地“托管”合同；在不改变土地性质、不改变承包关系、不改变土地用途的前提下，由流转服务中心将土地流转给本地有意愿的经营户。

---

① 李凤兴，陈广华．“三权分置”下农地流转风险及其防范［J］．湖北农业科学，2020（9）：182-185.

② 李宁，汪险生．“三权分置”改革下的农地集体所有权落实［J］．经济学家，2018（8）：86-93.

③ 付光玺．三权分置背景下农村集体经济组织主体功能构建［J］．安徽科技学院学报，2019（5）：71-77.

三、发挥集体经济组织的监管作用

农村集体经济组织与农民最接近，最了解农村土地的现状及可能的风险点。因此，应因势利导地调解矛盾，把因土地纠纷而可能引发的风险化解在萌芽之中。农村土地“三权分置”下，防范农地“非农化”“非粮化”、经营权私下再流转和过度资本化等风险，维护农村集体土地所有权和农民土地权益，确保农民权益不受损，需要发挥集体经济组织的监管作用。

集体经济组织对“三权分置”下农地使用的监督要贯穿始终。一是集体经济组织要建立农村土地风险排查机制。农村基层组织要深入农户中开展土地风险和不稳定因素的排查工作，做到风险问题“早发现、早预警、早处置”。对排查中发现的土地风险，及时报告相关部门协调处理，职能部门要提前介入，把问题解决在基层，把风险化解在萌芽状态。二是集体经济组织要加强对农地流转后土地用途实施有效监管，当发现农地用途被改变时，有权加以制止，并可按照农地流转合同的约定要求赔偿。三是集体经济组织要在农地流转时设立安全阀，发现农地流入方取得农地面积过大时不得再流转，并且要在农地流转期限内全程监控，防止农地流转规模扩大。[①] 四是集体经济组织要依法管理农村土地承包合同，凡是能够用合同管理的，都要依法纳入合同管理。签订农村承包合同时，必须坚持合法、平等、自愿的原则，严禁损害群众和集体利益。[②]

总之，为更好地发展农村集体经济组织在“三权分置”中的作用，应加强农村基层组织自身建设。农村基层村党支部和村民委员会组织要增强其权威性和凝聚力，使其在管理农村各项事务，特别是处理土地纠纷问题中发挥更大的作用。农村基层干部作为农村各项工作的领导者和组织者，要依法做好农民和农村工作，以良好的形象带动群众，取信于民。同时，要完善村民自治组织管理机制，发挥好其协调本村民间纠纷，化解风险的作用。为此建议：一是要进一步完善村民自治制度，完善村民自治保障机制和村民自治程序，建立和完善村级自治惩戒制度。二是要明确界定村民会议和代表会议的职责范围，优化其内在的功能，充分发挥村委会民主管理、自我监督和自我服务的功能，提高村民自治在农地权利问题上的内部救济效力。三是要建立健全农村基层干部监督机制、约束机制，优化干部奖惩考核机制，加强村干部侵害农民土地权益行为的监督。

---

① 李凤兴，陈广华．“三权分置”下农地流转风险及其防范［J］．湖北农业科学，2020（9）：182-185.

② 黄建中．农地“三权分置”法律实施机制理论与实践［M］．北京：中国法制出版社，2017.

参考文献

［1］赫伯特·西蒙．现代决策理论的基石：有限理论说［M］．杨砾，徐立，译．北京：北京经济学院出版社，1989.

［2］王英辉．“三权分置”下的土地定价与交易制度研究［M］．北京：中国财富出版社，2019.

［3］郑风田．制度变迁与中国农民经济行为［M］．北京：中国农业科技出版社，2000.

［4］白晓东．新中国土地管理大事记（1949-2008）［M］．北京：中国大地出版社，2009.

［5］董志勇．行为金融学［M］．北京：北京大学出版社，2009.

［6］邓小平文选（第3卷）［M］．北京：人民出版社，1993.

［7］塞缪尔·P. 亨廷顿．变化社会中的政治秩序［M］．王冠华，等译，上海：上海人民出版社，2008.

［8］林翊．中国经济发展进程中农民土地权益问题研究［M］．北京：经济科学出版社，2009.

［9］西奥多·W. 舒尔茨．改造传统农业［M］．梁小民，译．北京：商务印书馆，2006.

［10］马鸿运．中国农户经济行为研究［M］．上海：上海人民出版社，1993.

［11］恰亚诺夫．农民经济组织［M］．萧正洪，译．北京：中央编译出版社，1996.

［12］关谷俊．日本的农地制度［M］．金洪云，译．北京：三联书店出版社，2004.

［13］柴振国，潘静，等．“三权分置”下农地金融创新的制度研究［M］．

北京：法律出版社，2019.

［14］罗必良．产权强度、土地流转与农民权益保障［M］．北京：经济科学出版社，2013.

［15］房绍坤．承包地“三权分置”的法律表达与实效考察［M］．北京：中国人民大学出版社，2019.

［16］李彬．农业产业化组织契约风险与创新风险管理［M］．成都：西南交通大学出版社，2011.

［17］苏艳英．三权分置下农地权利体系构建研究［M］．北京：知识产权出版社，2019.

［18］张秋雷．中国农村发展中的土地经济思想（1924－1949）［M］．北京：北京大学出版社，2016.

［19］高海．农用地“三权分置”研究［M］．北京：法律出版社，2017.

［20］黄建中．农地“三权分置”法律实施机制理论与实践［M］．北京：中国法制出版社，2017.

［21］张卫国，王定祥，严晓光，等．重庆农村产权抵押融资问题研究［M］．重庆：西南师范大学出版社，2017.

［22］李周，任常青．农地改革、农民权益与集体经济：中国农业发展中的三大问题［M］．北京：中国社会科学出版社，2015.

［23］杨明洪，等．“公司+农户”型产业化经营风险的形成机理与管理对策研究［M］．北京：经济科学出版社，2009.

［24］李彬．中国农地流转及其风险防范研究［M］．成都：西南交通大学出版社，2015.

［25］邹秀清．中国农地产权制度与农民土地权益保护［M］．南昌：江西人民出版社，2008.

［26］许月明，等．农地流转风险问题研究［M］．北京：中国社会科学出版社，2016.

［27］柴荣，王小芳．农民土地权益保障法律机制［M］．北京：社会科学文献出版社，2017.

［28］尚旭东．农村土地经营权流转：信托模式、政府主导、规模经营与地方实践［M］．北京：中国农业大学出版社，2016.

［29］安海燕，阎庆民，张晓朴．农村土地承包经营权抵押贷款试点效果［M］．北京：中国财政经济出版社，2017.

［30］普金霞．土地承包经营权流转推进路径研究［M］．郑州：郑州大学出版社，2016.

［31］宋志红．中国农村土地制度改革研究：思路、难点与制度建设［M］．北京：中国人民大学出版社，2017.

［32］孙宏臣．土地承包经营权解析与重构［M］．北京：中国政法大学出版社，2017.

［33］廖宏斌．农村土地流转风险控制研究［M］．北京：社会科学文献出版社，2015.

［34］文龙娇，朱苗绘，陆玉梅．三权分置下土地确权登记制度研究——综合比较与创新应用［M］．北京：光明日报出版社，2019.

［35］安海燕，阎庆民，张晓朴．农村土地产权抵质押创新的实现路径［M］．北京：中国经济出版社，2015.

［36］邵昱，邵兴全，等．农民土地财产权实现机制的创新与政策选择［M］．成都：西南财经大学出版社，2016.

［37］黄季焜，郜亮亮，冀县卿．中国的农地制度、农地流转和农地投资［M］．上海：格致出版社，2012.

［38］刘润秋．中国农村土地流转制度研究——基于利益协调的视角［M］．北京：经济管理出版社，2012.

［39］李彬．建立城乡统一的建设用地市场研究［M］．北京：经济科学出版社，2017.

［40］道格拉斯·C. 诺思．制度、制度变迁与经济绩效［M］．航行，译．上海：上海人民出版社，2016.

［41］韦鸿，王琦玮．农村集体土地“三权分置”的内涵、利益分割及其思考［J］．农村经济，2016（3）：39-43.

［42］高飞．农村土地“三权分置”的法理阐释与制度意蕴［J］．法学研究，2016（3）：3-19.

［43］潘俊．农村土地承包权和经营权分离的实现路径［J］．南京农业大学学报（社会科学版），2015，15（4）：98-105.

［44］房建恩．农村土地“三权分置”政策目标实现的经济法路径［J］．中国土地科学，2017，31（1）：80-87.

［45］罗必良．科斯定理：反思与拓展——兼论中国农地流转制度改革与选择［J］．经济研究，2017，52（11）：178-193.

［46］付江涛，纪月清，胡浩．新一轮承包地确权登记颁证是否促进了农户的土地流转——来自江苏省3县（市、区）的经验证据［J］．南京农业大学学报（社会科学版），2016，16（1）：105-113.

［47］桂华．集体所有制下的地权配置原则与制度设置——中国农村土地制度改革的反思与展望［J］．学术月刊，2017，49（2）：80-95.

［48］肖立梅．论“三权分置”下农村承包地上的权利体系配置［J］．法学杂志，2019，40（4）：26-33.

［49］刘恒科．“三权分置”下集体土地所有权的功能转向与权能重构［J］．南京农业大学学报（社会科学版），2017（2）：102-112.

［50］单平基．“三权分置”中土地经营权债权定性的证成［J］．法学，2018（10）：37-51.

［51］郜永昌．分离与重构：土地承包经营权流转新论［J］．经济视角（下），2013（5）：137-139.

［52］张力，郑志峰．推进农村土地承包权与经营权再分离的法制构造研究［J］．农业经济问题，2015（1）：24-26.

［53］刘平．承包地退出规则之反思与重构——以《农村土地承包法》修改为中心［J］．华中农业大学学报（社会科学版），2019（2）：153-162.

［54］刘颖，唐麦．中国农村土地产权“三权分置”法律问题研究［J］．世界农业，2015（7）：172-176.

［55］蔡立东，姜楠．承包权与经营权分置的法构造［J］．法学研究，2015（3）：102-122.

［56］陈小君．我国农村土地法律制度变革的思路与框架——十八届三中全会《决定》相关内容解读［J］．法学研究，2014（4）：4-25.

［57］高圣平．新型农业经营体系下农地产权结构的法律逻辑［J］．法学研究，2014（4）：76-91.

［58］武传鹏，韩潇．新时代农村土地“三权分置”制度与农民权益保障机制探论——基于马克思主义产权思想的视角［J］．兰州财经大学学报，2020（1）：23-29.

［59］李晓红，黄瑾．三权分置农地制度下农民土地财产权利受损的产权逻辑［J］．广西民族大学学报（哲学社会科学版），2016（6）：163-167.

［60］彭素，罗必良．基于农户视角的农民土地权益保护机制研究［J］．财贸研究，2013（6）：27-35.

［61］李长健．中国农村矛盾化解机制研究：一种权益保护与社区发展的视角［M］．北京：人民出版社，2013.

［62］朱强，李民．论农地资本化流转中的风险与防范［J］．管理世界，2012（7）：170-171.

［63］姜战朝．城镇化背景下农民土地权益保护的立法思考［J］．兰州学刊，2014（12）：128-132.

［64］张云华．城镇化进程中要注重保护农民土地权益［J］．经济体制改革，2010（5）：87-92.

［65］吴冠岑，牛星，许恒周．乡村旅游开发中土地流转风险的产生机理与管理工具［J］．农业经济问题，2013（4）：63-67.

［66］董正爱，谢忠洲．权能配置与风险回应：农地“三权分置”的制度设计［J］．时代法学，2017，15（06）．

［67］黄伟．农地流转中的非农化与非粮化风险及其规避［J］．当代经济管理，2014（8）：39-43.

［68］朱继胜．农村承包地“三权分置”改革的法律风险及其防范［J］．理论月刊，2017（11）：5-12.

［69］杨晶，王文昌．农户视角的土地股份合作潜在风险及其防范研究［J］．江西农业学报，2019（4）：145-150.

［70］张赛，吴九兴．农民以土地入股的风险类型及其防范机制［J］．江西农业学报，2019（5）：132-137.

［71］田富强．农民土地入股风险防范机制与模式研究［J］．江西农业学报，2019（1）：118-123.

［72］温雅茹，于丽红．农地经营权抵押贷款风险分析——以直接抵押模式为例［J］．经济研究导刊，2020（24）：42-43.

［73］史明灿．农村土地经营权抵押融资风险：类型、原因及域外经验［J］．江苏农业科学，2018（10）：399-402.

［74］王君妍，宋坤，唐海春．政府主导型农地经营权抵押贷款风险预警研究——基于四川省成都市的调研数据［J］．武汉金融，2018（9）：71-77.

［75］肖培耻．我国农地经营权抵押融资风险控制——基于直接抵押融资模式的视角［J］．江苏农业科学，2019（1）：234-337.

［76］牛鹏程．农村土地经营权抵押风险及其防范机制研究［J］．农村经济与科技，2020（13）：17-18.

［77］祝子丽，李晨露，杨俐．“三权分置”改革后农地金融发展现状、制约因素与对策研究［J］．湖南财政经济学院学报，2019（3）：103-117.

［78］柴海瑞．农地“三权分置”改革路径研究［J］．中共郑州市委党校学报，2020（5）：50-55.

［79］李盼道，李双双．农村土地确权和分置对乡村社会变迁影响研究［J］．内蒙古农业大学学报（社会科学版），2020（1）：1-5.

［80］朱新山．中国农村土地确权进程、问题破解与乡村振兴［J］．毛泽东邓小平理论研究，2019（12）：26-33.

［81］朱冬亮．农民与土地渐行渐远——土地流转与“三权分置”制度实践［J］．中国社会科学，2020（7）：123-144.

［82］鲁毅，李文涛，程涛．土地流转风险及农户风险认知对其收益的综合影响［J］．农村经济与科技，2019（11）：23-26.

［83］吴瑞君，薛琪薪．农民工流动新态势及返乡就业探析［N］．中国人口报，2020-07-31.

［84］李锐．风险评估研究方法综述［J］．甘肃科技纵横，2018，47（9）：61-63.

［85］吴勘，宋倩倩，陈建华．孢粉化石在石油勘探中的应用［J］．石油天然气学报，2009（4）：210-227.

［86］李洁均，文世宣，张青松，等．青藏高原隆起的时代、幅度和形式的探讨［J］．中国科学，1979（6）：608-616.

［87］张衔，吴先强．农地“三权分置”改革中的潜在风险及对策［J］．社会科学战线，2019（1）：71-78.

［88］王琳琳．土地经营权入股法律问题研究［J］．中国政法大学学报，2020（6）：90-102.

［89］林璐．农村土地经营权抵押贷款风险控制研究［J］．科技与金融，2020（10）：53-57.

［90］李泉，余珊．农村土地经营权抵押贷款的风险防范刍议［J］．社科纵横，2019（4）：42-48.

［91］姚晓丽．“三权分置”下土地经营权再流转的方式与风险防范研究［J］．社科纵横，2019（4）：147-150.

［92］杨世扬，吴昊．集体土地“三权分置”的法律意蕴与制度供给［J］．华东政法大学学报，2017（3）：74-82.

[93] 齐恩平 . “农地经营权”权能界定及体系化构造 [J] . 甘肃社会科学，2018 (2)：176-181.

[94] 孙宪忠 . 推进农村土地“三权分置”需要解决的法律认识问题 [J] . 党政视野，2016 (3)：66-68.

[95] 杨玉珍 . 农村三权分置政策执行偏差的成因及其矫正 [J] . 农业经济问题，2017 (6)：24-29.

[96] 朱建江 . “三资分置”前提下的农村集体经济发展 [J] . 上海经济研究，2020 (3)：5-9.

[97] 邓蓉，章敏 . 农地“三权分置”的实践困惑及对策初探——基于成都的先行实践 [J] . 中共成都市委党校学报，2019 (1)：92-96.

[98] 刘禹宏，杨凯越 . 中国农地制度之纷争：“三权分置”的权利关系、法理冲突及其解决途径 [J] . 安徽师范大学学报（人文社会科学版），2020，48 (2)：140-148.

[99] 王洪平 . 民法视角下土地经营权再流转的规范分析 [J] . 吉林大学社会科学学报，2020 (1)：29-39.

[100] 郭明瑞 . 土地承包经营权流转的根据、障碍与对策 [J] . 山东大学学报（哲学社会科学版），2014 (4)：1-9.

[101] 李凤兴，陈广华 . “三权分置”下农地流转风险及其防范 [J] . 湖北农业科学，2020 (9)：182-185.

[102] 李宁，汪险生 . “三权分置”改革下的农地集体所有权落实 [J] . 经济学家，2018 (8)：86-93.

[103] 胡震，朱小庆 . 农村土地“三权分置”的研究综述 [J] . 中国农业大学学报（社会科学版），2017 (2)：23-27.

[104] 石成林 . 农村土地的多权分离 [J] . 经济纵横，1989 (9)：44-47.

[105] 田则林，余义之，杨世友 . 三权分离：农地代营——完善土地承包制、促进土地流转的新途径 [J] . 中国农村经济，1990 (2)：41-44.

[106] 夏振坤 . 再论农村的改革与发展 [J] . 中国农村经济，1989 (8)：87-89.

[107] 郑志峰 . 当前我国农村土地承包权与经营权再分离的法制框架创新研究——以 2014 年中央一号文件为指导 [J] . 求实，2014 (10)：82-91.

[108] 伊庆山 . “三权分置”背景下农地权利体系的重构、制度优势及风险规避 [J] . 西北农林科技大学学报（社会科学版），2017 (4)：32-39.

［109］段贞锋．“三权分置”背景下农地流转面临的风险及其防范［J］．理论导刊，2017（1）：88-92.

［110］李景刚，王岚，高艳梅，等．风险意识、用途变更预期与土地流转意愿［J］．生态经济，2016（7）：127-132.

［111］陈振，郭杰，欧名豪．资本下乡过程中农户风险认知对土地转出意愿的影响研究——基于安徽省526份农户调研问卷的实证［J］．南京农业大学学报（社会科学版），2018（2）：129-162.

［112］吕军书，贾威．“三权分置”制度下农村土地流转失约风险的防范机制研究［J］．理论与改革，2017（6）：181-188.

［113］樊怿霖．关于农村产权抵押融资问题的思考与研究——以湖北为例［J］．湖北社会科学，2014（10）：65-68.

［114］陈菁泉，付宗平．农村土地经营权抵押融资风险形成及指标体系构建研究［J］．宏观经济研究，2016（10）：143-154.

［115］董正爱，谢忠洲．权能配置与风险回应：农地“三权分置”的制度设计［J］．时代法学，2019（9）：24-33.

［116］高帆．中国农地“三权分置”的形成逻辑与实施政策［J］．经济学家，2018（4）：86-95.

［117］李彬，范云峰．我国农业经济组织的演进轨迹与趋势判断［J］．改革，2011（7）：88-95.

［118］黄少安．改革开放40年中国农村发展战略的阶段性演变及其理论总结［J］．经济研究，2018（12）：4-19.

［119］张红宇．三权分离、多元经营与制度创新——我国农地制度创新的一个基本框架与现实关注［J］．南方农业，2014（2）：6-13.

［120］邓大才．中国农村产权变迁与经验——来自国家治理视角下的启示［J］．中国社会科学，2017（1）：4-24.

［121］孙敬水．试论订单农业的运行风险及防范机制［J］．农业经济问题，2003（8）：44-47.

［122］刘凤芹．不完全合约与履约障碍——以订单农业为例［J］．经济研究，2003（4）：22-30+92.

［123］孙兰生．关于订单农业的经济学分析［J］．湖北农业科学，2020，58（17）：147-160.

［124］相蒙，于毅．农民生存权法律保障机制研究——以农地承包经营权入

股为视角［J］. 农村经济，2012（9）：113-117.

［125］王邦习. 农地经营权入股的法律风险及其防控——基于全国依法公开相关裁判文书的实证［J］. 农村经济，2018（7）：28-35.

［126］周其仁. 中国农村改革：国家和土地所有权关系的变化（下）——一个经济制度变迁史的回顾［J］. 管理世界，1955（4）：147-155.

［127］代春燕，恭元芳. 曲靖市农村土地撂荒现象的原因及对策分析［J］. 学理论，2016（6）：15-16.

［128］李平. 中国农村土地制度改革：实地调查报告［J］. 中国农村经济，1995（3）：38-44.

［129］刘守英，高圣平，王瑞民. 农地三权分置的土地权利体系构建［J］. 北京大学学报（哲学社会科学版），2017（5）：86-89.

［130］蔡立东，姜楠. 农地三权分置的法实现［J］. 中国社会科学，2017（5）：102-122.

［131］吴义龙. "三权分置"论的法律逻辑、政策阐释及制度替代［J］. 法学家，2016（4）：28-41.

［132］孙宪忠. 推进农地三权分置经营模式的立法研究［J］. 中国社会科学，2015（3）：145-163.

［133］肖鹏，王丹. 试论土地经营权租赁合同的完善——基于102个家庭农场的调研［J］. 中国土地科学，2015（10）：20-27.

［134］周春晓，李凤兰，严奉宪，等. 农村土地承包经营权出租中存在的问题研究——以山西省武乡县3个村庄为例［J］. 华中农业大学学报（社会科学版），2017（2）：97-102.

［135］李彬. "公司+农户"契约非完全性与违约风险分析［J］. 华中科技大学学报，2009（3）：97-101.

［136］张一梁. "企业+农户"主体非对称性所致问题解析［J］. 华东经济管理，2005（11）：40-43.

［137］陈彦晶. "三权分置"改革视阈下的农地经营权入股［J］. 甘肃政法学院学报，2018（3）：71-80.

［138］宋宏，黄艳莉. 集体土地作价入股农业特色小镇合作模式研究［J］. 农业经济，2018（10）：99-101.

［139］任大鹏. 土地经营权入股合作社的法律问题［J］. 农业经济与管理，2015（5）：31-38.

［140］李彬．订单农业契约内部治理机制与风险防范［J］．农村经济，2013（2）：46-50.

［141］高帆．中国城乡土地制度演变：内在机理与趋向研判［J］．社会科学战线，2020（12）：56-66.

［142］郭志京．民法典视野下土地经营权的形成机制与体系结构［J］．法学家，2020（6）：36-39.

［143］何朝银．试论我国农村土地制度的形成和发展——学习习近平总书记关于乡村振兴的重要论述［J］．毛泽东邓小平理论研究，2020（6）：6-14.

［144］张勇，包婷婷．农地流转中的农户土地权益保障：现实困境与路径选择——基于“三权分置”视角［J］．经济学家，2020（8）：120-128.

［145］孙敏．近郊村的“反租倒包”：三权分置与三重合约［J］．农业经济问题，2020（7）：69-79.

［146］钟晓萍，于晓华．地权的阶级属性与农地“三权分置”：一个制度演化的分析框架［J］．农业经济问题，2020（7）：47-57.

［147］谭贵华，吴大华．农村承包地经营权抵押权的实现方式［J］．农业经济问题，2020（6）：119-130.

［148］黄健雄，郭泽喆．“三权分置”改革回顾、研究综述及立法展望——以农村集体土地权利体系的分层解构为视角［J］．农业经济问题，2020（5）：39-54.

［149］程久苗．农地流转中村集体的角色定位与“三权”权能完善：一个制度演化的分析框架［J］．农业经济问题，2020（4）：58-65.

［150］Shoshany M，Goldshleger N. Land Use and Ppopulation Density Changes in Israel—1950 to 1990：Analysis of RegiIonal and Local Trends［J］. Land Use Policy，2012（2）：123-133.

［151］Stopp G H. The Destruction of American Agricultural Land［J］. Geography，1984（1）：64-66.

［152］Kim D S，Mizun K，Kobayashi S. Analysis of Urbanization Characteri Sties Causing Farmland Loss in a Rapid Growth Area Using GIS and RS［J］. Paddy Water Environment，2013（4）：189-199.

［153］Chakir R，Parent O. Determinants of Land Use Changes：A Spatial Multinomial Probit Approach［J］. Papers in Regional Science，2017，88（22）：327-344.

[154] Sokolow A D, Kuminoff N V. Farmland, Urbanization, and Agriculture in the Sacramento Region [Z] . 2000.

[155] Delbaere B, Mikos V, Pulleman M. European Policy Review: Functional Agrobiodiversity Supporting Sustainable Agriculture [J] . Journal for Nature Conservation, 2014 (22): 193-194.

[156] Diana K V A, Mishev P, Jackson M. Formation of Landmarket Institutions and Their Mipactson Agricultural Activity [J] . Journal of Rural Studies, 1994, 10 (4): 377-385.

[157] Senceturk S. Land Read Justment: An Examination of its Application in-Turkey [J] . Cities, 2005, 22 (1): 29-42.

[158] Deininger K, Zegarra E, Lavadenz I. Determinants and Mipacts of rural Landmarket Activity: Evidence from Nicara-gua [J] . World Development, 2003, 31 (8): 1385-1404.

[159] Jaycox V K E. Housing the Poor: The Task Ahead in Developing Countries [J] . Urban Ecology, 1977, 2 (4): 305-325.

[160] Agarwal B. Gender and Land Rights Revisited: Exploring New Pros-pects-via State, Family and Market [J] . Journal of Agrarian Change, 2003 (2): 184-224.

[161] Rao N. Land Rights, Gender Equality and Household Food Security: Exploring the Conceptual Links in the Case of India [J] . Food Policy, 2006, 31 (2): 180-193.

[162] Kung J K. Off-farm Labor Markets and the Emergence of Land Rental Markets in Rural China [J] . Journal of Comparative Economics, 2002, 30 (2): 395-414.

[163] Samuel S P. The Rational Peasant: The Political Economy of Rural Society in Vietnam [M] . Berkeley and Los Angeles: University of California Press, 1979.

[164] Michael L. The Theory of the Optimising Peasant [J] . Journal of Development Studies, 1968, 4 (3): 327-351.

[165] Steve N S, Cheung. The Theory of Share Tenan [J] . Chicaco: The University of Chicaco, 1969 (8) .

[166] Jin S Q, Klaus D. Land Rental Markets in the Process of Rural Structural Transformation Productivity and Equity Impacts from China [M] . Washington D. C. :

World Bank Research Department, 2006.

[167] Bogaerts T, Williannison I P, Fendel E M. The Roles of Land Administration in the Aeeession of Central European Countries to the European Union [J]. Land Use Policy, 2002, 19 (1): 29-46.

[168] Macmillan D C. An Economic Case for Land Reform [J]. Land Use Policy, 2000, 17 (1): 49-57.

[169] Duke J M, Marišová E, Bandlerová A, et al. Price Repression in the Slovak Agricultural Land Market [J]. Land Use Policy, 2003, 21 (3): 59-69.

[170] Claudio F Banking Automation and Producivity Change: The Brazilian Experience [J]. World Development, 1992, 20 (12).

[171] Smithson, Simon. Financial Reform in Japan Institution Deregulation Entering Critical Phase [J]. East Asian Executive Reports, 1991, 2 (15).

[172] Beater H. The Role Collateral in Credit Markets with Imperfect Information [J]. European Economic Review, 1987, 31 (4): 887-899.

[173] Binswanger H P, Deininger K, Feder G. Power, Distortions, Revolt and Reform in Agricultural Land Relations [J]. Handbook of Development Economics, 1995, 1 (3).

[174] Erzi T, Zhang J J, Zulfiqar H. Firm Productivity, Pollution and Output: Theory and Empirical Evidence from China [J]. Environmental Science and Pollution Research, 2015, 22 (22): 18040-18046.

[175] Weinmayr G, Romeo E, Sario M D, et al. Short-term Effects of PM_{10} and NO_2 on Respiratory Health among Children with Asthma or Asthma-like Symptoms: A Systematic Review and Meta-analysis [J]. Environment Health Perspect, 2010, 118 (4): 449-457.

[176] Zivin J G, Neidell M. The Impact of Pollution on Worker Productivity [J]. American Economic Review, 2012, 102 (7): 3652-3673.

[177] Liu S, Carter M R, Yao Y. Dimensions and Diversity of Property Rights in Rural China: Dilemmas on the Road to Further Reform [J]. Working Paper, Department of Agricultural and Applied Economics, University of Wisconsin Madison, 1996 (26).

[178] Williamson O E. The Economic Institutions of Capitalism: Firms, Market and Relational Contracting [M]. New York and London: Free Press, 1985.

［179］ Yami M, Snyder K. After All, Land Belongs to the Stata: Examining the Benefits of Land Registration for Smallholders in Ethiopia ［J］. Land Degradation & Development, 2016, 27 (3): 465-478.

［180］［美］奥利弗·E. 威廉姆森，西德尼·G. 温特. 企业性质［M］. 姚海鑫，邢源源译，北京：商务印书馆，2010.

［181］［英］R. H. 科斯. 社会成本问题［M］. 原载《法律与经济学杂志》第3卷，1960年10月。

［182］ Franz von Benda-Beckmann. Property Righets and Economic Development: Land and Natural Resources in South-East Asia and Oceania ［C］//Kegan Panl. A Functional Analysis of Property Righets ［M］. 1999: 133-180.

［183］ Yao, Y., Carter, M. R. Specialization Without Regret: Transfer Rights, Agricultural Productivity, and Investment in an Industrializing Economy ［J］. Policy Research Working Pape, 1999: 124-128.

［184］ Shoshany. Land-use and Population Density Changes in Israel—1950 to 1990: Analysis of Regional and Local Trends ［J］. Land Use Policy, 2002, 19 (2): 123-133.

［185］ G Harry Stopp. The Destruction of American Agricultural Land ［J］. Geography, 1984 (1): 64-66.

［186］ Alvin D. Sokolow., Nicolai V Kuminoff. Farmland, Urbanization, and Agriculture in the Sacramento Region ［J］. Paper Prepared for the Capital Region Institution, Regional Futures Compendium, 2000 (3): 15-21.

［187］ Rose, A. K. Do we really know that the WTO in-creases trade? ［J］. American Economic Review, 2004, 94 (1): 98-114.

［188］ Carter, M. R., P. Olinto. Getting institutions "right" for whom? Credit Constraints and the Impact of Property Rights on the Quantity and Composition of Investment ［J］. American Journal of Agricultural Economics, 2003, 85 (1): 173-186.

［189］ Bester, H. The Role of Collateral in Credit Market with Imperfect Information ［J］. European Economic Review, 1987, 31 (4).

［190］ Binswanger et al. Distortions, Revolt, and Reform in Agricultural land Relations ［J］. Policy Research Woeking Paper 1164. World Bank, Washington, D. C., 1995.

［191］ Hoff, Stiglitz. Policy Perspectives ［J］. The World Bank Economics Review，1990（4）：235-250.

［192］孙常辉．“三权分置”背景下农户保留土地经营权问题研究［J］．农业经济，2022（11）：94-97.

［193］赵红梅．“三权分置”中集体土地所有权的功能定位［J］．社会科学文摘，2019（8）：2019.

［194］孙宪忠．开展关于国有农用土地权利体系的法律问题研究意义重大［J］．中国农垦，2021（11）：11-12.

［195］丁文．农地流转政策议程设置研究——基于多源流理论的修正框架［D］．南京农业大学，2017.

［196］杨凯越．农业产业化发展进程研究综述：现实困境与解决办法——基于农地产权制度改革［J］．现代经济信息，2020（1）：1-3.

［197］房绍坤．新承包法视阈下土地经营权信托的理论证成［J］．东北师范大学学报（哲学社会科学版），2020，2：33-34.

［198］普金霞．农户土地流转推进路径对策——基于样本农户主观因素的分析［J］．长治学院学报，2015，32（01）：5-7.

［199］潘小英．“三权分置”后的农民权益保护［J］．中共郑州市委党校学报，2015（2）：42-46.

［200］李长健，杨莲芳．三权分置、农地流转及其风险防范［J］．西北农林科技大学学报（社会科学版），2016，16（4）：49-55.

［201］廖宏斌．农村土地承包经营权流转管理：困境与出路［J］．领导之友，2011（12）：30-32.

［202］吴福明．历史视角下的土地金融探索［J］．金融博览，2013（10）：34-35.

［203］廖宏斌．土地违法：一个政府行为的组织制度分析［J］．华中师范大学学报（人文社会科学版），2017，56（4）：11-17.

［204］段雅萍，汪争．土地承包经营权入股的风险分析及其防范［J］．江汉大学学报（社会科学版），2011，28（1）：103-106.

［205］惠献波．农村土地经营权抵押融资风险评价［J］．价格理论与实践，2015（7）：76-78.

［206］管蓉蓉，陈涵．农村土地经营权抵押贷款风险问题探析——以宿州市埇桥区为例［J］．安徽农学通报，2017，25（14）：6-7.

［207］史明灿．农村土地经营权抵押融资风险：类型、原因及域外经验

[J]．江苏农业科学，2018，46（24）：399-402.

［208］温雅茹，于丽红．农地经营权抵押贷款风险分析——以直接抵押模式为例［J］．经济研究导刊，2020（24）：42-43.

［209］樊怿霖．关于农村产权抵押融资问题的思考与研究——以湖北为例［J］．湖北社会科学，2014（10）：65-68.

［210］陈明亮，叶银龙等．推进土地承包经营权抵押贷款的优化路径——基于浙江丽水 300 个农业经营主体的调查［J］．浙江金融，2018（7）：75-81.

［211］付宗平．集体经营性建设用地入市存在的问题及对策——基于成都市的实证分析［J］．农村经济，2016（9）：31-36.

［212］史明灿．农村土地经营权抵押融资风险：类型、原因及域外经验［J］．江苏农业科学，2018，46（24）：399-402.

［213］宋坤，聂凤娟．政府主导型农地经营权抵押贷款对农户收入效应的影响——基于成都温江与崇州市对比分析［J］．中国农业资源与区划，2021，42（9）：216-225.

［214］肖培耻．我国农地经营权抵押融资风险控制——基于直接抵押融资模式的视角［J］．江苏农业科学，2019，47（1）：334-337.

［215］惠献波．农村土地经营权抵押融资风险评价［J］．价格理论与实践，2015（7）：76-78.

［216］陈菁泉，付宗平．农村土地经营权抵押融资风险形成及指标体系构建研究［J］．宏观经济研究，2016（10）：143-154.

［217］赵一哲．农地承包经营权抵押贷款风险的研究——基于涉农金融机构视角［J］．安徽农业大学学报（社会科学版），2015，24（2）：12-16.

［218］于丽红，李辰未等．农村土地经营权抵押贷款信贷风险评价——基于 AHP 法分析［J］．农村经济，2014（11）：79-82.

［219］吴征，蔡连军．农村土地经营权抵押融资风险影响因素分析——基于东海县试点金融机构的实践［J］．金融纵横，2016（9）：83-88.

［220］林乐芬，孙德鑫．农地抵押贷款及其风险管理研究——基于枣庄市的案例分析［J］．农村经济与科技，2020，31（13）：17-18.

［221］牛鹏程．农村土地经营权抵押风险及其防范机制研究［J］．农村经济与科技，2020，31（13）：17-18.

［222］高帆．中国土地“三权分置”的形成逻辑与实施政策［J］．经济学家，2018，（4）：86-95.

［223］林毅夫．制度、技术与中国农业发展［M］．北京：格致出版社，2014.

［224］中国农村土地确权进程、问题破解与乡村振兴［J］．毛泽东邓小平理论研究，2019（12）：26-33.

［225］朱冬亮．农民与土地渐行渐远——土地流转与“三权分置”制度实践［J］．中国社会科学，2020（7）：123-144+207.

［226］李长健，杨莲芳．三权分置、农地流转及其风险防范［J］．西北农林科技大学学报（社会科学版），2016，16（4）：49-55

［227］姚晓丽．“三权分置”下土地经营权再流转的方式与风险防范研究［J］．湖北农业科学，2019，58（17）：147-150.

［228］Coase，R. H. The Nature of the firm［J］．Economic，1937，43：55-82.

［229］Armen A. Alchina and Harold Demsetz. Production，Information Costs and Economic Organization［J］．American Economic Review，1972（5）：89-94.

［230］Williamson. O. Transactions-cost economics：the governance of contractual relations［J］. Journal of Law and Economics，1979，22：233-262.

［231］Klein，B.，Crawford，R.，and Alchian. A. Vertical integration，appropriable rents，and the competitive contracting process［J］. Journal of Law and Economics，1978，21：297-326.

［232］Hart，O. and Moore. J. Property Rights and the Nature of the Firm［J］. Journal of Political Economy，1990，98：1119-1158.

［233］李风圣．论科斯定理的矛盾［J］．社会科学战线，1998（3）：53-59.

［234］贾明德，李灵燕．契约的不完全性与敲竹杠问题［J］．经济学动态，2002（7）：67-70.

［235］Hart，Oliver，and Bengt Holmstrom. The Theory of Contracts［C］// T. Bewley（ed.）．Advanced in Economic Theory［M］．Cambridge University Press，1987，71-155.

［236］Ames M. Collins Tmothy W Ruefli. Strategic Risk：A State-defined Approach［J］. Kluwer Academic Publishers，1996，13（2）．

［237］卢泽羽，陈晓萍．中国农村土地流转现状、问题及对策［J］．新疆师范大学学报（哲学社会科学版），2015，4.

问卷编号：　　　　　　　　　　　　　　　调查时间：2018 年　　月　　日

附录　农村土地“三权分置”风险与农民权益问题调查问卷

您好！非常感谢您抽出时间接受访问。我们是长江师范学院的老师和学生，基于国家社科基金项目的研究，进行调研，为促进土地流转和实施乡村振兴战略提供建议参考。您的回答对我们的研究非常重要，希望能得到您的支持与协助。我们承诺，不会单独泄露您的个人信息和观点。请您在符合您本人情况和意见的答案处如实填写或打“√”。感谢您的支持与合作！

一、家庭基本情况

A1. 受访者性别______，年龄______。受访者是否为户主______（1=是；0=否）。

A2. 受访者学历为______（1=小学及以下；2=初中；3=高中/中专；4=大专/本科及以上），健康状况______（1=很差；2=差；3=一般；4=较健康；5=健康），是否有外出打工经历______（1=是；0=否），是否为村中大姓______（1=是；0=否）。是否是党员______（1=是；0=否），家庭中是否有村干部______（1=是；0=否）；是否有种地能手______（1=是；0=否）。

A3. 户主从事农业生产经营活动______年。户主拥有的证书？（可多选）______

1=新型职业农民证书　2=绿色证书　3=农业职业经理人　4=其他（______）

注：绿色证书，旨在提高农民素质，组织农民进行农业职业技术教育培训，培训合格颁发的证书。

A4. 家庭人口数量______人，其中劳动力______人，外出打工人数______人，外出打工地方______（1=本县；2=本市外县；3=省内外县；4=省外），兼业务农人数______人，家中完成九年义务教育的人数______。（注：劳动力是指年龄在18~60岁男子；年龄在18~55岁女子。兼业务农指在农忙时回家耕作，平时在外打工经商等。）

A5. 家庭年总收入______元？其中，农业收入______元？种植收入______元？养殖收入______元？打工收入______元？对家庭总收入是否满意？（1=非常满意；2=满意；3=一般；4=不满意；5=很不满意）

A6. 去年您的家庭是否有借款或贷款______（1=有；2=无），若有，资金用途是______ 1=农业生产；2=生活消费；3=住房消费；4=教育医疗；5=其他______；借款或贷款难易程度（1=非常困难；2=困难；3=一般；4=容易；5=很容易）；你所需的资金从哪些渠道获得？______（多选）。

1=政府财政补贴 2=向银行等金融机构贷款 3=向民间组织贷款 4=向亲戚或朋友借款 5=其他渠道______

A7. 是否购买了农业保险______（1=是；0=否）；是否购买了养老保险______（1=是；0=否）。

二、农业生产经营情况

B1. 经营主体类型（ ）1=合作社（成立时间______年） 2=家庭农场（成立时间______年） 3=龙头企业（成立时间______年） 4=专业大户 5=散户

B2. 参加了______个合作社，合作社提供的服务______（1=农资合作；2=农机合作；3=技术指导；4=销售合作；5=土地合作），入社总费用为______元/年。

B3. 家庭耕地面积______亩，其中，耕地面积主要品种经营面积______亩，块数______块；如果分布较散，分布距离远近______（1=远；2=近）；土地流转转入面积______亩，集体承包土地______亩；有偿承包土地______亩，租期______年，剩余年限______年，租金______，流转土地来源______（1=本村；2=外村），流转渠道______（1=私下协商；2=政府协调；3=村组织协调），是否签订合同______？（1=是；0=否）；其他来源______亩；

B4. 如您需要转入耕地，则该地区转入耕地的难易程度如何？（1=很不容易 2=较不容易 3=一般 4=比较容易 5=很容易）土地地权稳定性如何？（1=很不稳定 2=不稳定 3=一般 4=稳定 5=非常稳定），土地是否调整______（1=是；0=否）；土地是否确权______（1=是；0=否）。

B5. 过去一年，主要农业生产情况统计表：

B5.1 种植业

农作物品种	播种面积	总产量	销售量	每斤销售价格	每年国家补贴总额	生产成本												产品特征（获得年份）
						种子（苗）费用	化肥费用	农药费用	农膜费用	机耕费用（油、电）	机播费用（油、电）	灌排费用（油、电、水）	自有劳动力投入（个）	雇工（个）	雇工费用	土地流转费用	其他（如脱粒运输等）	
水稻																		
小麦																		
玉米																		
油菜																		
蔬菜																		
水果																		

注：产品特征：1=普通，2=无公害，3=绿色食品，4=有机食品，5=地理标志，6=公共品牌，7=自有品牌

B5.2 养殖业

养殖品种	头/只	养殖总收入		养殖成本（元）								产品特征
		销售总收入	国家补贴	苗（种崽）	粮食	饲料	防疫	人工费	运输费	圈舍维修	其他	

注：产品特征：1=大规模圈养，2=小规模圈养，3=散养，加有饲料，5=散养，未用饲料

B6.1 单产水平与周围其他农户相比______（1=低；2=差不多；3=高）

B6.2 主要品种化肥施用情况：施肥共______次，其中复合肥施用______次，有机肥施用______次，农家肥施用______次，农家肥是否进行无害化处理？化肥成本共计______元。

注：农家肥无害化处理方法有3种：①暴晒、高温处理等；②用化学物质除害；③利用微生物进行堆腐处理

B6.3 肥料来源______（1=农资经销商；2=商贩；3=村订购；4=合作社订购；5=农机推广站；6=自家（有机肥选此项）；7=其他（______）

B6.4 施肥方式______（1=撒施；2=穴施；3=条施；4=水肥喷施；5=其他（______）是否实施了测土配方______（1=是；0=否），是否按测土配方施肥

______（1=是；0=否）。

B7. 是否使用农业机械______

（1=是；0=否），机械来自______（1=自有；2=租用），购买时获得补贴______元?

B8. 主要品种农药使用情况：施药共______次，农药成本共计______元。施药方式______：1=机械喷药；2=人工施用；3=其他（______）；用药依据（包括时间、药量、种类等）______：1=以往经验；2=他人影响；3=农资经销商处推荐；4=农技员或专家建议；5=根据作物病虫草害发生情况；6=其他（______）

B9. 劳动力投入情况：整地/耕地______（1=机耕；2=人工），播种______（1=机耕；2=人工），采收______（1=机耕；2=人工）。雇佣劳动力的情况如何？______（1=极度匮乏；2=供给紧张；3=农忙时供给紧张；4=较为宽裕；5=供给充足）雇工来源于______（1=自家；2=帮工与换工；3=雇请零工；4=雇请专业服务组）；本地工价______元/天。（注：一天8小时算一个工日）

B10. 主要品种种植地块是否有良好的灌溉水源______（1=极度匮乏；2=供给紧张；3=天旱时供给紧张；4=较为宽裕；5=供给充足），种植地块地势______（1=平坦；2=低洼；3=较平坦）。

B11. 农产品商品化率：（注：销售去向：1=省内　2=省外　3=国外）

种植品种	销售占比	销售渠道结构及占比（%）								销售去向
		商贩	农贸市场	合作社收购	批发市场	商场超市	企业收购	电商渠道	其他渠道	

B12. 与收购商是否签订购销合同______（1=是；0=否）。与农资供应商合作是否稳定______（1=是；0=否）。

B13. 您种植技术来源______（1=合作社；2=龙头企业；3=家庭农场；4=专业大户；5=企业基地农户；6=政府；7=科研机构），上年度参加过生产技术培训次数______次，其中农产品安全生产技术培训次数______次。技术人员主要来自______［1=农业科技部门；2=大学或农业科研院所；3=企业；4=其他（______）］；您参加免费培训的次数有______次，付费培训有______次，总花费______元。

B14. 您认为农业技术培训对您的生产活动产生影响吗？______

1=影响非常大　2=影响大　3=有一些影响　4=几乎没有什么影响　5=完全没影响

三、村社（区）状况

C1. 你的位置距离最近场镇的距离______千米。

C2. 你的位置距离乡镇政府的距离______千米。

C3. 你的位置距离邻近县城的距离______千米。

C4. 你的位置距离村委会办公室的距离______千米。

C5. 您所在村的地理环境：1=平原　2=丘陵　3=山区

C6. 您家庭所在村的位置：1=城市郊区　2=偏远村　3=中心村　4=城中村

C7. 您所在村的人口：1=500人以下　2=500~1000人　3=1000~2000人　4=2000人以上

C8. 您所在村的外出人口：1=10%以下　2=20%　3=30%　4=40%以上

C9. 您所在村的土地流转情况：流转土地户数______户；流转土地面积______亩。

四、土地规模经营

D1. 您希望土地经营规模是多少？

1=5亩以下　2=5~10亩　3=10~20亩　4=20~30亩　5=30~50亩　6=50亩以上

D2. 您对改变家里当前经营的土地面积意向是什么？

1=希望扩大（继续回答3~8）　2=希望缩小（转到问题9~13）　3=保持不变（转到问题14）　4=没想过

D3. 如果您希望扩大土地面积，主要目的是（可多选）

1=增加收入　2=可获得更多的国家补贴　3=承包的土地不够种　4=周边的抛荒地太多　5=其他

D4. 如果您希望扩大土地面积，希望通过什么途径流入？

1=自己与其他村民协商　2=由村集体出面协调　3=从合作社承包　4=其他

D5. 如果流入土地扩大耕地面积，您认为转入（或租入）土地期限几年较好？

1=1~2年　2=2~5年　3=5~10年　4=10年以上

D6. 如果您想流入土地，您愿意每年对每亩土地支付多少租金？

1=0 元　2=50~100 元　3=100~200 元　4=200~300 元　5=300~400 元　6=400~500 元　7=500 元以上

D7. 如果您想流入土地而实际没有流入愿意每年对每亩土地支付多少租金？

1=0 元　2=50~100 元　3=100~200 元　4=200~300 元　5=300~400 元　6=400~500 元　7=500 元以上

D8. 您是通过什么途径流出的？

1=自己寻找流转对象　2=流转对象上门洽谈　3=入股合作社（企业）管理　4=由村委会出面协调　5=村委会强制　6=有偿退出承包权经营权

D9. 如果您希望缩小土地面积，原因是什么？（可多选）

1=家庭缺劳动力　2=年老体弱多病　3=种粮食的效益低　4=家庭有其他收入来源　5=农产品价格风险大　6=农产品自然灾害严重　7=种地太辛苦　8=转出去可得一部分收益　9=其他

D10. 如果您希望缩小土地面积，希望通过什么途径流出？

1=自己与其他村民协商　2=由村集体出面协调　3=反租给村集体　4=交给合作社管理　5=放弃承包权　6=其他

D11. 如果您希望缩小土地面积，期限几年较好？

1=1~2 年　2=2~5 年　3=5~10 年　4=10 年以上

D12. 如果您想流出土地，您愿意每年对每亩土地收取多少租金？

1=0 元　2=50~100 元　3=100~200 元　4=200~300 元　5=300~400 元　6=400~500 元　7=500 元以上

D13. 如果您希望缩小土地规模而实际没有流出，原因是什么？（可多选）

1=转出的价格太低，不合算　2=不知道有谁愿意流入土地　3=没有愿意流入土地　4=与别的农户谈判太麻烦　5=流转期限太短，无利可图　6=其他

D14. 如果您希望保持不变，原因是什么？（可多选）

1=怕土地转出后收不回来　2=怕转出后土地的边界说不清楚　3=当前规模符合家庭实际生产能力　4=可获得政府补贴　5=其他

D15. 您是否了解农业保险？

1=不了解　2=了解，但没投过　3=了解，投过______保险

D16. 您没有购买农业保险的原因？

1=出险概率小　2=农业收入占家庭总收入比重小，即使遭受损失也无所谓　3=保险费太高　4=索赔困难，信不过农业保险　5=政府补贴过低　6=不知道有农业保险这回事　7=有购买农业保险的意愿但是不知道如何购买

D17. 您不加入新型农业经营主体（家庭农场、种养大户、合作社、农业企业）的原因？

1=对其不太了解　2=注册条件不符合　3=注册费用太高，缺少资金　4=感觉其作用不大　5=没有管理家庭农场的能力　6=其他

D18. 如果您没有加入新型农业经营主体（家庭农场、种养大户、合作社、农业企业），您愿意加入吗？

1=很愿意　2=愿意　3=一般　4=不愿意　5=很不愿意

D19. 您加入新型农业经营主体（家庭农场、种养大户、合作社、农业企业）的原因？

1=获得政府的相关补贴　2=发挥规模经济，能降低单位成本，提高收入　3=增加产品销售渠道　4=机械化操作，提高生产效率　5=其他

D20. 如果您加入了新型农业经营主体（家庭农场、种养大户、合作社、农业企业），您对目前生产经营情况是否满意？

1=很不满意　2=不满意　3=一般　4=农业作业技术满意　5=很满意

D21. 您对新型农业经营主体如家庭农场、种养大户、合作社、农业企业的性质、功能了解吗？

1=完全不了解　2=不了解　3=了解一些　4=比较了解　5=很了解

D22. 如果加入农民专业合作社，所加入的合作社提供下列哪些服务？（可多选）

1=生产资料（种子、化肥、农药等统一采购）　2=生产经营决策信息服务（即生产什么）　3=提供技术指导、病虫害防治、机械作业、灌溉排水等服务　4=提供农产品销售服务　5=提供农产品脱粒、晾晒、储藏、运输服务　6=没有任何服务

D23. 您对管理干部的信任程度？1=很不信任　2=不信任　3=一般　4=比较信任　5=非常信任

五、农地经营权流转分置风险与权益

F1. 您对国家的土地流转政策（“三权”分置）的了解程度？

1=不了解　2=了解一点　3=很了解

F2. 您家承包经营的土地是否进行了确权？

1=已确权　2=正在进行　3=计划进行　4=没听说

F3. 您认为“三权”分置可能遇到哪些风险？

1=违约风险　2=市场风险　3=自然风险　4=经营风险　5=制度风险　6=法

律风险

F4. 您的耕地流转形式是什么?

1=转包　2=出租　3=互换　4=转让　5=抵押　6=入股

F5. 您流转出耕地的对象是______?

1=亲戚朋友　2=同村人　3=外村人　4=种粮大户　5=专业合作社　6=涉农企业

F6. 您将土地入股可能遇到哪些风险(问题)?(可多选)

1=经营收益风险　2=股东权益风险　3=地价评估风险　4=破产清算风险　5=政策法律风险　6=其他

F7. 您认为农村土地"三权分置"(土地流转)中可能存在哪些风险?(可多选)

1=自然风险　2=违约风险　3=市场风险　4=经营管理风险　5=农地非农化风险　6=社会稳定风险　7=制度风险　8=法律风险　9=融资抵押贷款风险

F8. 您认为应采取哪些措施防范可能遇到的风险?(可多选)

1=签订规范合同　2=加大违约惩罚力度　3=建立保险　4=建立监督机制　5=完善法律制度　6=其他

六、被调查农户土地经营权流出风险与权益

G1. 您承包地的流出情况?

1=全部流出　2=大部分流出　3=小部分流出

G2. 如果您希望流出土地而实际没有流出,原因是什么?(可多选)

1=转出的价格太低,不合算　2=不知道有谁愿意流入土地　3=顾忌亲朋邻居好友　4=担心流出后土地质量下降　5=担心流出后难以收回　6=其他

G3. 您流出土地的原因是什么?(可多选)

1=缺劳动力(年老体弱多病)　2=村里要求的　3=流出耕地比自己种植收益高　4=家庭有其他收入来源　5=种地太辛苦　6=其他

G4. 您是通过什么途径流出的?

1=自己寻找流转对象　2=流转对象上门洽谈　3=入股合作社(企业)管理　4=由村委会出面协调　5=村委会强制　6=有偿退出承包权经营权

G5. 您的耕地流转形式是什么?

1=转包　2=出租　3=互换　4=转让　5=抵押　6=入股

G6. 您流转出土地的对象是哪类?

1=亲戚朋友　2=同村人　3=外村人　4=种粮大户　5=农民专业合作社　6=涉农企业

G7. 您流转土地的期限为______年?

G8. 您流转土地的每亩租金是多少?

1=100~200元　2=200~300元　3=300~400元　4=400~500元　5=500~600元　6=600元以上

G9. 您的土地流出是否签有合同?

1=有规范合同　2=有合同，但不规范　3=未签订合同

G10. 您将土地流出后靠什么生活?（可多选）

1=剩余土地　2=土地租金　3=外出打工　4=村里打工　5=子女帮扶　6=其他

G11. 您将土地流出后农业补贴归谁所有?

1=自己　2=土地流入方　3=双发协商

G12. 您将土地流出可能遇到哪些风险（问题）?（可多选）

1=毁约退地风险　2=改变土地用途风险　3=失地风险　4=抵押贷款风险　5=机会成本风险　6=其他

G13. 您认为应采取哪些措施防范可能遇到的风险?（可多选）

1=签订规范合同　2=加大违约惩罚力度　3=建立农业保险　4=建立监督机制　5=完善法律制度　6=其他

七、被调查农户土地经营权流入风险与权益

H1. 如果您希望流入土地而实际没有流入，原因是什么?（可多选）

1=扩大规模的资金不足　2=劳动力不足　3=不知道有谁愿意流出土地　4=土地流转的租金太高　5=流入的程序太麻烦　6=流转期限太短，无利可图

H2. 如果您既不想流入也不想流出土地的原因是什么?（可多选）

1=怕土地转出后收不回来　2=可获得政府　3=当前规模符合家庭实际生产能力　4=怕转出后土地失去生活保障　5=其他

H3. 您流入土地的主要目的（原因）是什么?（可多选）

1=增加收入　2=有多余的劳动力　3=为亲戚朋友帮忙　3=从事产业化经营　5=周边的抛荒地太多，看着可惜

H4. 您流入土地的用途是什么?

1=种植粮食作物　2=种植经济作物　3=从事养殖业　4=其他

H5. 您的土地是从哪里流入的?

1＝亲戚朋友　2＝同村其他家庭　3＝外村　4＝村集体　5＝其他

H6. 您的土地是通过什么途径流入的？

1＝自己与其他村民协商　2＝由村集体出面协调　3＝通过合作社　4＝其他方式

H7. 您转入（或租入）土地期限多长？

1＝1~2 年　2＝2~5 年　3＝5~10 年　4＝10 年以上

H8. 您流入土地，在经营过程中会遇到哪些风险（问题）？（可多选）

1＝违约风险　2＝自然风险　3＝市场风险　4＝经营管理风险　5＝制度风险

H9. 您认为应采取哪些措施防范可能遇到的风险？（可多选）

1＝规范流转合同　2＝加大违约惩罚力度　3＝建立农业保险　4＝政府政策扶持　5＝建立信息平台　6＝其他